上海教育丛书

陆伯鸿 /著

上海教研素描

——转型中的基础教育教研工作探讨

第3版

上海教育出版社

前　言

　　建设一流城市,需要一流教育。办好教育,最根本的是要建设好教师队伍和学校管理干部队伍。

　　在长期的教育实践中,上海市涌现了一大批长期耕耘在教育第一线呕心沥血、努力探索,积累了丰富经验的优秀教师;涌现了一批领导学校卓有成效、有思想、有作为的优秀教育管理工作者。广大优秀教育工作者教育教学和管理工作的经验,凝聚着他们辛勤劳动的心血乃至毕生精力。为了帮助他们在立业、立德的基础上立言,确立他们的学术地位,使他们的经验能成为社会的共同财富,1994 年上海市领导决定,委托教育部门负责整理这些经验。为此,上海市教育局、上海市中小学幼儿教师奖励基金会组织成立《上海教育丛书》编辑委员会,并由吕型伟同志任主编,自当年起出版《上海教育丛书》(以下称《丛书》)。1995 年上海市教育委员会成立后,要求继续做好《丛书》的编辑出版工作。2008 年初,经上海市教育委员会领导同意,调整和充实了《丛书》编委会,并确定夏秀蓉同志任执行主编,协助主编工作。2014 年底,经上海市教育委员会领导同意,调整和充实了《丛书》编委会,确定尹后庆同志担任主编。至 2017 年 3 月,先后共编辑出版《丛书》113 册。《丛书》的内容涵盖了基础教育和中等职业教育的各个方面,包含有较高理论水平和学术价值的著作,涉及中小学教育、学前教育、师范教育、职业教育、校外教育和特殊教育,以及学校的领导管理与团队工作,还有弘扬祖国优秀文化、促进国际教育交流等方面的著作,体现了上海市中小学教育改革与发展的轨迹,体现了上海市中小学教育办学的水平与质量,体现了优秀教师和教育工作者的先进教育思想与丰富的实践经验。《丛书》出版后,受到广大教师、教育工作者及社会各界的欢迎。

　　为进一步搞好《丛书》的出版、宣传和推广工作,对今后继续出版的《丛书》,我们将结合上海教育进入优质均衡、转型发展新时期的特点,更加注重反映教育改革前沿的生动实践,更加注重典型性、实用性和可读性。希望《丛书》反映的教育思想、理念和观点能起到抛砖引玉的作用,引发大家的思考、议论和争鸣;更希望在超前理念、先进思想的统领下创造出的扎实行动和鲜活经验,能引领当前的教育教学改革工作,使《丛书》成为记录上海教育改革历程和成果的历史篇章,成为广大教师和教育工作者的良师益友。限于我们的认识和水平,《丛书》会有疏漏和不尽如人意之处,诚恳地希望广大读者提出宝贵意见,帮助我们共同把《丛书》编好。

《上海教育丛书》编委会

2017 年 3 月

序

我国基础教育领域中的教研系统,组织健全、职能明确。教研,是一项工作,也是一种责任,更是一份使命;教研,有独特的魅力,既是教育内部保障质量、促进内涵发展的重要机制,也是基础教育不断发展的重要引擎。自 1950 年以来,在上海基础教育发展的进程中,"上海教研"(包括学科教研和综合教研)一直担当着重要的历史使命与责任,体现着应有的作用与价值。

上海在世纪之交展开的"二期课改",标志着上海中小学课程改革进入新的发展阶段,对上海市教育委员会教学研究室(以下简称"上海市教委教研室")的工作提出了新的任务和要求。上海市教委教研室坚持"育人"为本、"课改"为中心,为推进基础教育事业的发展、提高基础教育的水平和质量,持之以恒地承当职责;广大教研员肩负着教育创新的重任,满怀着开拓进取的豪情,为建设适合全体学生发展的上海基础教育课程体系、促进学校教育教学的优质高效,聚精会神地踏实工作。全市的教研员和广大教师紧密团结在一起,围绕基础教育课程改革这项中心任务,积极探索、深入研究、认真实践,不断取得经验成果,创造辉煌业绩。

《上海教研素描》这本书,可以说是从上海市教委教研室层面,对上海"二期课改"以来组织开展学科教研和综合教研的基本情况进行了务实的回顾和整理,并且形成了具有一定理论意义和实用价值的成果性资料。全书内容依据"研究、指导、服务"这条教研工作主线,涉及基础教育教研工作的组织、实施和管理,深入到课程建设、课程评价和教学实施等各个方面。从中可见上海市教委教研室从调整教研工作的研究领域、研究方法、研究路径等着眼,自觉进行教研转型的理性思考和探索实践;可见教研员在校本教研、研训一体教研、基于证据的教研以及项目教研、合作教研等方面的实践活动中,所反映出来的教研理念变化和发展;可见教研队伍在基于"课程标准"的教研、针对重点项目的教研以及主题教研活动、网络教研活动等方面的探索实践中,所经受的锻炼和取得的成效;可见上海市教委教研室在加强教研工作管理、促进教研员专业成长等方面,所做的细致工作和获得的有益经验。书中的字里行间,奔涌着教研员推进课程改革、探索教育规律的激情,传扬着教研团队敢于创新、勇于实践的精神。全书内容丰富、表述简明,给人启示、令人鼓舞。

本书以《上海教研素描》为名,以"求真务实"立言,着重对转型中的上海基础教育教研工作进行探讨,读之可知真是实至名归。

素描,其一般含义是写实,即不加修饰地真实表现事物的原貌。本书就是讲述编者在十多年亲身参与的"上海教研"探索实践的真实故事,展示教研工作求真务实的基本风貌,强调教研工作必须深入基层、立足实践,基于证据、体现实证,解决问题、注重实效,因此书中有关内容的呈现,犹如素描的写实那样朴实无华。

素描,其基本属性是艺术创作,通常指运用单色线条来表达直观世界的事物。本书就是对教研工作进行简明直观的描述,展现教研探讨的历程,编者有艺术创作的心态但绝不哗众取宠,所以书中有关内容的叙述,坚持运用简单、直接的方式,并力求语言通俗、易懂。

素描,其过程总是伴随着综合思维活动,常要在同一时间内考虑许多问题,要求抓住主要问题和突出特征形态。本书就是抓主要事件、强调突出重点,讲基础教研、强调实事求是,注重阐明教研工作思路、教学研究途径、教研活动组织、教研工作管理等方面的思考要点和行动方略,因此书中有关内容的展开,主体部分错落有致、链接材料配合协调,显得结构严整、脉络清楚。

还有,"素描"本是美术院校的一门基础课,通常安排学生在起始阶段修习。而本书的编写就是着眼于教研系统的基础建设,关注教研的基础性工作和教研员业务素养的基础性要求,重视选材的针对性和内容的导向性,注重展现材料形成的过程性和材料使用的可操作性,着力显示将成果推广运用时参照有据、操作有规,所以本书有关内容的编写和展示,对于教研工作具有打好基础和引导发展的现实意义。

  人们对课程改革的发展,总是充满期待;人们对教研工作的探讨,永远没有止境。教研不神秘,教研有奥秘。教研作为保障教育教学质量的机制,其"奥秘"一是教研能够满足教师"分享"心理需求,碰到困难能够获得支持,创造经验能够获得掌声;二是利用团队智慧,让教研参与者不断经历从"普通"到"卓越"的全过程。"上海教研"在"二期课改"中作出了宝贵的贡献,这是应该充分肯定的。但教研的担当实在是任重而道远,我们要牢记教研工作的使命和责任,坚守教研员的理想和情怀,再接再厉、不懈追求,扎实推进教研工作,不断丰富教研成果,为上海基础教育事业的发展更多地奉献智慧和力量。

徐淀芳

2017 年 1 月 29 日

目录

187 ▶ 第四章　教研工作管理

第一章　教研工作概述

玻尔模型中原子核外的电子

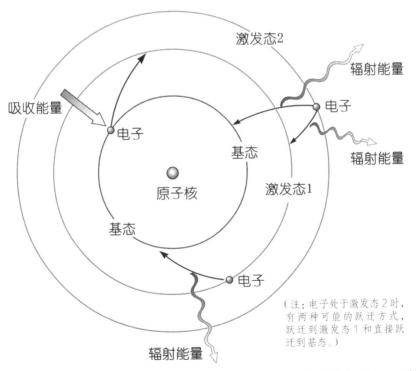

（注：电子处于激发态 2 时，有两种可能的跃迁方式，跃迁到激发态 1 和直接跃迁到基态。）

丹麦物理学家尼尔斯·玻尔（Niels Bohr, 1885—1962）在研究原子结构时，提出了玻尔模型。玻尔模型告诉人们，原子核外的电子在一些可能的特定轨道上绕着原子核做圆周运动，离原子核愈远能量愈高。当电子在这些可能的轨道上运动时，原子既不辐射也不吸收能量，这种状态叫作定态（能级），能量最低的定态叫作基态，其他的定态叫作激发态。当电子吸收一定能量以后，就会跃迁到较高的定态轨道；当电子跃迁到较低的定态轨道时，原子辐射能量，即原子发光。

　　教研室既然是组织和引导教师开展课程、教材、教学、评价等研究的职能部门，理应为广大教师创设学习、研究、交流的研修平台，以促进教师的专业发展。如果把教师比作原子核外的电子，那么可以说他们平时都在不同的定态轨道上专心致志地运动，而参与这个平台上的研修活动，目的是要使自己成为"活跃"的电子，一方面通过各种方式吸收能量、实现向较高的定态轨道跃迁，另一方面真心实意地辐射能量、闪耀生命之光，即在研修活动中增长才干、贡献智慧。在这个比拟中，教师辐射能量也就是适当放空蓄势，进而为向更高"能级"跃迁继续吸收更多能量，再次实现"能级"的跃迁，以辐射更大能量的光，如此持续不断地自我发展、不断地演绎精彩。在这个研修平台上，教师的研修过程就是全身心地吸收能量、辐射能量并发光的过程。教研员是活动组织者、能量激发者，教师是活动参与者、聚能发光者，教研员和教师共同努力、相互协作，一起得到锻炼、不断成长。

　　随着基础教育课程改革的推进，上海教研正从"专注经验"向"证据与经验相结合"转型，引起教研模式发生转变，继而引发教研工作的组织策略和行动方式发生变化。例如，按照教研转型的要求，上海市教委教研室已将原来的"教学视导"工作调整为"课程与教学调研"工作，实现了从"基于经验的视导"向"基于证据的调研"转型。这一转型是一种教研模式转变的反映，教研员既是课程与教学调研的参与者，也是教研转型的促进者。又如，随着教研转型的推进，"项目研究"成为教研工作的一种重要方式。这一方式是教研工作的组织和实施发生策略性转变的体现，就是要通过抓项目研究，促使教研员和教师的教学研究实现突破与创新。从"课程与教学调研""项目研究"等的实施，大致可见教研转型的外显形式和内在要求。教研员和教师参与教研转型、投身教研实践，也是在实现自身价值的"能级"跃迁，对教研员和教师的专业发展有巨大的促进作用。

第一节　教研工作本质透视

为教师创设学习、研究、交流的研修平台，这是教研室职能集中而重要的体现，也是教研工作的本质意义所在。

一、教研工作的行动方略

在教研工作中，"学习"是不可或缺的基础性任务，"研究"是事关全局的根本性任务；"指导"是教研工作外显价值的体现，"服务"是教研工作内在要求的反映。因此，教研室组织开展教研工作，要坚持以"学习"为基础、"研究"为根本，"指导"为支架、"服务"为内核，关注全局、注重发展，有明确的方向、清晰的思路和具体的要求。

在基础教育课程改革运行的过程中，教研室的业务工作重点是推进课程建设与实施，并发挥引领作用。在总体工作的把握上，教研室要坚持全面贯彻国家教育方针、坚决落实课程改革要求，积极开展教育科研、加强实践研究，切实改进工作方式、着力抓点带面，促进课程有效实施。

关于教研工作行动的策略，教研室应围绕为教师创设学习、研究、交流的研修平台这项实质性任务，高度关注教师专业发展的需要。规划具体行动时，可考虑通过有计划、有目的地安排"听""想""做""讲"等多方面的活动，引导教师认真学习、深入研究，坚持实践、广泛交流，在积极参与和实践行动中不断完善自己；同时促使教师在积聚和释放"能量"的研修过程中提高素养、锻炼品格，各方面都得到进一步发展。其中，关于"听"的活动，包括安排教师听专家讲座、与专家进行互动交流，或同伴之间相互观摩、学习和切磋，以及听课、评课和研讨等，帮助教师充实自己、开阔视野；关于"想"的活动，包括引导教师在研读有关文本的基础上深入思考，在教学实践、课题研究或听课、评课基础上认真反思，帮助教师提高业务水平和科研水平；关于"做"的活动，包括鼓励教师进行课堂教学设计、上公开课和开展课题研究，以及撰写论文或课题研究报告等，帮助教师提高课堂教学能力和实践研究能力;关于"讲"的活动,包括组织教师进行教学点评、成果评议,或者举办学术论坛、成果展示等,帮助教师提高评析能力、增强团队意识,同时启迪集体智慧、促进共同进步。

二、教研工作的实施要点

教研工作的开展,应整体规划、合理安排,要强化教研工作的目的性、研究性和整体性,提高实效。在组织实施教研工作的过程中,应把握下列要点。

1. 加强自身业务学习

教研员要立足岗位、立足实践,通过参与创建学习型单位活动和实施个人学习规划,深入钻研教育理论以及有关教育工作文件和课程教材,努力端正教育思想、更新教育观念,提高自己的教育理论水平;不断拓展专业知识以及教育学、心理学知识和方法论知识,充实自己的业务功底;同时,关心国内外、区内外的课程改革动态和教学研究进展,开阔自己的学术视野。

2. 大力开展学科教育教学研究

教研员要关注课程建设和课堂教学,从社会进步对学校教育的要求和学生适应未来的需要出发,围绕全面提高学生素质这个核心,联系学科教育实际,着力研究学科教育发展中面临的课题,积极推进课程改革、加强课程建设;深入学校开展教学调查、教学诊断和经验总结,及时发现问题并展开研讨、提出对策;带领广大教师,在正确的理论指导下积极探索、研究教学规律,总结实践经验,抓好典型示范;组织骨干力量,有重点地开展专题研究和攻关研究,形成有益成果。

3. 组织针对学科发展和教师发展需求的教研活动

要密切关注学科发展动向,带领教师深入学习和研究课程,共同推动学科课程建设;要全面关注课程实施过程和教学基本环节,组织开展形式多样、扎实有效的教研活动;要切实关注教师发展的需求,通过组织开展教研活动,为教师自主研修提供广阔平台,为教师的专业发展提供引导和帮助。

4. 运用教育科研成果进行教学指导

通过研究成果的运用和先进经验的传播,正确引导和有力推动教学改革,有的放矢地指导教学实践;通过学科教研网站等,为学校和教师提供丰富的教学资源以及互动的研讨平台;通过组织教学展示活动,为有效实施课程和教学提供现实参照,带动全局工作。

第二节　教研工作转型发展

上海市教委教研室作为上海基础教育系统中的一个专业机构,可以说存在已久,而且肩负着重要职能。长期以来,上海市教委教研室的教研工作着重于学科课堂教学研究,重点是发现和总结教学经验。随着上海中小学课程改革的不断推进,上海市教委教研室承担的责任也更加重大。与此同时,教育环境在逐步改善,社会期望日益增高。上海基础教育发展所面临的新情况和新要求,促使上海市教委教研室必须自觉进行教研工作转型。

一、教研工作的转型

上海基础教育教研工作转型的目的,就是为了更好地发挥教研系统在促进教育内涵发展中的研究、指导、服务职能。教研工作的转型,主要体现在下列方面要有"重大转变"。

一是**研究领域方面**,要从单纯以学科课堂教学为主的研究,转变为学科课程的整体性研究。通过全方位开展课程、教学、评价的研究,将教研工作从以学科课堂教学诊断为主的层面提升到以促进学科课程建设与发展为中心的层面,在课程观念的指导下,进行学科课堂教学的研究。同时,按"自上而下"与"自下而上"相结合的参与式研究路径实施教研,促进教研工作有关要求全面落实和广大教师快速成长。

二是**研究方法方面**,要从基于"经验"的研究,转变为"证据与经验"相结合的研究。通过大力加强实证性研究,将研究成果从经验总结层面提升到实证研究层面。同时,以"问题导向式"为教学研究起点组织开展教研,促使教研工作务实有为和不断深入。

三是**教研员角色方面**,要从"个人权威"式的研究,转变为"合作共同体"式的研究。教研员要深入基层开展同伴合作,以"合作共同体"中重要成员的角色担当责任,切实加强对于课程与教学的研究和指导。

教研工作的转型,还要自觉纠正以往由于认识局限所造成的关注点偏差。例如,过去考虑学科与教师的视角多、考虑学生的视角少,现在要更加重视学生视角;

过去偏重教材分析和教法分析,现在要加强学法分析。

实施教研工作转型,可以把学科教研看作一个"木桶",要整体着眼、系统考虑。应将木桶的长板展其所长并做到精致、极致,使之成为一个品牌;而对于木桶原来存在的短板,要通过协调与合作把它做长,补齐短板,使木桶圆满。

教研工作转型的根本意义,在于激发教研工作活力、提高教研工作水平,促使基础教育课程改革沿着正确的轨道持久运行、遵循客观规律向前发展。实现教研工作在研究领域、研究方法、教研员角色等方面的"重大转变",这是教研工作转型的现实要求。教研工作转型,有利于发现课程与教学中的真实问题,准确把握学校和教师在课程建设与实施、学科教学与评价中的现实需求;有利于强化教研对课程实施与教学实践的诊断与改进功能,提升教研的实效性。

例如,按照教研工作转型的要求,上海市教委教研室已将原来的"教学视导"工作调整为"课程与教学调研"工作。察看"教学视导"到"课程与教学调研"的演变与发展,大致可见教研工作转型的外显形式和内在要求。

"教学视导"是上海市教委教研室在20世纪80年代开始组织实施的一项整体性常规工作,它以学期为单位,每学期安排一周时间集中活动、采用区(县)依次轮换的方式,在全市范围内持续展开、周而复始地进行。"教学视导"的基本过程是"自我总结,视导验证,总结经验,分析反思";基本任务是总结区(县)所推荐教师的教学特色和所推荐教研组的特色。各学科教研员以教育理论为指导,从有关区(县)的教学实践中发现、归纳、概括出卓有成效的经验,并以积极的态度使经验得以传播和发挥效益,使经验的内涵更加丰富、价值不断提升。这样的"教学视导",对中小学课程改革和教学改革的开展有很大的促进作用,对上海基础教育的发展也有一定的推动作用,因此一直受到教育行政部门和教研部门的高度重视。但在进入21世纪以后,随着上海"二期课改"不断深入,这项工作的内容要求与教育发展形势不相适应的状况逐渐显现出来,适当调整"教学视导"的目的、内容以及过程和方法等成为迫切任务。到了2009年,上海市教委教研室通过认真梳理、全面总结以往的教学视导工作,从改进、完善和深化发展的角度提出了新构想,并将"教学视导"更名为"上海市基础教育课程与教学调研",简称"课程与教学调研"。

对某区(县)进行"课程与教学调研",就是对该区(县)的课程与教学情况进行一次"大数据"的采集与分析,以及全方位的发现与诊断。按照课程与教学调研的构想,这项调研关注"课程"与"教学",强调对课程改革和教学情况的深入调查与研究,强调突出证据与分析。同时明确要求,应将经验的碎片集聚为观察的视角,转化为可操作的流程;应研发系列化的调研工具,引导调研人员在有限的时间内获取证据,作出可靠的推断,提炼出区域、学校值得推广的经验和成果,并提出优化课程与教学的建议和意见。可见原来的"教学视导"变为现在"基于'规准'的课程与教学调研"后,这项工作的研究领域就从以学科课堂教学为主的研究转变为对学科课程的整体性研究,研究方法则从基于经验的研究转变为证据与经验相结合的研究。而在调研工作中,教研员不再充当"个人权威"的角色,他们要与学校领导和教师组成"合作共同体",一起进行调查、分析、诊断和"开具处方"。简而言之,这是从"经验"走向"证据"、把"经验与直觉"上升到"证据与分析"的层面,是一种全面提升。在基于证据的调研中,我们更强调对事实、现象及问题要通过观察、访谈、问卷等多种方式获取证据,进而探索有关问题的解决策略。从"教学视导"发展为"课程与教学调研",标志着上海市教委教研室对于基础教育课程与教学的指导和服务,实现了从"基于经验的视导"向"基于证据的调研"的转型。

【关于课程与教学调研工作的组织可参考"链接"中 1 - 1(第 24 页);关于课程与教学调研报告的探讨可参考"链接"中 1 - 2(第 33 页);关于课程与教学调研报告的撰写可以参考"链接"中 1 - 3(第 35 页)】

二、教研工作的定位

要推动教研工作转型,首先必须重新认识教研工作的定位。在上海基础教育随着课程改革浪潮进入崭新发展时期的背景下,关于教研工作的定位,主要体现在"四个做"和"三个抓"所强调的基本要求上。"四个做"是指"做实学科教研""做强综合教研""做大项目研究""做响品牌活动",通过它可以有力促进教研工作的发展。"三个抓"是指"研究工作抓项目""常规工作抓精细""管理工作抓执行",通过它可以贯彻落实教研工作各项任务。

1. 做实学科教研

做实学科教研,就是强调进一步加强学科教学指导的针对性和有效性,努力实现从"教学层面"到"课程层面"、从"经验层面"到"实证层面"的提升,扩大视野、以点带面。其中,从"教学层面"提升到"课程层面"是指研究内容的拓展,包括课程标准建设研究、教材研究、学科教育功能研究、学科教学活动研究和学科评价研究等方面;从"经验层面"提升到"实证层面"是指研究要求的转变,体现在积累案例、量化分析和探索常模等方面。要坚持理论联系实际、并展示理论用于实践的途径,要明确教研工作必须针对实情、多干实事、求得实效,着力解决课程建设和学科教育中面临的现实问题,并且为引领教师专业发展提供真实可靠的参照。

2. 做强综合教研

做强综合教研,就是强调从"课程角度"去研究教学,强调对学段整体性的重点、难点问题进行研究,强调对课程建设和资源建设的研究,强调对拓展型课程和研究型课程的研究,强调对课程与信息化整合的研究等。在课程方案研究中,应关注学校课程计划,并深入关注学校的特色与课程、学校的定位与课程、学校的问题与课程等;在课程比较研究中,应关注核心课程的国际比较研究,进而关注学科课程的比较研究及教育专项问题的比较研究;在学段整体性研究中,主要是针对某一学段的课程在实施过程中的共性问题进行整体研究。进行综合教研,要确立整体观念,有关工作的开展必须做到立意有高度、联结有力度,整体一致、协调配合。

3. 做大项目研究

做大项目研究,就是强调项目设计和项目管理。要紧紧抓住素质教育的关键点、课程实施的突破点,直面教育发展中的重大问题或倾向性问题,进而确定研究项目,并精心设计项目;要广泛聚集区(县)、高校、学校、各研究院所的人力资源,在全市范围内形成市、区(县)的课程与教学研究的合力。在项目实施的过程中,要加强团队协作,凝心聚力,攻坚克难。

教研工作转型初期,更要重视做大项目研究,以项目引领研究,反映教研工作主动求变化、求创新的转变过程。在做大项目研究的基础上,还要把项目研究做精,因为做精项目研究是教研工作转型的目标之一。

4. 做响品牌活动

做响品牌活动,就是强调通过长期积累和反复实践,逐渐形成教研室的品牌活动,同时关注品牌的维持。在各类教研活动中,要明确活动的定位,守住活动的底线,从活动的参与对象、时间地点、成果形式、宣传造势等方面用心设计,着力打造品牌;同时采纳有关保证活动质量等的价值主张,推动活动品质不断提升和活动影响持续扩大,着力维持品牌。要强化品牌意识,大力发挥品牌活动的引领作用和示范作用。例如,始于 1985 年的"上海市中小学中青年教师教学评选活动",一直坚持每年举行,一年安排 6 门学科(指定学段)、每区(县)选拔若干名教师代表参赛。这项活动对每个学科而言,四年一个循环,被称为"学科奥运会",在基层学校和教师中有着较好的口碑,是一个项目品牌活动。这项品牌的打造和发展过程显示:通过教学评选积极导向学科教学、发现和树立榜样,是活动的定位;秉承公平、公正、公开的原则,是活动的底线;促进学科发展和引导教师发展,是活动的价值主张。此外,教研室通过教学评选流程以及评选方法和措施的改进等,促使教学评选活动的质量不断提升、影响持续扩大。

5. 研究工作抓项目

研究工作抓项目,就是说开展课程与教学研究工作,必须强化教育科研意识和成果意识,必须重视突破与创新。研究工作千头万绪,要抓住课程建设、课程实施、课程评价和教学研究等方面的几个关键要素及重点问题,针对课程实践和学科发展的需要,确立课题、形成项目,精心设计、扎实研究、敢于突破、勇于创新,抓出成果、推广运用,以切实提高课程与教学研究的质量和效益。有关研究项目的提出,要整体考虑、突出重点。例如,在课程建设层面,当前的重点是抓好学科内容标准与能力标准编制项目、中小学作业系统的研究与设计项目;在课程实施层面,当前的重点是抓好学校课程领导力研究项目,包括学校课程计划编制以及评价与完善的研究、学科课程的校本化实施研究、学科教学有效性的研究、学科教学设计指南编制的研究、教研团队建设的研究、课程资源开发与利用的研究等;在课程评价层面,当前的重点是抓好课堂教学评价、教材评价、教育质量监测等项目,包括基于信息化平台的课堂教学评价和教材评价研究、教育质量监测体系研究等;在教学研究层面,重点是抓好数字化教研的理论与实践、网络互动教研项目,大力提升教研的现代化水平。

6. 常规工作抓精细

常规工作抓精细,就是说对待教研的常规工作,必须强调规范有序、落实到位,必须重视质量与效率。学科性日常教研工作,包括教师队伍建设、教学问题研讨、教研活动组织、先进经验传播等。要深入基层了解教学实际情况,与学校教师加强联系和沟通,为学校教研组建设提供指导和服务;要针对教师发展和学科发展的需要,有计划地组织开展教研活动,通过对主要问题的分析和持续推进改革实践的思考,精心设计主题教研;要善于从日常工作中发现并把握学科教学的倾向性问题和代表性经验,及时开展研讨和交流,强化展示和宣传。通过抓好每项常规工作的精细组织和有效落实,可以促进教研工作的整体质量和效率得到显著提高。

7. 管理工作抓执行

管理工作抓执行,就是说管理工作的实施,必须要有严明的制度和明确的要求,必须重视责任与落实,促使管理工作有章可循、执行有力。例如,对于项目管理,应提出必备的程序,如设计比较充分的预研究、配置结构合理的项目团队等;应规范关键的环节,如项目立项、中期和结题评估等;还应对于有关要求和责任的落实进行检查督促,如形成项目档案、规范项目预算和执行等。

第三节　教研工作项目研究

项目研究是一种有明确的目标且在有限的时间和边界条件下,依据一定的规范、流程完成的课程与教学研究工作,对教研品质的提升有着非同寻常的实践意义。

上海教研中的项目研究,一般是指:针对教学、教研实践中面临的真实问题,确立清晰的研究目标,组建价值趋同的研究团队(教研合作共同体);在一定时间内,基于可利用的资源等边界条件,通过研究与工作间的协同推进,持续促进研究深化与实践优化,实现研修一体,促进教师专业发展。

项目研究是教研工作的重要方式,为了切实发挥教研工作对于促进课程改革不断深化和健康发展的作用,也常把项目研究作为一种行动方式和工作策略来实施。

一、项目研究的价值

组织和开展项目研究是推动教研工作发展的有效举措。对于项目研究的价值,可从"项目"的实践性、研究性等方面深入认识。要充分理解项目研究的意义,大力组织开展项目研究,促进教研工作不断深入、取得实效。

1. 改变教学现状

项目研究所针对的问题源于教学、教研现场,而且该问题是面上的倾向性问题,反映了推动课程改革的现实需要,可见项目研究的过程与课程实践是紧密联系在一起的,研究成果对于课程实施是有直接指导意义的。比如,通过调研发现,在课堂教学中常发生超时现象,即所谓"拖堂"现象。如何改变这一教学现状呢?于是,先把"课堂教学超时现象"这个背景问题转化为需要研究的问题:如何确定和组织课堂教学内容。然后通过项目攻关,提出改进教学的实用性建议,改变课堂教学"拖堂"的现象。这样组织开展项目研究,体现了项目的实践性。

2. 改进研究方法

项目研究的开展,强调理论与实践相结合,注重行动、重视实证、关注实效。对于研究方法的选择和使用,讲求科学性、务实性和有效性。

深入到学校进行课程与教学调研,这是教研责任,其目的是发现问题、总结经验,推动学校课程与教学改革。基于实证的课程与教学调研,既要设计调研工具,使用观察、访谈、问卷等调查方法,也要关注互动环节与互证方法的有机结合。因此,在课程与教学调研中,通过改进研究方法,提高研究成果的质量,增强项目的研究性。

二、项目研究的组织

由于"项目"具有实践性和研究性的价值,可见组织开展项目研究对于改变落后现状和改进应用方法,具有重要作用。要敢于突破、勇于创新,通过项目研究,提升教研品质,带动教研团队建设,推进整体教研工作发展。

开展项目研究时,通常有"问题""目标""团队""运行""资源""档案"等要素参与,各要素之间的关系如图 1-1 所示。

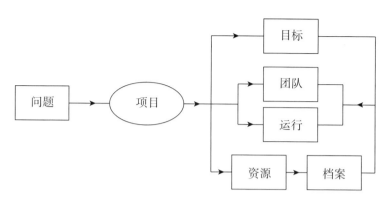

图 1-1　项目研究的要素及关系

　　图中,问题的定位是项目开展的起点,准确的目标是项目研究的定向,团队的建设是项目成败的根本,运行的流程是项目推进的关键;而资源(指必要的经费,相关的人、物及环境等)的丰富程度决定项目的研究范围和实现水平,档案的积累与整理旨在提高项目成果的品质。

　　研究项目的提出,要整体考虑、突出重点。要明确项目研究的路径,并以持续实践、逐步推进为项目实施的基本策略,力求圆满实现研究目标、取得丰硕成果。

　　组织实施项目研究的路径,一般是先确定项目研究方向、明晰目标任务、预设研究成果;再制订行动规划、设计关键工具、提出过程管理和评价要点;然后持续进行实践、研讨和反思,并基于证据开展分析、评判和提炼;最后形成成果、组织交流和展示、实现成果分享和辐射。

　　例如,项目"上海市提升中小学课程领导力行动研究(2009—2014 年)",以下简称"课程领导力"项目,是针对当时课程改革在实施过程中遇到的困惑和难点问题,组织各方合力攻坚的一个项目。这项研究就是沿着项目研究的一般路径稳步向前推进的。

　　回顾当时,随着课程改革的发展变化,一些瓶颈问题日渐浮现,如学校课程计划编制不够科学、课程建设与实践不够有效、课程评价不够规范、课程管理不够到位等。这些现象与问题表明学校课程领导力亟待加强,包括教育热诚的激发、课程观念的更新、课程设计能力的提升、课程领导素养的培育等。开展"课程领导力"项目的研究,就是要采用项目研究这种方式,力争在较短时间内,集聚全市各方力量和多种资源,寻找破解课改难题的路径和策略,然后加以总结提炼,上升到经验和规律层面,进而发挥这些项目学校的辐射示范作用,推动面上工作。

　　"课程领导力"项目根植于学校实际,重视以理论为指南、以实践为导向,更着重在实践逻辑层面实实在在地探索破解课改难题。对于这个项目的目标设定,具体规划是:(1)着眼于课程改革在学校中推进的问题解决,以课程实践的方式,重点探索学校课程计划、学科建设、课程评价和课程管理这四方面所面临的难点和关键问题;(2)旨在改善学校现行课程的状况,指导并促进课程改革在学校的推行,提升学校课程品质;(3)切实提升课程领导的意识和能力(如课程的规划、执行、建设和评价的能力),实现课程领导从"应知、应为"到"愿为、能为"的转变。

　　在项目内容设计中,又将那些需要探索解决的难点和关键问题进一步分解为若干相互关联的子项目,如:关于学校课程计划编制、评价与完善的研究;关于学科课程建设的研究;关于教研团队建设的研究;关于课程资源开发与利用的研究;关于课程教学评价的研究;关于课程组织管理与制度建设的研究等。然后,对于为达到研究目标而准备采取的技术手段、具体步骤以及解决关键性问题的方法等进行设计。一是明确这项研究以学校课程计划、学科建设、课程评价和课程管理这四方面内容为突破口,以大规模的"行动研究"为最主要研究方法;二是在任务分解的基础上确定研究路径图;三是制订项目工作进度表、建立质量跟踪制度,进而形成了设计方案和流程。另外,根据项目管理的要求,建立了信息上报制度,及时收集项目进展信息,如学校研究的全程记录、项目的研讨记录、案例、课堂实录等,并将这些材料及时归档,积累过程性资料。

　　这项研究集聚了全市有关教研部门的力量,吸引了一大批不同层次的学校开展校本化探索,经过持续多年的实践、研讨、反思和改进,形成了提升学校课程领导力的基本经验,取得了一系列具有突破意义的研究成果。

　　"课程领导力"项目的组织实施,给予我们有益的启示。提升课程领导力的最终目的是解决课改中遇到的问题,其载体是课程。这个项目在选择研究问题时,就明确了要为学校发展而研究、为教师发展而研究、为学生发展而研究,并从课程系统来思考,抓住重点和关键,选择可行、有研究价值的切入点加以突破。这项研究以"问题"作为起点、以"解决问题"为终点,研究的目标明确、路径清晰;而在项目实施中,采用"边实践、边研究"的方式,将项目深深扎根于教育实践,并力求在有限的时间内解决实践中的有关问题。由此可见,项目研究是

"具有工作推进要求的研究",也是"具有研究性质的工作",即"为了推进工作,工作本身要成为研究的过程",凸显出项目研究"求真务实"的特点。还有,项目研究聚焦于关键问题,同时借助项目的校本化研究,强化了研究方法、路径、工具与规范,促进了教师的专业发展。

总而言之,项目研究具有重大的现实意义和实用价值。在项目研究的组织实施中,必须关注项目研究的全过程,坚持针对问题、明确目标、设计方案和流程、使用工具、提炼成果等要点,从而提升项目研究的品质和成效。

三、项目研究的推展

项目研究的推展,一般以获取信息、形成共识、得出规律等为基本任务。为此,在项目研究过程中要善于发现、捕捉对研究进程有积极影响的问题或经验,以此引出"教研事件";要利用充满活力的"教研事件",坚持开展实践研究,不断取得成效。也就是说,项目研究的推展,要以"教研事件"为抓手,组织团队成员深入分析问题,协同解决问题,提出改进建议;同时系统提炼经验,并进行一般化及理论升华,形成"普适性"的规范。此时,原"教研事件"的普适性和操作性得到了提高,于是将它提升为"项目事件",并在项目传播和辐射中有效应用。

推展过程中利用"教研事件"开展实践研究的过程如图1-2所示。

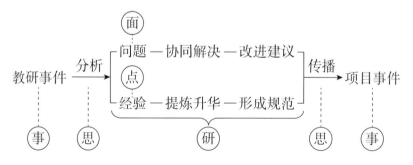

图 1-2　项目研究的推展过程

由图1-2可知,引出"教研事件"后,主要采用点面结合的活动方式,运用"以事引思,以思促研,以研促思,以思引事"的方法来深化思考与研究。在研究过程中,很有必要针对研究阶段的特点设置相关项目活动。例如:为了让项目研究走出困惑、验证项目研究的合理性,可举行研讨会,通过研讨提高思想认识、明确推进路径;为了体现项目研究所取得的阶段性成果,可举办项目展示会,或组织在课堂教学中反映有关成果的听评课活动,以展示会、课堂教学作为验收的标志;为了使项目研究有序平稳地推进,可采用项目总结或发表论文、专著等形式。

上述举例中的"举办研讨会或展示会""组织听评课活动""撰写总结报告或论著"等,是针对"教研事件"所设置的相关项目活动,旨在通过实践研究提高其普适性和操作性,为提出"项目事件"奠定基础。因此,"教研事件"的引出,是项目研究的推进方法之一,提出"项目事件"并在传播和辐射中有效应用,是项目研究的推广方式之一。项目研究就是不断地从引出"教研事件"到提出"项目事件",以展现研究过程的持续性以及项目研究的进程等,表明随着项目研究的深入推进,整体工作在逐步推广,项目研究在持续推展。

四、项目研究的模型

1. 项目运作模型的构建

一般情况下,项目运作是以确定资源、时间等基本条件为前提,在"团队""运行"等要素参与下展开的。构建项目运作的模型如图 1-3 所示,简称梯形模型。

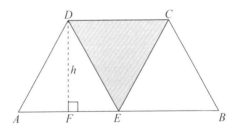

图 1-3 梯形模型

图 1-3 中的梯形 $ABCD$,下底 AB 表示项目运作的前提条件,上底 CD 表示项目推广的范围,高 h 表示项目推进的程度;三角形 CDE 的顶点 E 在下底 AB 上。

项目的运作,主要包括以"做事"促推展、以"立人"强合作这两个方面,而"做事"和"立人"密不可分、相互促进。在此,直接将项目运作两个方面的任务分别称为"推展"部分和"合作"部分,可见这两个部分是紧密联结、相依相成的。

在项目运作模型的描述中,为了更加形象、直观地显示"推展"与"合作"这两部分之间的内在联系及整体性,不妨用三角形 CDE 凸显"推展"部分,并视"推展"部分与"合作"部分既相嵌又相重,它们融合在一起、充盈在梯形中,整体呈现为梯形模型。

在梯形 $ABCD$ 中,下底 AB 是定长,高度 h 和上底 CD 随着项目的"运行""团队"等要素的活动在变化,因此梯形 $ABCD$ 的面积、三角形 CDE 的面积会随之发生变化,直观地说明了梯形模型中"推展"与"合作"两个部分之间是联动的,表明项目运作的成人、成事的本质,显示由这两个部分结合在一起构建梯形模型是合情合理的。

2. 关于梯形模型中的"推展"部分

在项目研究的推展过程中,虽有不同的要求,但要始终抓住研究、工作、边界这三条线,且研究要不断深入,工作要分步落实,边界要层层清晰。

面对项目研究的不同内容,对于研究、工作、边界等的要求有不同侧重,项目团队各成员所发挥的作用也是不同的。具体要求如下:从数据、事例到获取信息时,研究要凸显提炼,工作要执行到位,边界要明晰厘定,这一般由项目团队所有成员进行实施;在形成研究共识时,研究要凸显聚焦,工作要协调互补,边界要体现纠偏,这一般以项目团队核心成员为主进行实施;在得出研究规律时,研究要注重归纳,工作要适当调控,边界要用于判断,这主要以项目团队主持人为主进行实施。

在深入认识项目推展进程的基础上,项目运作的梯形模型中"推展"部分的具体呈现如图 1-4 所示。

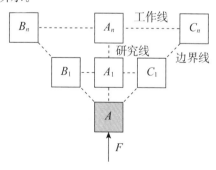

图 1-4 梯形模型中"推展"部分

关于梯形模型中"推展"部分的运行方式是：

（1）项目 A 在外力 F 推动下开始运行。

（2）纵线上研究从 A 推进到 A_1，横线上工作从 A_1 推广到 $B_1(C_1)$，同时注意边界不超过 AB_1 及 AC_1。

（3）依此继续，纵线上研究从 A_1 推进到 A_n，横线上工作从 A_n 推广到 $B_n(C_n)$，同时注意边界不超过 B_1B_n 及 C_1C_n。

从梯形模型中"推展"部分的运行可以看出，从 A_1 到 A_n 含有若干研究步骤的具体实施、有工作序列的逐步推广，而随着项目研究的深入推进，整体工作也在不断推展。在纵线上研究从 A 推进到 A_n，在横线上工作从 A_n 推广到 $B_n(C_n)$，体现了项目的持续性、递进性等特性，表明了项目的开放性以及团队的包容性。

项目的推展可以说是推动、推进、推广的有效实施，其中研究推进与实践推广是同时或交替进行的，是有一定规律而不是任意的，两者相辅相成，呈现为项目研究的两翼。

3. 关于梯形模型中的"合作"部分

在项目运行中，梯形模型中"推展"部分所反映的是完成"做事"的过程，着重体现其研究及方法、工作及边界等。与此同时，还必须切实关注"立人"的过程。"人"是项目研究的关键因素，为此要厘清人与事的关系，其要点就是项目团队的建设，即要抓好教研合作共同体的创立及运行。因此，须紧抓项目团队中的非技术因素，倘若忽视这一点，将会影响项目的推展。

在项目团队建设中，首先要让每个成员都理解项目团队的发展目标，同时转化为自己的发展目标，并且让每个成员在项目团队中有发展空间。其次，要妥善处理项目主持人与成员之间、成员与成员之间的合作关系。项目团队的合作，有合拍、合力、合心等三个层次。具有"合拍"特征的项目团队在开展项目研究时，表现为明确了研究方向，能把握研究节奏；具有"合力"特征的项目团队在开展项目研究时，表现为认准了研究方向，并共同用力、一起使劲，项目研究持续向前推进；具有"合心"特征的项目团队开展项目研究时，表现为坚持研究方向，上下齐心、团结协作，团队成员奋发进取、积极贡献智慧，项目研究与团队建设相互促进、和谐发展。

"立人"的过程其实质是凝聚人心,所以可谓之"聚心"的过程。依据建设合作团队的要求,梯形模型中的"合作"部分,不妨直接以梯形为框架具体呈现如图 1-5 所示。

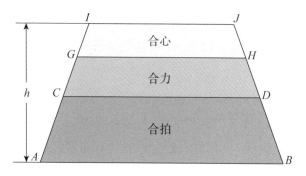

图 1-5　梯形模型中"合作"部分

从图 1-5 中可以看出,"合拍"是项目团队合作的基础,表明全体成员对项目研究有基本共识和明确的行动目标;"合力"是项目团队合作的要旨,表明全体成员尽力协力、互促共进;"合心"是项目团队合作的更高境界,表明全体成员既同志又同心、讲奉献求发展,坚持不懈、勇往直前,这是项目团队建设的必然追求。

4. 关于梯形模型的进一步说明

如上所述,项目运作的模型用梯形呈现,它包括"推展"和"合作"两个部分,而且可用在"合作"部分中嵌入"推展"部分来展示两者之间的联系。项目运作的模型以梯形为本体,其"合作"部分则以同一梯形为框架,而"推展"部分以这个梯形的上底为一边、所对顶点在下底的三角形来表示。在这个梯形中,下底表示项目启动的状态,如资源条件等,有相对的稳定性;上底表示项目的推广范围,有明显的可变性。梯形的高 h 既表示团队合作的层次,又表示项目推进的深度,这是一个变量,也是项目运行的关键。

由梯形模型直观可见,"合力"特征的项目团队在开展项目研究时,项目推进的深度比"合拍"特征的项目团队深。同样,"合心"特征的项目团队开展项目研究,其推进的深度更深。还有,梯形面积可反映团队合作的层次,三角形面积可反映项目推展的程度,从而折射出项目的品质。

5. 项目运作模型的应用

下面以"上海市课程领导力初中学段点上实验学校提升学业质量行动研究

项目"(以下简称"初中提升学业质量项目")为例,说明项目运作模型的应用。

"初中提升学业质量项目",经历了推动、推进和推广等三个逐步递进阶段。为实施这个项目,将有志于推动学校变革的一些基层学校聚合在一起,组成研究团队开展活动;取得一定成效后,吸引了一批学校自愿加入到研究队伍中,所有这些学校团结协作,积极开展基于问题解决的行动研究。这个项目于 2015年启动,再逐步进入项目推广阶段。在整个研究过程中,项目运作的梯形模型对研究的引领与推动发挥了重要作用。

(1) **项目推动**　"初中提升学业质量项目"的推动研究历时 1 年,有 5 所初级中学作为点上学校参与项目实践。关于项目推动的研究,不仅直接落地到课堂、落地到学科,而且通过实证的研究方式,引导教师的课堂教学发生改变。在项目推动阶段,初步探索出一条提升学生学业质量的有效之路。

(2) **项目推进**　"初中提升学业质量项目"的推进研究,承继前一阶段的研究主题,从 2016 年开始,历时 1 年,点上 5 所学校和 1 所观察员学校参与。项目的推进研究与推动研究有共同之处,都是要提升学业质量、提升教师的课程领导力,但推进阶段的研究已深入到提升学校管理团队的课程领导力。在推进的研究过程中,项目参与者真真切切地感受到了自身的进步与成长,自己在实践中不但学会了基于问题制订研究方案和研制工具、开展基于证据的行动研究,而且还提升了"软实力",如学会了沟通与协作、分享与表达、管理与带动。这个阶段的项目研究,取得了一个又一个重大进展。

梯形模型中的"推展"部分在这一阶段得以恰当应用。研究过程中,研究团队始终抓住"研究线"与"工作线"的相互促进、相辅相成,把它们看作是项目运行的双轨。例如在研究过程中,把研究推进与实践推广同步或交替进行,项目研讨会在各点上学校每周进行一次、学校间两周一次;全市展示会按每年举办一次,展示主题与研究阶段相匹配,如此一边研究、一边在实践中推广成果。

在推进研究中,始终把提升初三学业质量作为研究的边界线,把"解决问题"作为出发点和落脚点。在研究中发现,学校在交流各自实践的进展时,有事无巨细、泛泛而谈的状况,总是说不到关键之处。于是,提出用五张 PPT 来限定边界作为解决方法,要求交流的内容应聚焦重点、聚合共识、把握方向。五张PPT 的内容分别有明确的边界规定,依次是:做了些什么,发现了什么问题,如何解决的,实证材料是什么,还有什么困难。对这五张 PPT 内容所作的规定,看似简单,但在实践中起到的作用很大。PPT 聚焦了发言者视角,让大家在一个话语系统里交流对话,而且项目的进展情况一目了然。很多学校还把 PPT 有关内容的规定迁移到自己学校的学科教研以及教学管理中,均取得明显成效。

(3) **项目推广** "初中提升学业质量项目"的推广研究从 2017 年开始,持续不断进行,点上 5 所学校和 10 余所共同体学校参与。项目推广的研究与前面两阶段研究有不同之处,主要是如何体现"内化·成长""提升·迁移""凝聚·辐射"等要求,实践者对此也一直关注。因此,推广研究着重于将前面两阶段的研究成果和经验从各所点上学校辐射出去,包括校内学科之间的辐射、学校与学校之间的辐射,进而带动区域内外更多学校的发展。为此,需要在更大的范围内凝聚人心与形成合力。

在推广研究中,梯形模型中的"合作"部分在实践中得到了很好的印证。在这一阶段,清晰展现出项目研究团队的"我"和"我们"的凝聚与合力,如"今天我是专家——语文议论文阅读复习""内行看门道——管理人员的故事""我们解决了一个难题——英语学科现场联合教研""我们这样开例会——教研联合体现场研讨"等研究与实践活动,从中可以看到研究共同体如何从"合拍"走向"合力",进而形成"合心"的发展过程。

以莘松中学"推进共同体学校发展"为例,莘松中学组建了"1+8"研究共同体,凝聚了 8 所学校的教师,形成了研究团队。其间,莘松中学将参与前阶段项目研究获得的经验作了系统介绍,从"管理的路径""工具的研发及使用"到"经验的推广",毫无保留地将方法、路径、收获向共同体学校"辐射"。在此基础上,各校运用莘松中学解决问题的思路和方法,创造性地尝试解决自己学校的问题。比如,在实践过程中,针对有些学校遇到"找不到研究的问题"的窘况,通过"项目例会"形成共识,引导学校用访谈、问卷的方式,收集师生在"教"与"学"中的困惑或需求,进而提炼学校教学研究的问题,即以寻找问题的方式去研究解决学校存在的问题。这一研究共同体的实践,提供了在"合拍"中共振、在共振中形成"合力"、在"合力"中凝聚人心的实践"样本"。

五、项目研究的管理

开展项目研究,应把握实施要点,体现内容策划、证据应用、观点呈现、团队合作等要求;应规范有关立项、开题、中期汇报、结题、档案积累、经费使用等管理环节,重视项目成果的提炼、总结、推广和应用。此外,还必须抓好项目研究各项工作的整体落实。

项目落实的关键在于加强管理。要通过严格、有效的管理,确保项目的研究方案和流程设计合理、研究过程扎实严谨、目标任务整体达成,并且促使研究的目标、过程、结果之间关联密切、具有高度的一致性。要通过项目研究的落实,充分展现研究成果的现实指导意义和推广应用价值,全面提高教研工作的水平。

项目管理内容主要包括做好预研究、组建研究团队、规范各个环节、重视档案积累、严格经费管理等方面。

1. 做好预研究

在项目研究方案中,必须有"预研究"的安排。预研究是在该项目研究正式启动之前实施的,内容包括背景调查、材料准备、方法尝试等。要对该项目面临的现实环境、已有的经验成果、当前的动态表现等进行调查分析,对研究需用的文献资料、参考材料等进行收集整理,对研究过程中设定的一些关键步骤和拟用的重要方法进行尝试总结。最后,还要在完成预研究的基础上,及时组织评估并提出评议意见。

总之,项目的预研究,主要是回答为什么(背景)、有什么(资源)、做什么(目标)、如何做(过程)和得到什么(效果)等问题。预研究的结论具有重大的现实意义和实用价值,它是判断是否继续开展该项目研究的直接依据。

2. 组建研究团队

要从实际出发,组建坚强有力的项目研究团队。参加项目研究的人员,不只是人数充足,还要结构合理、形成合力。人员结构的合理性不仅指团队人员的年龄、性别、职称等搭配合理,尤其强调人员的构成符合实际需要、人员的组织形成建制,明确项目团队主持人、核心成员、成员等的职责。要重视研究团队的建设,加强纪律性、树立好风气;要建立学习研讨制度和督促检查制度,不断提高研究团队的战斗力。

3. 规范各个环节

在根据项目的特点组建研究团队的基础上,确定研究方向,确立研究框架和目标,明确研究任务,设计研究工具,明晰研究流程等。对于项目研究的各个主要环节,比如立项、开题、中期汇报、结题等,都要提出明确的实施要求,包括申报内容的规定、审议程序的规定、评审结果的使用等。对于各个环节的管理,要做到规范、有序,确保项目研究顺利地稳步推进。

4. 重视档案积累

项目研究不仅有较高的要求,而且历时较长,因此必须重视档案积累。档案内容包括关于研究方案形成的材料、关于研究团队组建的材料、关于重要研究活动实施的材料、关于主要环节评审的材料、关于该项目研究的典型案例和主要成果的材料等。有关档案材料要全部归档整理、记录在案,便于调用。

5. 严格经费管理

开展项目研究,要有一定的经费保障,同时要合理使用经费。在项目研究的行动规划中,要提出有关经费的预算;在实施研究的过程中,要严格执行经费使用计划;在项目研究完成后,要对经费使用情况进行决算。关于经费的预算、执行和决算情况,要有必要的审计和备案。

下面以项目"中学物理教学的革新:数字化实验系统(DIS)的研发与应用(2002—2014 年)"的研究为例,对有关项目管理的实施要求进行简单说明。这项研究汲取了国际上先进的物理实验教学的经验,组织力量开发了数字化实验系统,改进了物理实验的教学功能。项目的实施要点如下:

一是安排充分的预研究。在正式启动本项目研究之前,项目组安排预研究,进而确定项目研究的方向。

通过预研究,项目组认识到:当今世界已经进入信息化时代,但是上海的中学物理实验教学,依然是仪器装备陈旧、测量手段粗糙、操作效率低下,导致物理教学偏重于理论讲解,不能适应现代社会的飞速发展,无法满足物理课程改革的要求和学生学习的需要,甚至有时不能保障实验教学的正常开展。而随着信息技术的发展,中学物理实验教学迎来了新的机遇。

项目组还进一步看到,用传感器采集实验数据、用计算机处理数据,使学生置身于数字化的学习环境中,不仅有迫切的需求,而且也有实施的可能。《上海市中学物理课程标准(试行稿)》中对实验教学提出了增强实验的启发性和探究性、增加随堂实验和生活中的小实验、引入数字化实验系统(Digital Information System,简称"DIS")等三项改革要求,强调要革新实验手段,优化实验教学功能。另一方面,项目组邀请有关专家对物理实验教学领域的新技术进行考察论证,发现国内外现有产品的设计思想、功能设置等多方面都难以符合上海"二期课改"的要求,而且产品价格也偏高。

于是,项目组决定:自行研发物理新教材所需的实验器材系统,以保证具有独立知识产权的实验产品能够紧密配合教材、为教学服务;而且技术研发、设备制造和教材编写必须同步进行,做到紧密联系、相互渗透、同步发展。

二是提出明确的研究任务。在确定了本项目研究方向的基础上,拟定了需要解决的主要问题,明晰了目标任务,并预设研究成果。

本项目立项时指明,研发和应用 DIS 实验系统,主要解决三个问题:(1)技术研发与器材生产。要研发生产与教材配套、师生认可,并拥有独立知识产权的系列化器材。(2)实验改革与学习转型。要用信息技术改进物理实验,推动教学改革,实现学生学习方式的改变。(3)人才培养与队伍建设。要建成一支具有信息素养的高水平、协作型物理教师队伍。

三是组建一个坚强有力的研究团队。实施项目研究,需要依靠团队的力量,为此项目组进行了组建研究团队的工作。

在上海市教育委员会的领导下,由上海市教委教研室、风华中学和山东省远大网络多媒体有限责任公司三家单位合作组建的"中小学数字化实验系统研发中心"(简称"研发中心")于 2002 年正式成立。"研发中心"的功能定位在教材编写、教学研究、产品研制、培训服务、理论提升和学科拓展等诸多方面,力争在基础教育系统形成"研、学、产一体化"的机制、创造"联合研发、以教定产、监督制造"的运作模式,为项目研发的顺利实施提供有力保障。"研发中心"设有主持人和企业技术团队,定期检查研发进度、检验研发效果,确保研发产品始终服务于教育。

四是有序落实项目研究的各个环节。为实现项目研究的目标和任务,必须制订行动规划、设计关键工具、提出过程管理和评价要点,然后持续进行实践、研讨和反思。

本项目研究经历了"起步、改进、应用、拓展"等阶段,具体落实了立项、开题、中期汇报、结题等重要环节。为引导项目研究的扎实开展,各阶段都有明确的阶段性研究目标和任务,以及引人瞩目的成果标志。

五是提炼总结项目研究的成果。随着项目研究工作的逐步推进和各阶段研究任务的顺利实现,项目组取得了丰富的成果。通过对有关成果进行提炼、总结和推广,促进产品的完善和应用,实现成果的辐射和共享。

本项目研究将中学物理的传统实验和数字化实验结合起来,提高了物理实验的探究性、可视性,提升了物理课堂的信息化水平,使物理实验产生了质的变化,也为学生实验过程的行为分析提供了可能。

DIS 融入教学十二年,有效实现了 DIS 与物理课程的整合,共累积了 500 多项创新实验案例和近百节使用 DIS 的公开课案例,不仅为教材修订积累了素材,更促进了 DIS 的完善。同时,项目组顺势拓展了 DIS 的学科领域和应用范围,目前 DIS 已辐射到生物、化学及小学科学等学科,而且还进入国内其他版本的物理教材。

数字化实验系统(DIS)研发与应用的项目研究,全面实现了预定的研究目标、取得了引人瞩目的丰硕成果,体现了坚持落实项目研究的实施要点、坚决贯彻项目管理的严格要求的重要性。

【关于项目研究路径及管理的探讨可参考"链接"中 1-4(第 44 页)】

1-1 课程与教学调研工作探讨

在课程与教学调研工作中,策划是基础,实施是关键,下面材料着重讨论调研工作的组织实施。

上海市基础教育课程与教学调研工作的组织实施

上海市教委教研室在 2012 年成立了"基于规准的课程与教学调研的实践研究"项目组(以下简称"项目组")。"项目组"重视调研工具的研发和使用,确定以工具寻求突破,用证据支撑"课程与教学调研",推动教研工作转型。

上海市教委教研室对于"课程与教学调研"的实施,提出"三结合""三加强"的工作要求。"三结合"即整体与专项相结合、集中与分散相结合、全面评估与跟踪指导相结合;"三加强"即加强学校环节、加强教研本身、加强实证研究。市教研室还提出要在认真落实有关要求的基础上,不断加强工作的基本规范,使"课程与教学调研"从基于"经验与直觉"逐步走向基于"证据与分析"的诊断与改进。

一、转型:从基于"经验"走向基于"证据"

从"教学视导"发展为"课程与教学调研",标志着上海市教委教研室对于基础教育课程与教学的指导和服务,正在进行从"基于经验的视导"走向"基于证据的调研"的转型。

1. 基于经验的视导

发现、提炼和传播经验,这是由"教学视导"的工作定位和工作要求决定的。"教学视导"的基本目的,一是"学习、总结、反思、改进"教研工作;二是促进市、区(县)教研员的专业发展;三是提高教研员研究、引领、指导和服务的能力。"教学视导"的基本过程是"自我总结,视导验证,总结经验,分析反思";基本任务是总结区(县)所推荐教师的教学特色和所推荐教研组的特色。实现"教学视导"基本任务的主要途径,就是对所推荐的教师,在仔细研究他们的自我总结材料的基础上,通过听课、与区(县)教研员和该校部分教师座谈等,总结这些教师的教学特色;对所推荐的教研组,在仔细研究他们的自评报告的基础上,通过听课、听取学科教学和教研工作情况介绍、查阅教研组的有关资料、与该教研组的教师一起座谈等,总结这些教研组的特色。

可见,在"教学视导"中,对"经验"的发现和提炼,主要是在教师"教学特色"和教研组"教研特色"这两个方面进行。"教学特色"方面,重点看教师的基本素养、教材处理、教学安排、课堂教学设计等,尤其注意目标、设问、精讲、启导、反馈等基本环节,重视知识形成过程、课堂教学组织、课堂教学气氛、课堂教学效果等实际表现。"教研特色"方面,重点看教研组是否具有较完善的教研制度,并保证制度的执行;是否重视对课改理念和课程标准的学习,并落实在教学工作中;是否重视教学常规的落实,并积极开展校本研究、加强资料积累;是否重视培养骨干教师和青年教师,并促进风气优良、团结共进的教师团队的形成。

在课改实践中,基层学校及教师积累了很多好的经验。发现和总结学校及教师的好经验,就是在教师间促进共享的过程。如何使好经验的内涵不断丰富和升华,并将它广泛传播和辐射呢? 一是通过搭建各级交流平台,让学校及教师进行学习交流、探讨借鉴、示范辐射、共同提高;二是对形成的经验作进一步的反思、分析和归纳,得出形成经验的规律,明确经验的基本组成要素,使经验逐步转化为一种常规的要求、逐步成为教学与教研制度的组成部分;三是对形成的制度进行宣传,并在日常教学与教研中加以落实,同时让教师在教学实践中进一步认识这些常规要求的理论背景,提出改进和完善的意见,从而促进教师的专业化发展。

2. 基于证据的调研

从"经验"走向"证据",并不是对经验的否定,而是把"经验与直觉"上升到"证据与分析"的层面。应该看到,经验也是一种证据,是已经成为过去的证据。在基于证据的调研中,更强调对事实、现象、问题通过观察、访谈、问卷等多种方式获取证据,进而探索有关问题的解决策略。

基于证据的调研,通常采用的基本方法是"三角互证法"。这种方法的显著特点是:在调研中,调研主体(教研员)综合使用多元的研究资料,并采用定性研究和定量研究相结合的方法来分析同一个问题,以取得对所研究问题全面、深入的了解。三角互证法更有助于研究者克服单一研究方法的内在缺陷,提高分析的广度、深度和效度;同时,它也被视为是将质的研究与量的研究融合起来的一种理想的综合性研究方法。

在具体实践中,对于证据的收集,主要通过观察、问卷调查以及访谈等三种手段,再结合查询学校相关资料去实施。收集证据的过程大致可分为三个阶段:①在听课、评课、教研组活动等真实的环境中对需研究的对象进行观察;②向学生、教师和教学管理者发放和回收调查问卷;③对个别研究对象(如推荐的优秀教师和教研组)进行有针对性的、深入的面对面访谈。

(1) 观察

教研员进入教学与教研的"现场"进行观察,这样可以有机会直接感受调研对象所在的环境,从而获得第一手数据。与日常观察通过有意识或无意识的自然获得相比,调查研究所采用的观察手段是"一种科学的观察"。教研员带有明确的观察目的,通过前期对观察进行精心的设计和组织,获得"一般观察无法达到的对事物洞察的深度和广度"。

（2）问卷调查

问卷调查作为常用且有效的收集调查数据的研究手段，能够提供相关的数据，这些数据相对来说可以直接用于分析。调查问卷的设计一般采用结构好的、非开放性的题目，呈现的形式可以是单项选择、多项选择、等级排序等。目前常用的在线问卷系统是"问卷星"，通过问卷收集研究对象对主要研究问题的回答；研究对象的回答可直接生成数据，这些数据既可以对整体情况进行统计，也可以对不同学校进行比较分析。

（3）访谈

通过访谈获取信息与数据，其优点是可以与调研对象建立直接的联系，并可以直接了解调研对象对所调研问题的认识、掌握的信息，还有调研对象的价值观、偏好、态度以及想法。访谈的题目可以选用回答型与结果开放型两种，设计为非结构性的题目更好，这样的题目可以给访谈对象留下更大的解释余地。调研前，教研员要准备好基本的问题框架或访谈提纲；调研中，教研员可以针对不同的访谈对象，对拟定的非结构性题目的提问方式进行简单的调整。

访谈中教研员提问的问题一般是开放性的。开放性的提问便于对研究对象的回答进行深入探究，或通过进一步提问排除可能出现的误解。教研员和研究对象通过访谈建立的合作关系，可以获得研究对象真实的想法、完整的数据，而且有一些意想不到的答案很可能从研究对象的回答中出现。经研究对象的同意，访谈有时也会被录音，访谈结束后如有需要，可将录音整理成"录音稿"。录音稿可以把研究者以及研究对象的语句完整地保留下来。研究对象的回答，可以作为减少质化研究中数据过量的一种手段，同时也为接下来的数据分析和归类作好准备。

上述收集证据手段中的"问卷调查"属于定量研究。它采用数据的形式，通过收集资料和证据来评估或验证在研究之前的预想，并对教育现象进行说明，以求得到客观事实。而"观察"和"访谈"属于定性研究，着重于通过参与直接观察与访谈，了解被观察者采取行动的原因、态度及其依据，并对收集到的许多不同证据之间的相互联系进行分析，由具体逐步向抽象转化，进而形成一定的判断。

在调研过程中，可以通过三角互证法，把定性研究和定量研究结合起来使用,大大增强调研的信度和效度。正是这些基于不同来源所收集的信息具有互证性,因此最终可以得出较准确的判断;同时,这些证据,还有助于教研员给出后续的发展性建议和指导。

二、改造:调研"流程"和"工具"

基于实证的"课程与教学调研",强调调研观念转变、调研模式改变、调研路径明晰。在具体实施中,关键在于改进调研流程和引入可操作、可执行的调研工具,坚持"标准为先、流程为上"的原则。课程与教学的调研过程是检验调研工具的尺度、效度,而调研效果是检验流程的吻合度,因此,"课程与教学调研"的转型主要是流程和方法的改造。

1. 调研流程的改进

调研流程关系到调研的转型,影响调研目标的实现。从调研前、中、后三个环节来整体设计,拓展调研过程,建立"调研准备、现场观察、调研反馈"的调研流程,如图 1-6 所示。

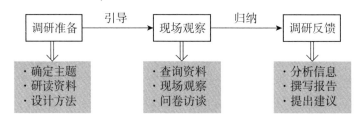

图 1-6　课程与教学调研流程

在调研流程中,采用集中调研与分散调研两种形式,集中调研主要在为期一周的现场观察环节进行。集中调研的实施体现出整体性,一般安排在高中、初中、小学以及幼儿园学段同时进行,每个学段选取 3 所不同类型的学校为点。在高中、初中、小学学段的点上各所学校,现场观察所涉及的学科是语文、数学、外语以及其他三门学科;参与调研的人员包括综合教研员以及语文、数学、外语和其他有关学科的教研员。同时,在各学段适当选择面上一些学校安排调研活动,点面结合,从学段、学科两个视角进行观察。

在整个调研进程中,各环节紧密联结、相互促进,从方向和次序上传递调研任务,从标准和过程上进行交接,从协调和控制上有序推进调研任务。

2. 调研模式的再构

"课程与教学调研"的模式可简述为:准备→观察→追问→再观察→研究→表达。

(1) 准备

学科(综合)教研员根据上海市教委教研室的工作要求,结合学科(学校)特点,研读背景资料,制订较翔实和可执行的观察计划,准备工具,设计问卷,拟定访谈、座谈的纲目,考虑信息技术运用环节等。

(2) 观察

观察是一个耗时多、进程慢的过程,为此确定观察标准、制订观察流程显得尤为重要,其中设计适度、准确的观察点是关键。在"课程与教学调研"中,主要的观察内容分为查询资料(静态)和参与现场活动(动态)两部分。查询资料涉及的主要资料有学校规章、教导处相关档案、教研(备课)组资料(如教研活动记录、教案、试卷、教学质量分析表、学生作业等);现场活动观察的主要形式是听课,以及参与教研活动和备课组(教研组)活动等。

(3) 追问

将通过现场活动观察和资料查询得到的相关信息,与观察前确定的标准进行对照。要不断追问自己,需要获取的信息得到了吗,哪些活动有特点(或疑点)。在此基础上,再梳理出还要继续观察(如问卷与访谈)的内容。

(4) 再观察

为了进一步了解某一问题(或经验)的情况、弄清其存在的状态及可能原因、摸清观察结果的本质等,还要对所观察的事实,通过问卷调查、师生座谈以及访谈校长、教导主任等进行再观察,其目的就是为教研员对事实作出客观归纳和合理解释打下扎实的基础。在"再观察"这一环节中,观察视角的选择要与"观察"环节相同并强调规范,同时还要善于综合不同观察视角并强调聚焦。

在座谈、访谈时,提出问题是一种引导,因此提问的方式关系到在有限的时间内所获得的有效信息量。提问方式主要有两种:一是指向明确、直奔主题的提问,要求言简意赅;二是创设情景、导向主题的提问,要求根据情景回答。

(5) 研究

对所观察到的事实进行必要的分析归纳,如数据处理和转换、案例剖析等,进而形成观察结果。观察结果在一定范围内能够较稳定地再现,最后进一步综合分析观察结果,得出观察结论。需要注意,在得出观察结果(结论)时,要充分利用问卷、访谈等所得的信息,加强"观察"与"再观察"两个环节之间的联系,注意关联性;要克服有问卷或访谈,而无结果或没有分析使用的现象。当调研获得的事实与形成的观点(结论)之间建立了合理的联系时,事实就转化为证据。因此,研究时要用证据支持调研结论。

(6) 表达

表达是把研究结论呈现出来。呈现时,一般是围绕调研专题进行阐述,包括已有的经验成果和存在的主要问题,还要进行成因分析、提出发展性建议。表达的主要形式有书面形式和口头形式,其中书面形式是通过文字、图像等来传递信息的,口头形式是通过语言、手势、表情等来传达信息的。表达时,诊断结论要明晰、改进意见或建议要明确。口头表达要适当提供 PPT 加以辅助,以提高表达的效果。

3. 调研工具的引入

观察学校(学科)课程与教学、教研中的事实,收集相关的证据,然后基于证据提出诊断结论与改进建议,这是基于实证的"课程与教学调研"的初衷。

为在有限时间内,从大量的教学、教研事例和事实中收集证据,引入工具势在必行。工具就是调研工作时需用的器具,它是为了达到完成或促进完成某一项工作而使用的手段。例如在课堂观察中,工具就是随堂笔记或现场摘要。因此,工具是一种支架,是一根拐杖,它扮演着标准及流程的双重角色。调研工具给出了一条指导课程与教学、教研实施的路径,一方面可用它引导区(县)、学校去对照本地区教师的教学、教研行为;另一方面用它聚焦调研时的观察视角,从而规范相关资料的收集、促进区(县)和学校的教学管理,达到建立教学基本规范、执行教学基本要求的目的,落实基于课程标准的教学与评价。

为此,根据"课程与教学调研"的需要,"项目组"研发了多种工具,例如学校课程与教学调研工具(针对学校课程计划、课程与教学常规管理、拓展型课程等)、学科课程与教学调研工具(针对教研组或备课组、作业、考试测验等)、课堂教学观察工具以及特定学科课程与教学调研工具等。

上述调研工具的研发,着重于体现"证据""关键""关联"这三个关键词。例如,教研(备课)组调研工具包括六个部分,分别是:(1)学校制订的有关教研组活动的规章(含要点摘录和调研员意见);(2)教研组计划;(3)教研组其他资料;(4)教研组活动(现场或录像,参加教师人数);(5)教师访谈(访谈提纲及访谈要点记录);(6)总体评价与建议。其中的总体评价与建议,是指根据前面五个部分的达成情况作总体评价,或者根据"规章制度"与"实证观察(资料与现场)"之间的互证情况作总体评价,在此基础上再提出改进建议。以教研(备课)组调研工具中(2)教研组计划、(3)教研组其他资料、(4)教研组活动部分为例,具体设计如表1-1、表1-2、表1-3所示。

表1-1　教研组计划(名称:_____计划)

观察点/程度 (1～5:程度由低到高)			举例/说明
要素	计划包含要素 (选择涂黑)	□教研目标	
		□常规安排	
		□团队建设	
品质	**教研任务:** 　具体,有学期特征		
	活动设计: 　形式多样,便于执行		
	主题研究: 　切合实际,过程可见		
	教研团队: 　体现分工与合作		
特色举例			

表1-2　教研组其他资料

观察点/程度 (1~5:程度由低到高)	举例/说明
活动记录: 反映形成的共识和后续待解决的问题	
教研小结: 回应计划;有反思和对策	
研究课教案: 与研究主题一致;符合学科规范	

表1-3　教研组活动(□现场□录像。共有_____位教师参加)

观察点/程度 (1~5:程度由低到高)	举例/说明
主题: 贴近教学实际;与计划匹配	
过程: 安排有序;重点突出;解决问题	
发言: 紧扣主题,引发思考;发言面广,对他人的看法有回应	

从表1-3中可以发现,设计时,为充分凸显"关键"这个词,就要抓住选定的"观察点",即主题、过程、发言等教研活动的关键要素。教研员进入教研活动现场时,先对这三个"观察点"进行观察,并给各"观察点"的显示"程度"赋值;再通过填写"举例/说明"这个栏目,列举赋值的证据,以此凸显"证据"关键词,体现"观察点""程度""举例/说明"三者之间具有关联性。

当然,工具的各个部分之间也具有关联性,凸显"关联"这个关键词,就是强调整个工具的设计始终突出基于证据,坚持把握关键、建立关联的设计思路。例如:上述教研(备课)组调研工具中,教研组计划(表1-1)、教研组其他资料(表1-2)、教研组活动(表1-3)这三部分,抓住了教研组工作中的三个关键环节;各表中设置的"观察点"都是关键要素,"观察点"间又是有关联的。对这三部分进行相应的分析发现,表1-1中有一个观察点是"主题研究",表1-2中有一个观察点是"研究课教案(主要观察教案与研究主题一致)",表1-3中有一个观察点是"主题",可见它们之间关联密切。

"观察点""程度"和"举例/说明"这三个栏目,充分考虑到教研员与工具设计者之间的互动空间,为设计者留下了改进工具的窗口。设计者通过分析归纳教研员的填写情况,一方面可完善工具中的"观察点",另一方面随着教研员使用相关工具的频度的提高,可以在分析教研员填写"举例/说明"栏目基础上,针对相关的填写情况,对教研员作适度的访谈,明确填写内容指向,归纳得出共识之处,并将之固化。如果条件许可,还可对"程度"赋值(1~5)中各个数值给出具体标准。有了这个标准,在以后调研中填写工具时,如果有关事实较明确,就可以对照标准直接进行"程度"赋值,而不必填写"举例/说明"栏目。若对给出的标准在认识上有差异,则可以继续通过填写"举例/说明"栏目,来表达对"观察点"的程度记录。

适当引入和使用工具,不仅能发挥工具应有的引导和规范教学、教研的导向作用,而且还能发挥指导和支持调研的管理作用,为"课程与教学调研"作出判断以及给予建议的服务作用。

【摘自《课程与教学调研:基于实证的诊断与改进——上海市基础教育课程与教学调研工作的转型》一文,刊载在《上海课程教学研究》2016 年第 5 期】

1-2　课程与教学调研报告探讨

调研报告即调查研究报告,内含调查、研究、报告之意。课程与教学调研报告,主要采用书面形式,呈现调研结果,表达调研结论。在报告中,要描述调查后的发现(即"有什么""是什么"),要阐述对于发现的现象和问题所进行的分析研究(即"为什么""能够什么"),最后还要给出实施建议(即"怎么办")。下面材料着重提出课程与教学调研报告的撰写要求。

课程与教学调研报告的撰写

一、基本认识

课程与教学调研的实施,通常采用"市区联动"的方式。按调研对象和调研重点的不同,可将实施形态分为学校调研、学段调研、学科调研、专项调研等多种。相应地,课程与教学调研报告就有学校调研报告、学段调研报告、学科调研报告、专项调研报告等多种。在调研报告的内容要点中,一般应包括基本情况、主要经验、问题与建议等。对于调研报告撰写体例的设计,既要有反映调研整体要求的基本规范,又要有体现不同调研形态的明显特点;调研报告中不仅要讲述调研实施的过程,还要有调研工具的介绍。

1. 课程与教学调研报告既是基于实证的分析报告,也是基于工具的分析报告。调研报告要有侧重点,不必面面俱到,可以写教研(备课)组、作业、考试、课程计划等方面的专项报告,也可以写成综合报告等。

2. 课程与教学调研报告将汇编成册,从这一角度而言,调研报告的内容更要注重调研的过程和方法。调研报告的基本内容中,应显示调研主题的切入、调研过程的展开、调研资料的使用、调研分析的方法、调研得出的结论等。调研报告本身类似于一篇论文,包含论题、研究方法、论据、结论和建议等内容。

二、总体要求

课程与教学调研报告的总体要求是:**体现客观真实性和研究指导性**。

1. 调研报告要有丰富的内容、正确的观点、独到的见解,有解决问题的有效办法。

2. 调研报告必须以通过调查所掌握的全面、深入和丰富的事实材料为依据,并有从材料到观点的严密的逻辑推理——正确的分析、合乎逻辑的分析、符合实际的分析,更要有解决问题的办法。

3. 调研报告既要体现基本情况,又要突出重点;既要有客观描述,又要有透过现象的深层分析;既要有定性分析,又要有定量分析;既要有问题提出,又要有原因分析和问题解决思路。

三、文本框架

课程与教学调研报告主要由标题、概述、重点关注内容、建议和附件等部分组成,一般要求如下:

1. **标题名称**。题目可以直接写观点,也可以写主题。

2. **概述内容**。简述调研的经过,具体指明调研的时间、范围、方式方法以及基本活动信息量等。

3. **重点关注内容**。应予重点关注的内容：一是切入口的背景(区县所提交资料的亮点或疑点、基于常识、时代背景)，调研工具，佐证资料；二是逻辑分析，相关性分析，模型构建；三是调研结论。

4. **建议**。包括推广建议和改进建议。要充分表述提出有关建议的理由，并指明有关建议的实施要点；所提出的方法要具体、有步骤、有可操作性。

5. **附件**。把支撑观点的有关资料放在附件中。

【摘自"上海市教委教研室区(县)'课程与教学调研'工作方案"】

1-3 课程与教学调研报告举例

明确课程与教学调研报告的撰写要求之后，就要着手撰写、具体完成调研报告，下面提供一份初中英语学科调研报告。

初中英语学科调研报告

一、调研概况

2015 年 11 月 16—20 日，上海市教委教研室对 HK 区中小学幼儿园课程与教学情况进行了调研。初中英语学科调研的点上学校是 BH 初级中学、HN 中学和 JW 初级中学。调研的主要内容是：区级教研、校本教研、学校课时安排、课堂教学、作业的设计与实施、考试命题等。本报告是在"填写工具"的基础上"分析数据"并"形成观点"。

调研流程如图 1-7 所示：

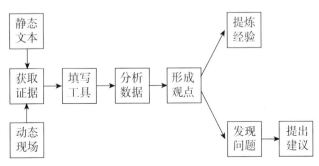

图 1-7 初中英语学科调研流程

二、调研结论

（一）学科建设中的主要经验

三所学校英语学科周课时数均在上海市教育委员会规定的范围内，如表 1-4 所示（数字为课时数）。

表 1-4　三所学校英语学科周课时数

学校	BH 初级中学	HN 中学	JW 初级中学
周课时	六、七、九年级： 基础 4、拓展 1	六—九年级： 基础 4	六—八年级： 基础 4、拓展 1、报刊阅读 1
	八年级： 基础 4、阅读探究 1		九年级： 基础 4、拓展 1

在区教研室提供的书面材料和三所学校调研工具填写的基础上，归纳出 HK 区和三所学校英语学科建设中的主要经验。

1. 区级教研①

（1）围绕市教研主题开展活动

区教研员在开展区教研活动时，重视对市教研主题的传递与研究。以 2014 学年为例，共开展分年级的教研活动 30 次，其中 10 次活动依据市教研主题来确定，如合理确定教学内容、把握教学重点与学习难点、运用工具规范教研活动、写话评价标准研究等。

（2）依托"高地"，开展区校合作项目

借力"HK 区英语学科高地"，确定"初中阶段英语阅读教学"研究主题，通过整合区域教研资源，开展基于课程标准和区域学情的英语阅读教学研究；以 5 所基地学校为中心，采用以点带面的形式，将"教师教学策略"与"学生技能培养"作为区 2014—2015 学年阅读教学的研究重点，并以基地学校为核心，开展校际之间的协作。在教学实践中，开展了以"如何合理运用阅读教学策略"为主题的系列教学研讨活动，并针对"如何培养学生阅读技能"开展阅读微技能培养的校本课程建设与微视频开发和制作等专项研究。

---

① 证据来源：区学科教研工作报告。

在项目研究过程中,注重与区内外教研团体的合作。自 2014 年以来,与 ZHOU 工作室合作 6 次;与区听课项目组合作,共开展教学研究课 24 节;与兄弟区(县)教研室合作,开展教研活动 4 次,开设研究课 7 节;与市名师基地合作,开展了 3 次活动。这些活动开阔了教师的眼界,为教师理解阅读教学、提高阅读教学设计提供了实践平台和学习资源。

此外,自 2014 年以来,区教研员还指导了 9 个区校合作项目,研究主题均与"阅读"或"写作"有关。

(3) 组织研训,搭建交流共享平台

自 2014 年以来,共组织市级专家培训 8 次;自 2013 年以来,区教研员按需"送教上门",为 10 所学校提供了 15 次指导与培训。在区教研转型的背景下,用"教研活动课程化"提升教师专业发展水平和学科专业素养,使教研活动更具目的性和规范性。自 2014 年以来,区教研员以阅读为研究主题,面向全体教师组织了 8 次培训活动。

自 2015 年以来,设计并实施了"阅读部分试卷评讲培训""阅读评价之完型填空命题培训""初中英语阅读微技能""初中英语作文讲评"等微课程,与 10 余所学校教研组合作开展培训工作。

针对全区教师的问卷[①]调查结果反馈,59.8% 的教师对区教研室组织的教研活动的评价为"非常好,收获很大",37.4% 的教师认为"不错,有一定收获"。

(4) 注重教研组建设

每学期初组织教研组长培训,通过院校合作项目加强对相关教研组的指导,如指导各校英语教研组结合学校实际工作,设计校本实践体验课程。组织全区优秀教研组评选,并开展以教研组建设为目标的优秀教研组展示、研讨活动,自 2014 年以来共开展展示活动 7 次。

2. 校本教研[②]

(1) 用规章制度促进教研规范

三所学校针对教研活动制定了较为详细的规章制度,为教研活动的开展提供了保障,如表 1-5 所示。

---

① 网络问卷针对"区级教研""校本教研""作业与作文""考试命题"等,共 219 名教师参加。
② 证据来源:三所学校"教研活动"调研工具。

表1-5　针对教研活动三所学校制定的规章制度

学校	规章、制度	主要特点
BH 初级中学	教研组活动制度 集体备课制度 英语教研组规章	英语教研组在学校规章的基础上制定了"英语教研组规章",特别强调"主题教研活动"和"集体备课"的内容与具体要求,同时重视两项工作档案的积累和检查
HN 中学	教学常规管理规章细则	相关规定写在"教研组长职责"和"备课组长职责"中,突出教研组长和备课组长在教研活动组织中的作用
JW 初级中学	教研组、备课组评价细则	以"评价细则"呈现,包括"教研组活动制度和教研组长职责"和"教研组常规考核细则"两部分,对教研组活动的次数、活动的形式、主题式教研活动等有具体的规定,并有具体的数量或品质要求

（2） 以教研主题聚焦关键问题

近两年来,三所学校英语教研组均以教研主题来组织教研活动,如表1-6所示。

表1-6　三所学校英语教研组的教研主题

学校	2014 学年英语教研主题	2015 学年英语教研主题
BH 初级中学	阅读教学中的有效词汇教学探究	初中英语写作教学的实践与研究
HN 中学	阅读教学活动设计	具有年级特征的阅读课教学
JW 初级中学	在英语阅读教学中改进初中低年级学生学习方式的实践研究	基于学生形成性评价的英语阅读教学活动设计

近两年来,区英语学科高地以"阅读教学"为切入口,引领全区初中英语教师开展教学研究。在这个大背景下,三所学校均把"阅读"作为教研的主题,但分别从不同的视角切入。从三所学校的教研组活动记录和教研总结来看,每个学期均围绕教研主题组织至少3次教研活动,教研活动的形式多样,有理论学习、课堂教学、命题研讨等,大多数活动后能记录达成的基本共识。

（3）用"听评课"组织教研活动

BH 初级中学与 HN 中学的现场教研活动均采用了"听评课"的组织形式。两个活动在以下三个方面进行了积极的尝试，其经验值得推荐。

① 围绕主题，发放"告知表"

BH 初级中学活动的主题是"合理确定写作内容——初中英语半命题作文写作教学研究"，HN 中学活动的主题是"合理利用教材资源，提高初中低年级学生仿写的能力"。活动的"告知表"内容包括：活动、时间、地点、主题及选题的动因、活动过程安排和活动的预期效果。活动的"告知表"让全组教师明确了任务、做好了参加活动的准备。

② 组织有序，分工明确

现场活动分为五个关键环节，一是听一节围绕教研主题的研究课，二是分备课组（或听课的"观察点组"）进行小型研讨，三是就某一个话题进行微报告，四是进行互动式评课，五是主持人进行总结。教研组内每一位教师带着任务不同程度地参与到其中至少一个环节。

③ 研讨充分，结论清晰

在互动式评课环节，按备课组或观察点组进行评课，评课过程中发言人、执教教师和其他教师进行互动。主持人在总结环节归纳评课意见，并对整个活动进行总结，提炼该次教研活动形成的共识。

3. 课堂教学①

（1）写作教学巧用 checklist

BH 初级中学 C 和 G 两位教师的写作课都注重教学生写作的过程：在写前环节给予学生充分的引导和帮助；在写后环节通过 checklist（检核表）引导学生进行相互评价和自我评价，并在此基础上修改自己的作文。"检核表"是作文评价标准的简化版，要点清晰，便于操作。（举例略）

（2）活动设计激发兴趣与思维

JW 初级中学的 5 节课在教学活动设计中呼应学校提出的课堂"智慧生成点"：提兴趣，学方法，促思维，挖潜能，在"提兴趣"和"促思维"两方面表现较为明显。"提兴趣"主要体现在教学的"引入"阶段（举例略），"促思维"主要表现在

---

① 证据来源：三所学校"一课一表"和"课堂观察"工具。

阅读课上引导学生进行归纳、预测、评价等思维活动。

(3) 九年级复习课基于重点与难点

两节九年级语法复习课都基于教学重点和学习难点确定教学内容(具体内容略)。

(4) 报刊阅读课重视积累与分享

JW 初级中学重视学生的阅读积累,报刊阅读已经坚持了 10 年,初步形成了泛读课程框架。该课程由专人教授,面向六、七、八年级所有学生,每周一课时。(举例略)

4. 作文的布置与批改①

抽查三所学校各年级每班学生作文本一本,共 46 本,查阅作文 218 篇,查看的主要内容有:作文题目与要求、作文的批改、作文的评价和批语。主要优点如下所示。

(1) 作文题目统一

三所学校六至八年级以教材单元写作任务或单元话题来布置作文,作文题目统一。以六年级为例(具体内容略),可以看出三所学校的六年级各单元作文题目统一,第 3、4 单元的作文题目属于半命题性质,较为开放。

(2) 批改符号规范

对 218 篇作文的批改情况进行了分析,发现:BH 初级中学 73 篇作文全部有批改符号,包括圈画、打钩等,较为规范;HN 中学 66 篇作文中,64 篇有批改符号,批改符号以直接改正语言错误为主,也有圈画和打钩;JW 初级中学 79 篇作文全部有批改符号,包括圈画、打钩等,较为规范。批改符号的运用既指出了作文中的问题或错误,又避免了直接代替学生改正错误。有的教师还运用"五角星"对作文整体表达满意,用"波浪线"鼓励作文中较为地道的表达。

(3) 批语覆盖面广

BH 初级中学 73 篇作文全部有批语,不同教师的批语具有个性化特点,批语主要针对作文的语言;HN 中学 66 篇作文中,60 篇有批语,占 91%,不同教师的批语具有个性化特点,批语主要针对作文的语言;JW 初级中学 79 篇作文中,75 篇有批语,约占 95%,不同教师的批语具有个性化特点,批语主要

---

① 证据来源:三所学校"作业"调研工具。

针对作文的语言。个性化的批语一般包括：表扬进步、提醒注意、指出问题、提出修改建议。

（二）学科建设中存在的不足

在三所学校调研工具填写的基础上，我们发现学科建设中存在以下问题①。

1. 教研工作计划有待完善、活动安排有待优化

三所学校的英语教研组工作计划均有待改进。BH初级中学教研计划中，"指导思想"似"教研目标"，而"教研目标"似"教研内容"；HN中学教研计划缺"常规安排"和"团队建设"的内容；JW初级中学教研计划中，"教研目标"没有写进"一级标题"，没有常规教研活动安排。

2. 部分教学内容有待改进、活动效益有待提高

部分课的效益不高，体现在教学内容的确定不够合理。其原因在于教研组缺乏针对教学内容、教学目标的教研活动，备课组在备课过程中缺乏针对性的文本解读，对于"用教材教什么"的问题缺乏思考，如阅读课普遍缺乏整体阅读，语言点课未能有效激活学生的生活经历。

从学生的学习活动来说，brainstorm(头脑风暴)、group work(小组活动)和survey(调查)等活动流于形式，往往成为少数学生的专利。教师缺乏对这些活动内涵的思考，如没有意识到group work的内涵是：学生通过分工与合作，运用所学语言知识，完成特定语言任务。如果要"小组活动"，前提是学生无法通过"个人活动"来完成语言任务。

3. 作文评价标准普遍过高、命题要求普遍较高

三所学校九年级的43篇作文的评价均依照中考作文评价标准，即满分20分，其中语言8分，内容8分，组织结构4分。从评价结果来看，三所学校对"组织结构"的要求过高。BH初级中学17篇作文中，组织结构得3分的1篇，得1分的5篇，其余的均为0分；HN中学9篇作文中，组织结构得0分的4篇，得0.5分的1篇，其余的为1分，而这些作文的内容得8分的3篇，得7分的6篇；JW初级中学17篇作文的"组织结构"均为0分。

①　1.证据来源：三所学校"教研活动"调研工具；2.证据来源：三所学校"一课一表"；3.证据来源：三所学校"作业"调研工具和"考试测验"调研工具。

三所学校对作文的语言要求过高,一是表现在评分上,普遍低于内容的评分,43 篇九年级作文中,仅有 5 篇作文(其中 4 篇是一位学生的作文)的"语言"分高于"内容"分。二是表现在对"好词好句"的追求上,类似 … is an English teacher who teaches us./It goes without saying that.../imposing 的词句是教师眼中的"好词好句",却都属于高中的学习内容。

从三所学校提供的试卷来看,均存在超出阶段学习内容与要求、选点过难的地方。一是题型缺乏年级特征:3 份试卷中,2 份(七、八年级)完全采用了中考题型,另外 1 份 70% 的分值为中考题型。二是具体题目存在超出阶段学习内容与要求的地方,3 份试卷超出阶段学习内容要求的分值分别约占 15%、20% 和 22%。此外,在 11 月,三所学校均参加联考,其中八年级联考试卷听力第 Ⅳ 题为 2010 年某区中考模拟题,阅读理解 D 篇为 2007 年北京市中考题,两大题分值占 12%;另一份八年级期末联考试题中,阅读理解 3 篇阅读均为今年区(县)中考模拟题,分值占 18%。三是针对考点存在选题过难的现象,特别是"连词成句"和"首字母填空"。

三、对策建议

1. 校本教研要进一步规范工作计划和常规安排

教研组工作计划是开展校本教研的基础。教研组工作计划要根据指导思想确定工作目标,通过教研主题来组织教研活动、达成工作目标。教研组工作计划还应包括教研组团队建设,通过课题研究、师徒带教、教研活动的开展来提高全体教师的专业水平。教研活动的开展要有常规安排,落实具体活动的时间、任务、目标和实施主体。

2. 课堂教学要进一步改进文本解读和活动效益

(1) 要提高文本解读的效益

以阅读文本的解读为例,在解读时要回答以下问题(具体内容略)。

要进一步思考"用教材教什么"。以阅读课为例,通常可以教授以下内容(具体内容略)。

(2) 要提高教学活动的效益

教学活动要面向全体学生,尤其是语言操练活动,要给全体学生思考和操练的机会。比如,brainstorm(头脑风暴)的大致操作流程如图 1-8 所示。

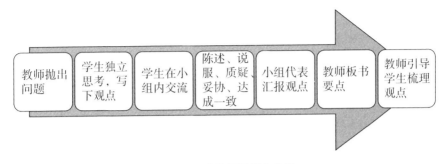

图 1-8 头脑风暴操作流程

再如,设计 group work(小组活动)活动时,要能回答以下问题:①该活动学生能否独立完成? 如果答案为"是",则不应该设计成小组活动。②学生如何分组? 如何分配任务? 什么地方需要合作? 需要多少时间准备? ③如何进行反馈? 反馈时如何体现小组活动的特点?

3. 作文批改与命题要进一步加强规范、基于标准

(1) 作文批改的流程

布置作文时要明确要求——要针对要求制订评价标准——要让学生理解好作文的标准——依据评价标准批改作文——为作文打分——记录典型问题——进行作文讲评。

作文的要求要能体现"年级特征",要进一步理解"内容"与"组织结构"的要求,并在批改作文时予以突出,指出作文的问题,针对问题撰写批语。要降低对"语言"的要求,鼓励学生主动运用已学词汇和语法知识,而不要片面追求"好词好句"。

(2) 命题的基本流程

备课组根据阶段教学内容制订"双向细目表 1"——命题人学习"双向细目表 1"——命题人确定题型、分值和语篇——审题人审核题型、分值和语篇——命题——制作"双向细目表 2"——审卷,表 1-7 为双向细目表 1。

表 1-7 双向细目表 1

内容		水平			要求(测量的角度)	建议题型
单元①	具体内容	知道	理解	运用		

---

① "单元"指语言、词汇、词法、句法、话题、功能意念等语言知识和听、读、写等语言技能。

以上流程的操作有利于教学基本要求的把握,同时能避免命题过程中出现超出阶段教学内容与要求的题目。

此外,根据网络问卷,各校参加民间联考的频次较多,如表1-8所示(问题:今年以来,您任教的班级参加各种民间组织的联考的次数)。区教研室应该加强对联考命题的管理。

表1-8　各校参加民间联考频次

选项	小计	比例
0 次	54	24.66%
1 次	61	27.85%
2 次	44	20.09%
3 次或以上	60	27.4%
本题有效填写人次	219	

【本调研报告的附件】调研工具表

附件中含有关于教研(备课)组的调研表3份,关于考试测验的调研表3份,关于作业的调研表3份。调研表具体内容略。

【摘自上海市教委教研室初中英语教研员赵尚华提供的调研报告】

1-4　项目研究路径及管理探讨

在开展项目研究中,项目的实施在于明晰路径,项目的落实在于加强管理。下面以项目"中学物理教学的革新:数字化实验系统(DIS)的研发与应用(2002—2014)"的研究为例,着重研讨在项目研究中如何确定路径和抓好管理。

中学物理教学的革新:数字化实验系统(DIS)的研发与应用项目

在2002年上海"二期课改"启动以后,物理课程改革围绕"转变学生学习方式"和"创建数字化学习环境"等目标,提出了引入数字化实验系统的构想,组织和实施了项目"中学物理教学的革新：数字化实验系统（DIS）的研发与应用（2002—2014）"。这个项目研究历时 12 年，于 2014 年结题并完成了结题报告。结题报告包括"问题的提出""解决问题的过程与方法""成果的主要内容""效果与反思"等四部分，分别阐述了本项目研究的背景、解决的主要问题、研究的价值和意义，本项目所经历的主要阶段及其工作重点，通过研究所获得的主要成果，取得的实践成效以及引发的反思与展望。

本项目研究的价值和意义，主要体现在下列三方面：一是创建数字化学习环境，提升教师和学生的现代意识、时代感，加快实现教育的现代化、国际化。二是推动新课程改革，优化学习方式和教学方法，为学生科学素养提升和教师专业发展提供坚实的基础。三是提供优良的技术平台，培养创新人才、弘扬创新精神，为中学物理实验教学的改革、创新展现广阔的发展前景。

关于研究团队的组建，项目组明确提出：鉴于国内外应用新技术进行物理实验的现有产品不符合上海"二期课改"的要求，为寻求可靠的物质载体，必须打破常规，整合人力资源，于是组建了由教育专家、技术专家和产业行家组成的高水平、紧密型研发团队。

本项目研究大致经历了研发起步、试点改进、推广应用和深化拓展等四个阶段。

1. **研发起步阶段**（2002—2003）。以上海市中小学数字化实验系统研发中心的成立为标志。采用教材引领、人力资源整合的方法，根据教材的需要，研发产品，做到编研同步；在"研发中心"凝聚技术人员、教学专家和一线教师，做到三位一体，**实现机制创新**。完成了立项报告。

2. **试点改进阶段**（2004—2005）。以 DIS 通过课程教材鉴定为标志。采用选点试用、跟踪改进的方法，在上海"二期课改"53 所高中试点学校免费试用；根据试用情况不断改进，做到用改同步，**实现 DIS 根植教学**。完成第一次中期汇报的有关工作。

3. **推广应用阶段**（2006—2010）。以获得教育部基础教育课程改革教学研究成果一等奖为标志。采用培训保障、评价激励的方法，开展 DIS 专题培训，形成骨干教师团队；通过实验操作考试引入 DIS 内容、组织教师论文评选等措施，激励师生，**实现课堂改变**。完成第二次中期汇报的有关工作。

4. **深化拓展阶段**（2011—2014）。以获得国际发明博览会两项金奖为标志。采用典型示范、重点攻关的方法，举办教学评比、DIS 高峰论坛等活动示范引领;对物理实验中的难题,用新技术加以突破,**实现持续创新**。完成结题工作。

本项目的产品研发和应用,提高了物理实验的探究性、可视性,提升了物理课堂的信息化水平,使物理实验产生了质的变化,也为学生实验过程的行为分析提供了可能。

本项目研究取得的具体成果有:①研发了拥有自主知识产权的 DIS。DIS 包含 56 种传感器、59 种配套器材;共获专利 23 项,其中发明专利 2 项,计算机著作权 13 项,软件产品 8 项。②实现了 DIS 与物理教材的整合。DIS 已占上海高中物理教材中实验总数的 45%,人教版、粤教版、沪科教版等版本的物理教材中也引入了"研发中心"研发的 DIS 实验。③组建了一支 DIS 研发与应用队伍。采用多种方式培养了大批 DIS 的骨干教师,指导各地教师在全国各类教学比赛中获奖 40 余次;同时已建成一大批 DIS 实验室,其中上海达三百余间、全国近五千间,促使物理课堂呈现出很多新气象。

【摘自项目研究报告"中学物理教学的革新:数字化实验系统(DIS)的研发与应用"】

第二章　日常教研导引

汽车速度计上的标度

　　在汽车的速度计上，有些标度如最大值，通常是达不到的，这些标度只是理想中的速度。而且，不同的汽车，速度计上的标度最大值通常也是不同的。

如果将课堂教学比作行进中的汽车，那么教学进程的快慢就像汽车行进的速度。不同的教师驾驶课堂教学这辆汽车，行驶的"速度"会有所不同，其"速度"大小当然与教师的专业素养相关，不过，教师的专业素养只能提供如同汽车速度计上最大值的那种速度大小。单凭教师专业素养这一个条件并不能完全确定教学实施的实际"速度"，而且这辆汽车"速度计"上的标度最大值是不可能达到的。这是因为在课堂上，教师驾驭教学不仅要有必备的技艺，还要考虑实际的"路况"，这里所说的路况就是学生的学习基础和现场反应。

由于目标引导或者路况影响，汽车在马路上行驶的实际速度往往无法达到速度计上的有些标度。联想教师的课堂教学实施，首先，要有目标，其中有些容易实现，有些不易实现，因此往前走时，要制定适切的目标，并且用目标导向活动。其次，往前走总要考虑路况，汽车行驶的速度直接受路况影响，而在课堂教学中学生实际上就是教学的路况（在教研活动中教师实际上就是教研的路况）。再次，应强调循序渐进，结合教学实际提供适合学生的课堂节奏（提供适合教师的教研节奏）。

在学科教学研究中，要有目标引导，更要考虑教学和教研的路况。例如，在教研转型进程中，学科教学研究的主要任务：一是聚焦核心素养培育和落实中的重点难点，围绕教学基本要求、教学内容组织、教学过程安排以及作业与反馈等，深入开展教学设计研究，同时针对教学实际开展素养导向的课堂教学实践研究，确定"情境—活动"为教学基本过程，促使教师进一步理解和把握核心素养；二是要加强教学规范研讨，认真解决课程实施中遇到的问题，达到基于课程标准、关注学生差异的要求，从而提高课程实施的水平。

第一节 学科教学研究

学科教学是教师的日常工作,贯穿于课堂内外,开展学科教学研究就是相伴相随的日常教研。学科教学研究的指导思想可简述为:着眼教师发展,促进学生成长;切实关注课堂,有效实施课程。课堂教学实施的整个过程,涉及备课、说课、上课以及观课(听课)和评课等诸多环节。

一、备课

备课是实施课堂教学的起始环节。备课环节的基本要求是:**有思考、有思路**。

备课工作的具体要求,包括"三个明白""三个把握""形成教学设计"。"三个明白"是指:一是教师明白,即解读文本(课程标准、教材),促使教师理解教材、明确教学目标和要求;二是学生明白,即关注教学内容,通过对教学内容的加工处理体现科学性和规律性,促使学生正确理解有关内容;三是学生容易明白,即关注教学内容的组织,通过体现艺术性和有关材料的合理借鉴,促使学生易学、易懂。"三个把握"是指:一要把握教学对象,即明确学生的心理特点、认知基础和发展需求;二要把握教学内容,即明确知识内容的来龙去脉、地位作用和内在联系;三要把握教学对象和教学内容之间的联系,即明确学生学习有关内容的有利条件以及可能存在的障碍和困难,为体现因材施教深入研究。而"形成教学设计",就是对本课教学进行整体规划,明确教学目标、教学内容和基本流程,并提出课堂教学设计方案。

备课包括集体备课和个人备课。备课工作的核心任务是把简单问题丰富化,使教材从薄变厚。为此,备课时必须准备足够多的资料,比如与教科书有关内容类似(相仿)的辅导材料 2～3 本以及必要的资源,通过备课一般应使每节课的教学内容有 80% 左右来自教科书、20% 左右来自其他资料。备课的关键是要梳理出上课的思路,年轻教师必须特别重视备课环节,要通过备课活动执经叩问,丰富自己的人生和学识。而叩问的重要场合就是备课组,因此要积极开展备课组活动,培育同伴互助、乐于研讨的良好风气。

备课组活动是集体备课的基本形式,研讨的主要项目有:分析本节课的教学背景(如学生学习现状、同节内容教学已有经验等),确定本节课的教学任务(如教学目标、教学重点和难点等),讨论如何实施本节课的教学,以及对本节课教学效果的预估。备课组活动可围绕课例进行,关键是有"话题",利用话题引导组内教师进行研讨;研讨时须有主讲教师,以形成有序研讨的氛围。主讲教师应充分认识到:备课是说服其他教师的工作,也包括说服自己;对一项教学内容的认识,教师通常是站在终点看,而学生是站在起点看。由此强调,备课一定要有学生视角,对课堂的驾驭要做到胸有成竹,直到游刃有余;备课一定要有系统视角,对教学的进程要全面考虑、周密设计,以确保有效引导与动态生成。

教师应在加强个人研究的基础上积极参与集体备课,再结合自己任教班级的学生实际以及自身的教学经验和风格,深化和完善个人备课,改进课堂教学设计方案,进而形成具有个性特点的教学实施方案(简称"教案")。

在备课时,还要考虑 PPT 的制作。PPT 张数不宜过多,例如一节物理课的 PPT 一般为 6~10 张。PPT 要着重体现逻辑合理、表达得体。表达得体是指词语准确、文句清晰、数值正确、文字概括精练。

二、说课

说课是课堂教学研讨的一种方式。说课的基本要求是:**削枝强干、理性引导**。

说课的常见类型有两种,即预测性说课和反思性说课。关于说课的实施,简而言之,预测性说课说在上课前,一般是基于"假设",可按照"教什么""为什么这样教""教学中可能会出现什么情况"等要点进行;反思性说课说在上课后,一般是基于"证据",可按照"我想教什么""实际上我教了什么和怎么教的""什么原因"等要点进行。

预测性说课的基本内容,通常包括:说课程标准和教材,说教法和学法,说教学流程,说板书设计。关于预测性说课的基本流程,通常如下进行安排。首先,进行教学任务分析。教学任务分析包括对课程标准进行解读,以把握教学基本要求;对教材特点和学情特点进行分析,关注教材的逻辑体系和学生的认知规律,以凸显教学的结构。然后,指出所确定的教学目标,提出教学重点和难点。接着,再说教学过程的设计,包括呈现教学流程,展示教学活动设计,说明活动中教师怎么教、学生怎么学、为什么、怎样评价。这一环节注意突出教学重点的方法和思路,指明突破教学难点的方法和思路,指出作业的设计,展现教学目标导向活动。最后,说板书设计。在板书设计的陈述中,应体现概括性、指导性、程序性和艺术性。

说课还应注意以下事项:一是说大的方面,不说细枝末节;二是说教学内容时要精细,不要粗犷;三是说教学过程时关注重要环节,不必全程细致描述。

三、上课

上课是教师最重要的日常工作,其核心任务是把丰富内容简单化,使教材从厚变薄。上课的一般要求是:**有深度、有密度**。

通过认真备课所形成的课堂教学设计方案(或"教案"),指明了教学的目标要求和基本路径,并对教学活动的整体安排和进程进行了具体规划。教师上课可以说是在贯彻执行预定的课堂教学设计方案,但绝不能"照本宣科",而应在师生互动、共同推进教学的过程中进行再创造活动。

教学是学生在教师指导下学习课程的真实过程,教学效果的高低取决于学生主体的思维参与程度的高低。因此,在课堂上应强调教师的指导作用与学生的自主活动相统一。教师要充分调动学生学习的积极性,激发学生学习的主动性,一方面充分放手,让学生自主活动、自由思维、自主发展;另一方面特别关注学生的情感体验,如意志品质、合作交流、尝试成功、追求卓越等。在教学过程中,教师可通过持续激发学生学习的兴趣、实施启发性的讲授、组织丰富多彩的活动和开展积极的评价等,促使学生保持积极思维的状态,处于能动的、越来越自觉的主体地位;同时,教师以珍视学生的主体地位为前提进行指导,教师与学生分享彼此的思考、见解和知识,交流彼此的情感和观念,引导学生的认知、情感、行为等协调发展。

在课堂教学中,一定要尊重学生真实的学习过程,不可拘泥于预设轨道,而要善于应变。高质量的师生互动应有思维的交锋和情感的交流,包括有不同意见的争论;教学过程一定呈现开放的态势,教师也应该主动采取开放性的教学策略。一般而言,教学过程中要处理好"预设性"和"生成性"的关系,要注意

"活动量"和"思维量"、"流畅性"和"节奏性"、"开放性"和"控制性"等各组双方的协调统一。

"以学生发展为本"的课堂有两个重要标志。其一是转换风景,在原来的课堂上老师是风景,现在的课堂要转换为学生是风景、老师是背景。其二是更换自变量,在原来的课堂上老师是自变量、学生是因变量,教学活动的发起、维持、结束都在于老师,现在的课堂应是学生为自变量、老师为因变量。当然,老师对学生学习的引导和帮助,仍负有不可推卸的责任。

要重视建立平等、和谐的师生关系,营造良好的教学环境。提倡在课堂上多鼓励、少表扬,这是因为若对学生努力向上的行为进行鼓励性夸奖,则学生通常将表现为更勇于接受挑战、更积极投身学习;而若对学生的天分、成绩过多地进行表扬式夸奖,可能导致学生产生一种难以接受失败的情绪。同时,还要提倡"少教多学",这是富有实践意义的理念,强调教师的作用是引导、指导学生思考。"少教多学"的实施要点之一是设计核心问题,以促进核心内容的落实,增加学生参与课堂教学的机会以及学生间、师生间进行交流、合作的机会;之二是适时点拨,以帮助学生排忧解难,提高互动的效果以及个性化指导、引导的效果。

四、观课(听课)

观课(听课)是教师之间切磋教学、开展交流的重要方式。观课(听课)的整体要求是:**考查事实、搜集证据**。

选定合适的"观察点"是观课(听课)的关键。在课堂上搜集教学事实材料,一般可从"情景、问题、活动、应用"等这几个"观察点"着眼。

1. 观察情景的适切性

重点关注:(1)情景显示的作用。设置的情景能拉近学生与学习内容之间的距离,有利于激发学生的学习兴趣;能启发学生提出问题,对学生有思维的引导,对后续的教学活动能起到激励作用。(2)创设情景的原则。创设情景时,重视体现适合学生实际、适应学习内容、引导启发、形象生动等原则。(3)运用情景的手段。适当选择运用讲授(语言)、媒体(视频)、活动(实验)、漫画等手段提供情景;呈现的情景能突出重点、去掉干扰因素,能起到"老师搭桥、学生过桥"的作用,但引桥不宜太长。

2. 观察问题的针对性

重点关注：(1)问题的指向明确。问题有明确指向，学生有思考的基础和时空；备课时对问题的设计有整体安排和详细叙述。(2)问题的转换自然。以问题的连贯性保证思维的连贯性，对发问的时间、发问的方式有周密的考虑；注意学生的年龄和心理特征，控制学生对问题的反应时间比较适当，判断学生回答问题的符合度、表达的流畅度等比较准确。

3. 观察活动的目的性

重点关注：(1)活动的设计可行。活动应符合学生的年龄特征，有利于促进学生积极思维；能体现"活动没有好坏，只有适合不适合"的要求。(2)活动的方式合适。活动方式应有利于学生的表达和交流，可以通过观察学生的说和做、分析学生的思维，判断所采用的活动方式是否适当。(3)活动的目的明确。活动目的既有以实(行为)现虚(思维)，也有以虚(思维)控实(行为)，有利于实践、创新，有利于完善学习方式。

4. 观察应用的价值性

重点关注：(1)促进巩固内化。知识应用的活动，有利于巩固和内化所学知识。(2)利于诊断反馈。在知识应用的活动中，提供了诊断和反馈学习成效的途径。(3)体现实用价值。知识应用的活动，能让学生感受到知识的实用性和价值性。

观课(听课)时需使用适当的工具，以便搜集证据、记录事实。例如，可设计表格形式的观课(听课)记录单，针对教学目标、教学内容和教学实施过程等项目，在表内分别设置栏目("观察点")用于记录有关内容。这时，记录内容相应包括：课程标准中提出的和教师设定的本课教学目标要求，教科书中提供的和教学环节中呈现的本课教学内容，教学实施过程中教师和学生的表现情况等。

在观课(听课)过程中进行的观察，是一种鉴赏，也是一种享受。要重视教学过程中的科学性和艺术性表现，关注课堂上所呈现的教学规律和认知特点。

综上所述，观课(听课)的视角主要选定教学实施中的情景设计、问题引导、活动组织、应用内化等几个方面；着重关注"核心问题的提出与应答""主要活动的展开与衔接""教学重点的把握与落实""教学方式的选用与多样""随堂作业的编排与使用""教学资源的开发与利用"等。总之，观课(听课)也是搜集证据的需要。

五、评课

评课是一种理论与实践相结合的研讨方式。评课不是简单地评判教学效果的优劣，而是共同分享经验、探讨问题，进行总结和反思。对于某一节课的教学展开评述，通常是从研究和指导教学的角度，基于教学事实进行的。评课的基本要求是：**基于证据，发表观点**。

评课时可从教学目标的定位着眼，评述目标设计的适切性、目标导向的有效性以及目标达成的真实性；再从教学过程深入展开，评述过程安排的合理性、主线呈现的清晰性、整体结构的严密性、活动组织的实效性，并对教学的主线、目标、过程、评价的一致性作出评判。

为实施评课，事先要认真做好准备工作，具体要求如下。

1. 教学事实的整理

为客观、准确地进行评课，首先要广泛搜集和系统整理关于本节课的教学事实。一节课的教学事实，有静态和动态之分。(1)静态的文本。一般是指本学科的课程标准、教科书(或称教材)，以及经过有关部门审定的教学参考资料等。(2)动态的现场。一般是指课堂内教学实施中的主要环节、教师的行为和学生的反应等。(3)事实的记录。一般是指通过观课(听课)所记录的教学信息。

评课所依据的事实材料，是在广泛搜集教学事实的基础上整理而成的。对于一节课的相关教学事实进行整理，通常以现场教学信息为基本素材，再结合这一节课的教案以及教学访谈材料。整理材料时，应把握的重点内容是：(1)教学目标。对课程标准中规定的教学目标、教案中设计的学习(教学)目标、课内达成的教学目标等进行分析研究。(2)教学内容。对教科书(或教材)中给定的教学内容、教案中设计的学习内容、课内呈现的教学内容等进行分析研究。(3)教学过程。对主要的教学环节、教师的教学行为和素养表现、学生的主体性活动及表现等进行分析研究。(4)教学效果。对学生在教学活动中的反应、获得的过程经历和体验、取得的学习成就和进步等进行分析研究。

2. 发表观点的视角

以科学理论为指导、以相关教学事实为依据展开评课，是深化教学研究的重要举措。评课应力求做到尊重事实、导向正确、观点鲜明、有理有据。

评课时,发表观点的视角可从以下方面选取:(1)评教学理念。应当明确,在课堂上学生是学习的主体,教师要充分尊重和发挥学生的主体作用;教学设计是自上而下的,教学实践是自下而上的,两者共同影响教学进程,它们表现为具体的教学行为,要关注教学行为是否有利于教学目标的实现。(2)评教师的专业素养。要关注教师关于教学内容组织、过程设计的表现,以及突出重点突破难点的安排、认知情境的创设、课堂生成问题的处理等;关注教师运用的教学手段是否合理、教学方法是否科学、教学策略是否灵活。(3)评课堂教学氛围。要关注师生关系是否和谐、民主、平等;学生参与教学活动时是否充满信任感、安全感,从组织的教学活动中看学生愿不愿、会不会、能不能。(4)评教学效果。要关注学生的反应(课堂实证),特别注意教学难点是否有突破、知识整理是否有内化、学习小结是否有质疑等。

3. 评课意见的形成

评课作为课堂教学研究的一种活动方式,一般总是针对某些特定的课而进行的。评课意见是关于某节课的教学评价意见,包括对于该节课内师生活动表现的欣赏和鼓励、教学成就的分析和评判、改进教学的研讨和期待。

要注意本节课的特性,以形成基于不同对象的评课。例如:青年教师的汇报课,评课时要循序渐进,针对环节逐一展开;不太成功的实践课,评课时要突出重点、抓住亮点、提建议、留空间;专家的展示课,评课时要突出示范性,指出值得借鉴之处。又如:有课题背景的研究课,评课时要围绕研究主题进行研讨;同课异构的研讨课,评课时要体现多元、包容、理性;专项组织的参赛课,评课时要肯定优点、抓住问题,还要对倾向性问题的解决给出合理建议。

关于评课的实施,一般有两种方式,一种是先讲述事实,然后阐述观点;另一种是先亮明观点,然后摆出事实。无论哪一种方式,它们都是基于教学事实的评议,可以有不同的评价点。例如,针对课程标准,可评议课程标准中有关教学内容的规定、学习水平的要求以及教学建议等的科学性、合理性。又如,针对学科教科书,可着重比较教学实际和教科书设计的出入;针对教学环节,可着重评议某个具体的环节,如情景、实验、交流等;针对师生行为,可评议师生行为中体现出来的教学理念、方法等。再如,可针对整节课的教学表现进行整体评议,如教学基本要求、教学基本环节、教学基本规范、具体教学细节、教学技术应用等方面的具体表现。评课要有一条主线。评议者要学会观察、倾听、思考、研究、表达,基于证据发表观点;评议意见要基于课程标准、基于逻辑、基于问题、基于学生进行评价,也就是说,从教什么到怎么教。不要做只会修剪的园丁,要做能发挥演员才干的导演。

评课时应秉持平等交流、共同研讨的态度,强调摆事实、讲观点,以显示言之有据、展现由表及里。评课要力求体现"三度",一是立意有高度,评课应体现正确的指导思想和教学理念,要选取正确的视角等;二是观察有宽度,观察范围应包括教学目标、内容、过程以及师生互动、手段、合作、交流等;三是评议有深度,应注重特色提炼、问题分析、指导建议等。具有"三度"的评课,也表明评议者自身的课程意识和业务素养达到了较高的境界。

【关于改善学科学习训练的探讨可参考"链接"中2-1(第82页);关于观课与评课的实施可参考"链接"中2-2(第86页)】

第二节 课堂教学设计

课堂教学是教学活动的基本组织形式,是学校的中心工作。在课程实施中,课堂教学是主阵地。不断提高课堂教学的有效性,努力实现课堂教学优质高效,是我们不懈的追求。在一定的教育思想指导下,为实现预定的教学目标而对课堂教学的整体结构、内容组织和活动安排等作出系统规划,就是常说的课堂教学设计。

一、课堂教学设计的指导原则

课堂教学设计的总要求,就是围绕实现教学目标,切实解决以下三个问题。一是"教什么",即依据教学原理、教学规律,结合对教材内容和学生实际情况的分析,确定教什么。二是"怎么教",即依据教学目标的预期性、教学资源的丰富性、教育者的水平和风格等,客观地、创造性地设想采用何种策略、方法、手段进行教学。三是"如何使教学过程最优",即用系统的观点分析教学过程的每一个因素,优化教学过程的各个环节及其组合。因此,在课堂教学设计中,要关注教学内容和教学活动的组织、强调教学过程和教学环境的优化，要遵循教学规律、将教学活动建立在系统方法的科学基础之上；要明确课堂教学设计的宗旨就是创设一个合理的教学系统，通过这个教学系统的协调运行，可以促进学生有效学习和课程有效实施。

进行课堂教学设计研究时，必须明确"基于课程标准"是教学实施的一个核心要素，是有效实施课程的基本原则。各学科的课程标准，指明了本课程的基本理念和教育目标，明确了课程的基本内容和要求，提出了实施教学和评价的一般建议等，其中课程目标的内容涉及知识与技能、过程与方法、情感态度与价值观等三个维度。基于课程标准，其含义不只是针对基础知识和基本技能的把握及其教学实施，还包括对"过程与方法""情感态度与价值观"等课程目标的理解和落实。

由此提出，课堂教学设计的指导原则：基于课程标准，注重目标导向。"基于课程标准"的课堂教学设计，最重要的体现在于其设计思想符合课程理念，教学目标源于课程标准；教学设计关注的重点就是切实有效地组织和开展教学活动，为实现教学目标服务。"注重目标导向"的课堂教学设计，最质朴的含义是强调尊重教学实际，正确处理预设与生成的关系；教学设计注重发挥教学目标对教学的正确导向作用，重视为展现教学过程的动态生成性创造条件。

基于课程标准的教学是一种理念，它特别强调对教师教学行为背后所持理念的关注；基于课程标准的教学尤其重视教学创造，更加注重学生的全面发展和主动发展。科学、合理的课堂教学设计，不仅力求目标定向准确、实施要求清晰，同时要为教学创造留有充分余地，促使课堂教学的过程进入预设的轨道，但不刻意把学生导入预设轨道，教师应始终鼓励学生积极探索和自由思维，并利用教学过程中生成的有价值的教育资源及时调整教学进程。在教学设计中，对于"教什么"的问题，可进行"教学任务分析"；对于"怎样教"的问题，可通过"教学设计思路"来概括叙述。

基于课程标准的评价也是一种理念，要坚持教学目标源于课程标准、教学评价先于教学设计的观点，重视课程标准、教学、评价的一致性。要知道：进行教学任务分析，是为了确定教学目标、教学重点难点；而进行教学目标细化、重点难点处理和能力分层（体现个性化学习）等，是为了把课程目标要求转化为学习目标、保障教学目标与活动之间的一致性。还有，进行活动、问题、作业等设计，目的是体现教学评价先于教学设计;有关教学目标细化、能力分层,以及活动、作业、问题的设计等,都是为了实现教学目标、教学过程、作业、评价的一致性,从而确保课程标准、教学、评价具有一致性。

二、课堂教学设计的基本环节

课堂教学设计的过程,是一个分析研究的过程。要抓住课堂教学设计的一些基本环节,全面分析、深入思考,综合研究、系统整理,逐步形成整体优良的教学设计方案。课堂教学设计的基本环节,一般包括教学任务分析、教学目标设计、教学过程设计、教学策略设计、教学资源设计、教学评价设计等。

1. 教学任务分析

教学任务分析的基本内容包括教材分析、学情分析,以及教材特点与学生特征之间联系的分析。

为了便于研究,我们这里所说的教材主要指教科书。对于教材的分析,应注重教材内容的逻辑结构和相互联系。具体要求包括以下四个方面:一是分析教材内容的地位或特点,要指出教材内容中有关知识与技能的结构,明确有关知识与技能在教材体系中的地位与作用。二是分析学习本节内容的必要基础,要指出本节知识形成的前提条件,明确本节知识与前后知识的联系。三是分析获取本节知识的主要学习过程或主要环节,要指出本节知识主要学习过程(环节)的特点和实施要点。四是分析完成这一学习过程采用的主要方法以及有关情感态度与价值观的要求等,要明确有关的学习方法和要求。通过教材分析,可以将教学内容重新进行组织,通常可采用心理化、问题化、结构化、操作化等方式,合理组织和呈现本节教学内容。

学情分析主要是针对学生,分析的重点是学生原有的知识基础、学习能力、学习态度等。要根据平时积累的经验和对学生有目的的了解,充分收集各个学生参与学习时所具有的一般心理特点和起点能力的有关证据,了解他们从事某项特定学习任务的基础与技能,并通过学情分析进行整理。此外,还要关心学生的生理、年龄、心理特点等。通过学情分析,一要指明学生的心理和思维特点,着重说明学生的身心状况和认知发展的特点;二要指出学生原有的认知结构对于新知识的学习会有怎样的影响。

关于教材特点与学生特征联系分析，一般应充分注意学生的身心状况和认知发展特点，以及学生的学习需要这两个方面的情况。一是分析学生原有的学习结构与本节教学内容中的学习结果之间的差距，再结合教师风格和教学环境，确定教学过程中需要解决的具体问题，以及针对学生特征和教材特点所确定的一些教法和学法，关注实施因材施教的需要。二是分析学生的学习需要，主要是指其实际的认知状况与期望达到的认知状况之间的差距，也就是学生的"现有发展区"与教学目标之间的差距。

2. 教学目标设计

课堂教学目标是指对于本课教学所预期的学习结果，即预期学生"学会什么"。课堂教学目标（通常简称为教学目标）就是学生的学习目标，它是课程目标分解结果的具体体现。教学目标的制订，应以课程标准中规定的课程目标和内容标准，以及学生身心发展的现实水平为依据。此外，教学目标必须符合国家教育方针的精神，必须符合有关公民素养、通用能力培育以及促进学科课程目标整体落实的要求，保持教学目标与基础教育目的、学科教育目的之间的一致性。

教学目标设计，可以说是对"教学任务分析"的结果进行操作化整理。教学任务分析旨在厘清"教什么"，即运用分析的方法，明确学生需要学习什么、能够学习什么、可能遇到的困难和障碍是什么。在教学任务分析基础上，联系课程标准中规定的课程目标和内容标准进行整理，就形成关于课堂教学目标的设计。

课程标准中规定的课程目标，反映了课程实施对学生学习结果的总体期望。一般而言，课程目标的陈述通常采用概括性方式，而课程目标的实现，需要经过较长时间的教学，由一个个课时目标的达成逐步累积起来。一般而言，课时目标就是常说的教学目标。从课程目标到课时目标，中间还有多个层次，如学段目标、学年目标、学期目标、单元目标等，因此有一个分步转换的过程。为了逐步地、完整地达成课程目标要求，就要将课程目标进行细化，直至依据教学实际情况转化为相应的一系列课时目标。教师对课程目标既有整体性理解，又能进行恰当的分解，这样才能准确地把握课时目标。此外，课程标准中的内容标准，阐明了学生经过学习后能够知道什么、理解什么以及可能做些什么、其情感方面能有怎样的发展。它虽然没有具体规定所涉及的学科知识点,但却指明了这些知识所包含、支持和反映的学习结果,为教师"教什么"提供了指导依据,可见内容标准是从课程目标过渡到课时目标的一个阶梯,也是建立课时目标的一个依据。因此,进行课程目标分解时,需要深入分析内容标准,明确内容标准中所表达的核心观念以及在教学中要解决的教学基本问题等,然后从支持和促进学生学习的角度提出课时目标。

只有细致分析课程目标和内容标准、准确把握学生发展的现实水平,才有可能制订出切实可行的教学目标。同时,应强化目标意识并对教学目标的制订加强研究,不仅要重视发挥教学目标对于教学实施的导向作用以及它作为教学评价依据的标杆作用,而且要把将教学目标、教学实施、教学评价三者联结贯通的那条基线清晰地反映出来。

3. 教学过程设计

课堂教学过程是众多因素相互作用的复杂过程。在教学设计中,需要考虑的影响教学过程的主要因素有教学目标、学生、教师、教学环境等。其中教学目标可以看作一个常量,并把它作为一根红线贯穿在教学过程设计之中,以此凸显它对于教学的定向功能。学生、教师、教学环境是三个变量,要处理好它们之间的关系,既重视发挥它们各自应有的作用,又注意它们之间的协调配合。

完整的教学过程,大致可以分为三个阶段,即导入阶段、发展阶段和小结阶段。就新课教学而言,导入阶段的主要任务是进行学习准备,引起学习心向,揭示学习主题;发展阶段的主要任务是展开教学活动、获取新知、完善结论、加深理解,建立联系、巩固成果;小结阶段的主要任务是整理学习收获,反思学习过程,提出进一步思考的问题。

需要明确,整个教学过程是由一个个教学环节连接而成的,各阶段的教学任务是通过各个环节的教学活动来落实的。在课堂教学设计中,教师既要把握完整的教学过程,又要关注基本的教学环节,以此形成课堂教学活动的主线,并在教学实施中有序地展开。

4. 教学策略设计

课堂教学策略是形成教学思路的重要基础和关键要素。在教学策略设计中,需要考虑和确定的主要内容有:安排什么样的教与学的活动;采用何种适切而有效的教与学的形式；选用何种教与学的方法；选用什么样的教学媒体；如何利用现有的教学资源以及挖掘潜在的教学资源；安排怎样的教学环节和步骤等。这些内容可以概括为教学活动的组织、教学方法的选用、教学组织形式的选择和教学时间的安排等四个方面。这些策略内容的设计，应体现综合性、可操作性和灵活性等。

（1）教学活动的组织

教学任务分析中所确定的教学内容，要通过一系列教学活动有效地呈现出来。安排教学活动时，要全面把握教学目标要求，尊重学生现有的认知水平和个性差异；要重视教学过程的开放性以及现代信息技术的有效运用。

（2）教学方法的选用

要根据学生的现状、教学内容的性质等进行统筹考虑，选用适当的教学方法，特别要注意不同学段学生的思维发展水平，以及不同类型学校的教学实际所存在的差异。

（3）教学组织形式的选择

应根据教学的实际情况和针对完成特定教学任务的需要，选择合适的教学组织形式。常用的教学组织形式有班级授课、个别化教学、复式教学、分组实验、分组讨论、现场参观教学等。

（4）教学时间的安排

应根据教学的需要，对教学时间进行合理分配和有效控制，以尽可能获取较高的教学效益。

5. 教学资源设计

在课堂教学中，可供利用的教学资源很多。教学资源设计是对教学资源进行优化和重组的过程，既要体现丰富性，又要强调适切性。

在学科教学中，教科书具有提供有效信息、梳理知识结构、实施学习指导等多方面的功能，它是重要的教学资源。教师要深入钻研教科书，准确理解教科书内容，正确把握学习要求，恰当评析教科书中创设的活动情境，以期充分发挥教科书的功能和作用。此外，教师还要针对教学对象的差异和学习条件的变化，对教科书中的有关内容及其教学组织方式进行优化和调整，以期适合当前学生的学习。

可供利用的教学资源,还有如图书馆、实验室、专用教室等校内设施,以及如博物馆、展览馆、科技馆、科研院所等校外场所。对于这些设施和场所,教师事先要有一定的了解和认识,并根据教学情况进行加工和处理,使之符合教学条件,再通过教学资源设计提供给教学使用。

教学媒体对于确定教学信息的传递方式具有关键意义。有关教学媒体的设计,主要是针对教学媒体的选择和使用,这时既要考虑教学目标、教学内容、学生现状、教学策略等各个方面的因素,也要考虑学校现有的教学设施情况以及经济承受能力等。

6. 教学评价设计

这里所说的教学评价,主要是对课堂教学实施情况的评价,即注重学生课堂学习表现和学习成果的评价,因此也可称为"课堂学习评价"。必须明确,课堂教学评价与课堂教学是一个统一的整体,要将教学评价贯穿于教学活动的各个环节。关于课堂教学评价的设计,首先应依据教学目标,确定评价的核心要点;然后选择与之适应的评价方法,并安排合适的评价活动。要根据学生的实际情况、评价内容的特征、评价类型的特点等因素,有针对性地进行教学评价设计。要把教学评价看作是教学过程的有机组成部分,将评价与教学这两者自然地、有机地联系在一起,通过评价的实施,推动课堂教学顺利开展。要积极体现教学评价的发展性、过程性和全面性,将教学评价从"对学习的评价"转到"促进学习的评价",从而为学生提供一个展示自我的平台和机会,并鼓励学生展示自己的努力和取得的成绩,使评价成为促进学生发展的手段。

课堂教学评价机制的建立,着重于加强针对性和提高科学性。为此,首先要正确理解教学目标,明确与本课教学目标有关的内容要求是侧重知识与技能学习,还是强调解决问题能力的发展,或者是注重情感态度与价值观的发展;教学目标的性质特征是具有可测性的,还是以体验性或表现性为主。其次,要选择合适的评价方式,依据的原则是所采用的方式能直接评价教学目标中反映的学习结果(主要指事实性知识、解决问题能力等),同时注意课堂教学实际情况。教学评价的内容,应体现对学生学习和发展的全面评价。

教学评价的目的有多元、用途有多种、方式方法有多样,因此要明确评价的目的、分清评价的用途、有针对性地选择评价的方式方法。对于以评判课堂教学目标达成情况为目的的评价,可依据教学目标要求的侧重点来选用评价方法。如"一般性了解",这一评价方法主要针对事实性知识的低层次学习,可通过口头提问、直接谈话等实施。又如"开放性提问",这一评价方法主要针对深层次理解能力和知识应用能力的要求,可通过让学生利用所学知识解释、分析和判断一些开放性问题来实施。再如"课堂练习"或"随堂考查",这一评价方法主要针对形成性评价的要求,可通过让学生解答一些比较简单的、与课程内容直接对应的问题来实施。还有,针对那些深层次、复杂性学习目标的评价,实施时可采用的方法是通过提出有一定难度或综合度的问题,让学生自主选择、组织和呈现个人观点或作出反应,然后作出评判。至于"日常性的考查或考试""单元测验或考试""期终考试"等,它们是以评判阶段性教学目标达成情况为目的的评价活动,在课堂教学设计中一般不会涉及。要理解课堂教学各种评价方法的特征,掌握课堂教学评价设计的策略,根据实际情况合理选择评价方法。

三、课堂教学设计的内容呈现

课堂教学设计一般可从分析教学问题着手,进而提出解决问题方案、规划教学流程和确定评价方法,最后形成一个课堂教学设计方案。

关于课堂教学设计方案的内容表述,可分栏目进行。内容表述中需包含的栏目,一般有教学任务分析、教学目标、教学重点难点、教学资源、教学设计思路、教学流程、教学过程等。其中"教学资源"栏目,也可不单独列出。

1. 教学任务分析

教学任务分析应包括教材分析、学情分析以及教材特点与学生特征之间联系的分析等多方面内容。教学任务分析中所呈现的内容,可着重阐明在分析教学内容和教学对象基础上所获得的对有关内容处理的认识;然后针对教学内容的合理组织,提出基本的构想和思考的依据。

在教学内容组织的构想中,需要将准备知识与要学习的知识联系起来,将学生的起点能力与要培养的能力联系起来,将要学习的技能与要学习的知识联系起来。同时,将"过程与方法""情感态度与价值观"的目标要求有机地、自然地融合在知识与技能的学习要求之内,融合在学生的发展之中,使认知和情意相互联系、相互促进。

对于教学内容和教学对象两个方面的分析,有利于深刻认识教学期望的理想状态和教学实施的现实背景,从而厘清理想与现实两者的差距,抓住关键,进而提出一些因材施教的设想。

2. 教学目标

在教学目标中,通常应指明通过课堂教学活动的实施,期望学生在知识与技能、过程与方法、情感态度与价值观等各方面取得的成就或发生的变化。对课程标准中的课程目标、内容标准进行分析和研究,可以为确定课堂教学目标提供思考的基础。教学目标的内容应具有全面性和适切性,而且表述要清晰、具体、准确。

关于教学目标的表述,要明确以下基本规范。其一,教学目标应呈现"三个维度",这三个维度的目标要求构成一个有机的整体,它们的达成是相互联系、相互促进的;一节课的教学目标总是有限的,三个维度的要求可有所侧重,从而突出核心目标,目标内容力求简明、清晰、朴实。其二,知识学习方面的目标一般具有可测性,要指明所要达到的认知水平层级;过程与方法、情感态度与价值观方面的目标大多是注重体验性或表现性的,要指出通过什么活动、经历什么过程、获得什么收获或体验。其三,教学目标的陈述应体现行为目标的要求,表达时应关注行为主体、行为条件、行为动词和行为程度等。

3. 教学重点难点

经过教学任务的分析和教学目标的制订后,教师应根据达成教学目标的需要,将课程内容以及教科书中的内容重新进行选择、组织和加工,使之成为具有活力、切合实际的教学材料。要配合对教科书的研读,深入解析教科书中为本课教学提供的有关内容,并将有关内容的教学要求与学生现有的认知水平和进一步发展的需求进行比较分析,然后提出本课教学的"重点"和"难点"。

教学重点是指最能体现教学目标价值的教学任务,它的确定与教学目标中的核心目标、学生发展的特殊需要等有关。教学难点是指学生在学习过程中可能存在疑难或者容易产生困惑的地方,它可根据以往教学的经验来推断(预设),也可根据当前的课堂观察、倾听和思考来确定(生成)。在课堂教学设计方案中,要先列出"教学重点难点"这个栏目,再将重点与难点分开表述。需要注意,教学的重点和难点有可能是同一项教学任务,这时就在此栏目下直陈有关内容即可。

4. 教学设计思路

教学设计思路，通常以教学目标为指向，以教学重点难点为突破口，以"情景—问题—活动"为基本过程。如果所做的教学设计是针对某一个单元的，那么需要指出这一单元教学涉及的课时数及各课时的教学安排。

教学设计思路，通常包括三个方面的要求。一是内容维度，要根据教材分析的结果，形成教学脉络，明确纵向思路，并重视操作性；二是方法维度，要根据学情分析以及教法、学法分析的结果，形成教学层次和环节，明确横向结构，并凸显独创性（艺术性）；三是目标维度，要根据目标内容细分和能力要求分层的结果，形成教学目标、教学过程、教学评价一致性的表述。

关于教学设计思路的内容呈现，要着重说明为突出教学重点以及突破教学难点所选择的方法和策略。同时，要指明教学实施的基本流程，通过"教学流程"将课堂教学的预设过程和主要环节直观地显示出来，以"教学流程"作为教学策略的具体反映，也以此具体说明"怎样教"。

5. 教学流程

"教学流程"是教学设计思路的一种简约的表达形式，其内容的呈现应突出教学设计思路的科学性，正确反映某一节教材内容（或知识内容段落）的逻辑结构。

教学流程的设计，应准确把握教学设计思路中的内容维度和方法维度两个方面的要求，而且通常依据这两个维度要求来编排流程，即在内容维度上显示教学内容的展开顺序、在方法维度上显示教学环节的展开顺序。同时，通过合理实施这两个维度的联结，建立起课堂教学结构。最后，将教学流程用适当的图形表达出来，形成简明的"教学流程图"，并辅以必要的说明。

采用"教学流程图"的方式表述教学流程时，这个教学流程图通常是以教学设计思路的内容维度为线索，将课堂教学的主要环节整合在其中。也就是说，教学流程图着重显示了由设计思路与结构安排所概括出来的教学程序，可见利用教学流程图来表述教学流程是比较粗略的，但却非常简洁。由于图示方式所表达的内容比较粗略，但其含义又要清楚明白，为此，画出教学流程图以后，往往还必须对教学流程图进行必要的说明。因此，只有教学流程图与教学流程图说明两者配合使用，才能使得教学流程图的呈现简洁明了、教学程序的信息清晰明确。

关于教学流程图的构成以及如何使教学流程达到简明、简捷，在此以上海物理课程的课堂教学设计为例进行具体解说。（1）在教学流程图中，可使用一些约定的特殊符号。比如以下三个特殊符号是常用的："◇"表示情景、问题、活动，"○"表示重要的物理现象、概念、规律，"□"表示次要的物理现象、概念、规律。（2）教学流程图应与一定的课堂教学模式相配合，如上海市高中物理课堂教学常用"情景→探究→应用"模式或"情景—活动"模式。

6. 教学过程

教学过程的设计，通常以促使教学目标整体达成为思考的依据，一般应包括问题、活动、作业、资源、评价等方面的设计，以及教学过程的主要环节和活动内容。要在全面深入地研读课程标准、对教学目标恰当定位的基础上，进行教学内容设计、活动设计、作业练习和学习评价设计等，并使这些设计建立起共同为达成教学目标服务的有效联系，体现"基于课程标准"的理念。

关于教学过程设计的表述，需重点关注下列内容。

情景的设计及其说明。要根据教学实际创设情景，并指出创设的情景与展开的教学活动之间的联系。同时，倡导利用情景引入问题，通过简洁明了的"设问"和"讨论"来展开学习环节。

核心问题的设计及其说明。核心问题的提出，可以从课堂教学目标的"三维"要求来思考。当某些知识内容的教学对于达成三维目标具有非常重要的意义时，有关知识内容就是本课教学的核心内容。要抓住教学的核心内容，再针对核心内容提出引领性问题，即为教学的核心问题。核心问题引领教学主线合理展开，引导课堂探究活动开展，引发课堂中一系列生成性问题，引起课堂的共鸣等，因此，核心问题的设计要有明确的显示，问题情景创设时应讲求实际，问题解决时应注重实效。

核心活动的设计及其说明。教学活动的组织和开展，应围绕教学的核心内容，注重解决核心问题的需要。其核心活动的设计应体现下列要求：（1）活动主题明确；（2）活动设置由目标决定；（3）教学流程中通常有多个活动，每个活动都是流程的有机组成部分，注意体现活动衔接间的递进关联；（4）活动量适宜，关键之处的活动量可以多一点。

教学资源（包括媒体）的运用及其说明。重点阐述教学设计与教科书使用之间的联系,指明使用教科书的有关要求。如果对于教科书中某些教学内容的组织或活动情境的设计作出了调整,要指出缘由;如果教学设计中有重新创设的教学活动情境,则要阐明其目的和意义。另外,要说明有关教学媒体的使用及其注意事项,以及有关校内外教学资源利用的要求。必须指出,教学资源的运用是由教学目标决定的。

作业的设计及其说明。在此将"作业"与"学习训练"看作一回事。作业的类型多种多样,内容丰富多彩,要求各不相同。要了解不同类型作业的不同功能,在整体思考、有机整合的基础上适当安排作业,有效发挥它们各自的作用;要重视作业内容的典型性、启发性、多样性、趣味性、层次性、教育性,注意作业安排的可选择性和可行性;要自觉拓展作业观念,积极开发新型作业,增强作业的实践性、应用性、探究性、开放性、批判性,重视作业信息的反馈与利用;要通过作业设置的合理搭配与协调互补,努力提高作业的科学性、合理性、匹配性和有效性。

【关于课堂教学设计的探讨可参考"链接"中 2 - 3(第 99 页)】

第三节 单元教学设计

在上海中小学课程改革的多年实践中,学科教学设计研究在不断推展,有关教学设计的技术在不断改进,但所开展的研究和积累的经验,大多是对于单一课时内容的课堂教学设计。随着课程改革的深化,为进一步彰显"课程意识"和提高教学有效性,需要开展基于核心素养的"单元教学设计"研究,促使教师进一步理解和把握核心素养,让教师对学科课程的教学从"懂得"走向"通晓",不仅关注培育学生核心素养的基本要求,而且切实做好其整体落实的过程安排。

一、单元教学设计的概述

学科教学中的"单元",一般是指"同一主题下相对独立且自成系统的内容整体"。也可以这样解说:单元是一组相互关联、先后有序的教学内容组合,有相对的独立性;单元是基于核心素养,以相关主题与任务为线索串联起来的教学内容单位,有关内容的组成符合学科知识发展的逻辑顺序和学生的认知规律,有明显的结构化。

"单元教学设计"是为实施学科课程而以一个单元为整体进行一种系统化、科学化的教学设计。在单元教学设计中,应凸显教学过程的整体性、递进性、关联性等。

二、单元教学设计的环节

单元教学设计的基本环节,一般包括单元教学任务分析、单元教学目标、单元教学重点、单元重点活动、单元作业导引、单元学习评价建议、单元教学资源选编等。

1. 单元教学任务分析

单元教学任务分析的基本内容,包括学科课程标准和"学科教学基本要求"解读,以及教材内容分析、教学对象分析等。

关于学科课程标准和"学科教学基本要求"解读,旨在明确核心素养要求,注重把握本单元教学的总体要求,即明确"教什么"和"教到什么程度"。

关于教材内容分析,主要是针对本单元的教学内容,通过分析以后明确它们在教材整体中的地位和作用,并切实把握教学基本内容及其特点,以及教学重点内容等。

关于教学对象分析,重点是分析学生参与本单元学习时的状况,比如,判定学生具有的一般心理特点和起点能力,了解他们从事相关的特定学习任务(如学习一个概念或者规律、一种科学方法等)的认知基础与技能。

在单元教学任务分析中,应根据学科课程标准和教材,对单元内容与核心素养进行关联分析,形成关联分析结果,进而确定单元核心任务;还要深入分析单元教材特点和学生特征之间的联系,进一步思考为培育学生的核心素养所要组织的实践性活动(如实验等)。

要通过单元教学任务分析,准确把握核心素养和课程目标的有关要求,为提出单元教学目标、单元核心任务、单元教学的重点和难点等提供思考依据;还要整体把握教学任务要求,明确单元教学的课时数及相应安排。

2. 单元教学目标

在单元教学任务分析的基础上,进一步明确单元教学目标,为实施教学进行正确定向。单元教学目标的表述,应基于核心素养,不仅要清晰和准确,而且要规范。

一般来说,从课程目标到课时教学目标,中间有多个层次目标的转换,单元教学目标就是其中一个层次,对于整体理解课程目标、准确把握课时教学目标具有承接启转的作用。

3. 单元教学重点

单元教学重点是在分析单元教材内容内在联系的基础上确定的,它既能体现本单元内容在教材中的重要地位,又能反映单元教学目标的价值所在。

当单元教学重点不止一个时,须弄清楚它们之间的关系并进行必要的说明。

由于学生之间存在差异,因此在进行单元教学设计时,可以不单独列出"教学难点"栏目,而仅指出教学难度大的教材内容,即指明在学生知识基础和接受能力不足的情况下,易出现学习困难的教学内容。在教师继续进行课堂教学设计时,再针对学生的实际具体确定教学难点。

4. 单元重点活动

单元教学目标确定后,当然要有一定的教学内容支撑,而教学内容又要通过一系列教学活动有效地呈现出来。为实现单元教学目标,就要安排丰富的教学活动。单元重点活动是在有关教学活动中指向核心素养落实的学生活动。

单元重点活动的呈现,一般要求显示活动属性、设计思路、活动过程等。进行单元重点活动设计时,要基于学生、目标导向,强调丰富内容、注重策略、转换方式;尤其要关注基于问题解决的实践性活动。

学生在实践性活动中的学习,是"吸收"知识而不是"获取"知识。要让学生经历实践性活动过程,从而发展思维能力、认识科学方法、实现学科育人价值。

5. 单元作业导引

教材中针对各章节内容的学习已配置必要的练习题,提供学生自主作业。单元作业导引主要是对本单元作业的组织和安排提出指导意见或实施要求,其关注点是在单元教学目标的指引下,明确本单元作业目标,导向课时作业目标。

作业是教学过程中较有活力的活动内容,它在教学过程中不同位置所起的作用不一样,所以作业的内容选择和组织非常重要。比如,为了达到巩固和内化所学知识的目的,安排的作业应是对所学新知识的直接运用等。

单元作业的组织和安排应在整体性的视域下进行,把作业目标、结构、类型、水平与作业时间及作业量等结合起来考察。要将单元作业与核心素养相沟通,改善基础性作业、加强实践性作业、重视开放性作业、开发质疑性作业等。作业导引中的内容,应体现有关提高作业品质和减负增效的要求。

6. 单元学习评价建议

学习评价是指根据单元教学目标要求和针对不同教学情境,对学生的学习结果、行为、态度进行价值判断。

评价方式包括口头的、书面的、活动的等多种方式。比如,考查学生的日常作业情况、合作或交流讨论情况、实践性活动情况以及进行单元测试等,这些都是常用的学习评价方式。

要求对学生的学习成效进行鼓励性评价;实施评价时提倡教师评价、学生自我评价以及情况反馈与学生间相互评价相结合,形成性评价和终结性评价有机结合。

7. 单元教学资源选编

单元教学资源选编的目的,是为单元中的课堂教学设计编制提供可参考和便捷的教学资源,它的重要作用是支持学习活动顺利开展。

教学资源选编是在单元教学目标下,对教学资源进行优化和重组的过程。教学资源选编过程就是进行教学资源的开发和利用,单元教学资源选编的第一步是筛选,注重突出科学性、针对性、便捷性等。而教学资源的丰富性和有效性,对于课堂教学设计和组织实施的水平有决定性作用。

教学资源有各种类型,例如教科书、实验室、场馆等,还有如教学媒体、教学环境等也是教学资源,各类资源可通过教学资源选编供教学使用。在单元教学设计时,要依据单元教学目标,针对单元活动需要,选编合适的教学资源,供课堂教学设计选择。选编的教学资源,通过在单元重点活动中的有效应用发挥示范作用,导向基于资源的课堂教学设计。

上述有关单元教学设计的基本环节中,单元教学任务分析是起点,单元教学目标是核心,单元教学重点是价值所在,单元重点活动是关键;而单元作业导引、单元学习评价建议,都要融入教学活动之中,并以单元教学资源选编支持教学活动开展。

单元教学设计的路径及各环节之间的关系,如图 2-1 所示。

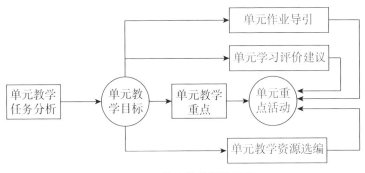

图 2-1 单元教学设计环节

三、单元教学设计的应用

单元教学设计是中观层面上的教学设计,在教学应用中要注意处理好一些基本关系。

1. 单元教学设计与课堂教学设计

单元教学设计体现了一定的整体性,而课堂教学设计有明显的局部性;"单元教学"与"单课时教学"之间是"线"与"点"的关系。

在单元教学设计中,从单元教学任务分析到单元教学目标,再到单元教学重点、单元重点活动,体现了递进性。单元作业导引、单元学习评价建议融入单元重点活动之中,单元教学资源选编支持单元重点活动开展,体现了关联性。在此还可以看到,单元重点活动是单元教学设计的关键,是核心素养培育的紧要之处。

在单元教学设计的基础上,进行课堂教学设计时,要将教学任务分析进一步细化,将教学目标进一步分解。还有,单元教学重点的表述要更加具体一些,比如初中物理学科"光的反射"单元中,对于单元教学重点"光的反射定律",下至课时教学重点可具体地表述为"研究反射光线和入射光线的位置关系"。另外,还要针对学生实际,结合学科单元教学设计,确定课堂教学难点;参照所提供的单元作业导引、单元学习评价建议、单元教学资源选编等,具体地设计课堂教学过程。

教学过程由若干教学活动构成。某项单元重点活动落在进行课堂教学设计的课时内,则此项活动就是课堂重点活动,这时设计的其他活动应与之融为一体。比如"光的反射"中设计的单元重点活动是"探究光的反射定律",已指明

①情境:演示(通过"激光打靶"的过程,体验光的反射,引入新课);②活动Ⅰ:实验课件演示(通过观察、猜想、验证、归纳等探究过程,得出光的反射定律)。若再增加设计③活动Ⅱ:演示作图(通过观察手电筒光照射镜子正反两面的过程,利用光的反射定律作图,引入镜面反射、漫反射等),这就形成了"光的反射定律"的课堂教学设计中的教学过程。

从单元教学设计看课堂教学设计,是在整体视域下看局部。当单元及其教学课时数明确后,要针对单元的特点,整体规划单元中各课时教学设计,如有的课时教学设计侧重于过程与方法或者学生学习兴趣的激发,有的课时教学设计注重于学生学习方式的改变等;还要考虑各课时教学设计之间的递进及关联,如初中物理学科中,光的折射初步规律的学习与光的反射定律的学习有关联。因此,从单元教学设计到单元中各课时教学设计,不仅要对单元教学目标进行分解,还要合理分配,并注重目标与内容之间的关联。同时,可针对教学内容特点和结合学生学习实际,用心理化、问题化、操作化、结构化等方式组织教学内容,进行长、短课时的教学设计。这样先见森林再看树木,有利于确定树木在森林中的位置,可使课堂教学设计更有针对性,提高课堂教学效益。

2. 单元教学设计与教研活动

学校教研组(备课组)进行备课活动时,通常的备课总是以课时为单位。教研组(备课组)一般设有主备制度,安排有一位教师,针对一节课主要从教学内容(教什么)与教学方法(怎么教)两方面进行主讲;其他教师共同参与讨论,对本课时教学的设想进行研讨。这样的备课活动,目的是使组内每位任课教师上好每一节课,提高课堂教学质量。但是,组内的教师之间有差异,任教班级的学生之间也有差异,所以统一的备课设计不能简单地通用;更有教师认为"我不是按集体备课的方案来上这节课的",或认为"教学方案设计完全是个人职责",等等。如此这般,难免导致备课活动有时流于形式、教师处于被动状态,备课的实际效果未必如意。

在市、区、校的教研活动中,课堂教学研究是重要选项,而且常常是以公开课为载体,通过备课、说课、听课、评课等活动安排形成一个系列。市、区、校组织开展这种形式的课堂教学研究,已经积累了丰富的实践经验和大量的案例资源。核心素养背景下的课堂教学,需要进一步加强"课程意识",强化整体性;要重视以单元为单位引导教师对教材进行结构化分析,开展单元教学设计的研究。

核心素养背景下的教研组（备课组）备课活动，可以这样开展：针对一个单元教材的教学内容进行备课，讨论单元教学设计，重点关注对教材的结构化处理；在备课讨论中，着重于明晰"单元教学任务分析→单元教学目标→单元教学重点→单元重点活动"这样一条线，尤其要抓住单元重点活动的设计进行研讨。在确定了单元重点活动之后，要进一步明确学生在活动中经历什么过程、培养什么能力、认识什么方法、得到什么情感体验，以实现学科育人价值；并且对此深入讨论，形成共识，进而完成单元重点活动设计。接着，就是讨论单元作业导引、单元学习评价建议、单元教学资源选编等，最终形成单元教学设计方案。

单元教学设计完成后，可进入课堂教学设计。要统一这样的认识：单元教学设计中的单元重点活动是每位教师在课堂教学中必须落实的，其他内容是教师个人进行课堂教学设计的重要基础。教师可根据学科课程标准、学科教学基本要求和教材要求，针对学生的特点并结合教师自身的特长，设计个性化的课堂教学方案并付诸实施。这样的备课活动方式，旨在形成"学校教研组（备课组）开展单元教学设计研究、教师独立自主进行课堂教学设计"的和谐局面，既加强了团队建设、促进了教师专业成长，又提高了教研活动的层次性和实效性。

第四节　课堂教学模型

新时代对课程教学提出了更高的要求，如何在课堂教学中将培育学生的核心素养落到实处，如何减少国家课程向现实课程转化过程中的"落差"，努力提高学科教育质量，这是推进课程实施中需要研究的关键问题。

由此，应聚焦核心素养培育和落实中的重点难点，围绕教学基本要求、教学内容组织、教学过程安排以及作业与反馈等，深入开展教学设计研究。必须明确，开展课堂教学设计研究是落实核心素养的必要基础，是减少课程转化"落差"的重要举措，以此促成课堂教学的改进，指向教学方式和育人方式的改革。

一、"化合反应"课堂模型

1. "化合反应"课堂模型概述

为了落实核心素养，课堂教学实施过程要从"知识→结论→解题操练"转化到"知识→素养→解决问题"。前者是轻知识习得的过程、重运用结论进行解题的结果,而后者是凸显知识的习得过程和应用过程,直至问题解决。在素养导向的课堂教学中,学生通过学习活动习得知识、掌握方法、解决真实问题,不妨说其教学过程是一个"化合反应"。

一般而言,素养导向的课堂教学,是在知识、活动、情境、问题、任务、评价等要素参与下展开,在教学过程中产生真实成果。于是可构建素养导向的课堂教学实践模型,简称"化合反应"课堂模型。在此借用"氢气和氧气化合反应形成水"的化学方程式(见图2-2),对这个课堂模式进行类比分析如下:

$$2H_2 + O_2 \xrightarrow{\text{点燃}} 2H_2O$$

图2-2 氢氧化合反应

图示的化学方程式中,氢气(H_2)和氧气(O_2)是反应物,水(H_2O)是生成物,点燃则是反应条件。而"化合反应"课堂模型中,其反应物是知识(如同H_2)和活动(如同O_2),生成物是素养(如同H_2O),反应条件是情境、问题、任务、评价等(如同点燃)。因此,"化合反应"课堂模型的描述如图2-3所示。

图2-3 "化合反应"课堂模型

2. "化合反应"课堂模型说明

在"化合反应"课堂模型中,知识与活动为关键要素。需要明确,知识是落实素养的主要载体,凸显关联性;活动是落实素养的实践路径,体现递进性。

还要注意,知识、活动与情境密不可分。作为反应条件之一的情境,是活动的起点,是知识转化为素养的"桥"。因此可以说,创设情境就是教师"搭桥"、学生"过桥"。情境的主要作用是,对探讨问题进行启发,对铺展内容进行引导,对开展活动进行激励。

反应条件中的"问题"重在激活课堂,问题要有明确指向,有思考基础和思考空间。而合理安排反应物中的知识和活动，对课堂生成具有决定性意义。知识内容组织要结构化，注重体现认知规律性、知识关联性等；若干活动构成教学过程，活动要有明确要求，强调动手动脑，重视分工合作。

因此，在素养导向课堂中，通常以真实情境引出任务问题，进而开展探究活动，激发学生思维，解决真实问题；伴随学习评价，达到让学生动起来、思维燃起来、课堂活起来的图景，凸显"知识→素养→解决问题"的教学实施过程。

二、"股绳"教学设计模型

1. "股绳"教学设计模型构建

根据"化合反应"课堂模型，对素养导向的课堂教学开展设计时，首先，要把课堂教学分成若干环节，每个环节包含知识、活动、情境、问题、任务、评价等要素；其次，把各个环节中的相同要素形成一条线，如知识线、活动线等；最后，把若干线拧结在一起，形成贯穿课堂的一条教学线。

以物理课堂教学设计为例，其教学设计中通常含有知识线、活动线、问题线、评价线。若将知识线、活动线、问题线、评价线用"绳"表示，则教学线就是这"四股绳"拧成的"一根绳"，而其教学环节可用"绳结"表示。据此，可构建素养导向的课堂教学设计模型，简称"股绳"教学设计模型，如图 2-4 所示。

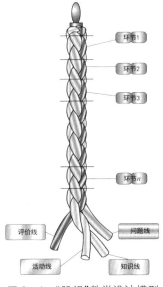

图 2-4　"股绳"教学设计模型

必须指出,对于其他学科的课堂教学设计,都有类似的"股绳"显示,只是教学线这根绳所含的"股绳",可能其名称有所不同,股数多少也不一样。所以,"股绳"教学设计模型有普遍意义。

"股绳"教学设计模型主要用于单元视角下的课堂教学设计。根据"股绳"教学设计模型开展单元视角下的课堂教学设计,其基本思路和方法是:以核心素养为价值导向,确定适切的教学目标;以知识内容为主要载体,通过任务问题驱动教学有序展开;以"情境—活动"为教学基本过程,落实培育核心素养的有关要求。这样的教学设计中,情境源于真实,活动落实目标,评价伴随活动,且着重于伴随形成关键能力、必备品格与价值观念的重点实践活动。

2. 课堂教学设计工具研制

根据"股绳"教学设计模型,可运用课堂教学设计工具,开展单元视角下的课堂教学设计。因此,研制并确定课堂教学设计工具至关重要。

关于教学设计工具的研制,比如物理学科基于单元视角下的课堂教学设计,是在单元核心任务及子任务指引下,通常分头设计知识线、活动线、问题线、评价线,进而将四线并一线,即为教学线;考虑到时间等因素,评价要素可以不在每个环节中凸显,于是确定这一课堂教学设计工具如图2-5所示。

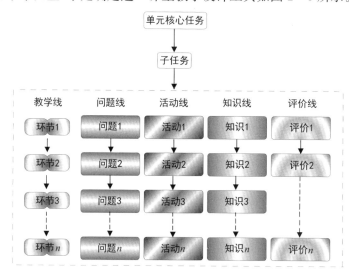

图2-5 课堂教学设计工具

【关于"股绳"教学设计模型应用的探讨可参考"链接"中2-4(第106页)】

第五节　教学规范研讨

一般而言,真正意义的学习只有在学生主动参与教学活动的情况下才会发生。由此可见,有效教学应是以学生活动为中心的教学,有效教学的课堂是师生互动、充满活力的课堂,只有充分发挥教师和学生的主观能动性,教学的成功才有可靠的保障。为有效实施课堂教学,就要努力端正指导思想,建立教学基本规范;就要着力调动学生学习的积极性,鼓励学生满怀自信去撷取学习成果。同时还要明白,只有对于课堂教学的规律性和有效性形成积极共识,教学规范的建立才有坚实基础。

一、教学观念的更新

由于课堂教学是学生在教师指导下学习课程,这就表明在课堂上学生是学习的主体,教师是教学的组织者和指导者;而教学内容则是师生开展交流的媒介,促进学生发展是教学的根本任务。因此,有效的课堂教学,应关注学生发展,并在师生双方的积极参与下进行;应将教师主导与学生主动贯穿其中,并保持两者协调统一。所以,要自觉更新教学观念,重视建构和谐的师生关系。

1. 确立学生的主体地位,坚持"教"为"学"服务

正在推进的上海基础教育课程改革,确立了"以学生发展为本"的课程理念。这一理念突出了学生是发展的主体,指明学校的所有教育工作都是为了学生的发展。因此必须强调,在课堂教学中学生是学习的主体,是课堂的主人。

若让学生真正成为课堂的主人,就要让学生积极、主动地开展学习活动。学生主动主要体现在:面对学习任务,有责任心和进取心,自觉地动手、动口、动脑,勤于思考、勇于提问、敢于质疑、乐于互助,积极探索求知。同时,教师的主导作用也不可削弱,教师主导主要体现在:针对教学任务,切实担当组织、引领、支持、咨询、促进等职责,精心设计教学过程,合理安排教学活动,带领学生共同推进教学进展、实现教学目标。因此,教师应在尊重学生主体地位的前提下发

挥主导作用,坚持"教"为"学"服务的原则,由此达成"学生主动与教师主导"的协调统一。

2. 创设良好的学习环境,形成共同学习氛围

中小学生作为学习的主体,其主体性仍处于发展的过程,因此需要精心的培育;学生是具有好奇心、有个性的人,喜欢探索,有发展潜能。但他们也有稚嫩或不成熟的一面,因此需要更多的关爱。学生的认知,通常是从不知到知、从知之不多到知之较多,并且有一个由表及里、由浅入深、由片面到全面的渐进过程。而且,不同的学生在认知基础、理解能力、学习方法、反应速度、学习态度等方面会有所差异,这导致其学习进程也会有所不同,所以这些真实的情况需要充分关注。

为培育学生的主体精神和主体能力,为促进学生认知的发展,就要创设良好的学习环境。良好的学习环境主要体现在:师生之间相互平等、相互尊重、相互信任;教师满腔热情地关心和爱护学生,并尽心为学生主动学习提供机会和条件,予以指导和帮助;学生真心实意地热爱和尊敬教师,又有真实的主人感、安全感和被信任感;班级集体团结友爱,互帮互学蔚然成风。良好学习环境的创设,其重要的基础就是建构平等、民主、和谐的新型师生关系。

新型的师生关系促使师生成为共同学习的伙伴,而课堂教学的推进则依靠师生积极、扎实和协调配合的双边活动。但学生的学习又是在教师的引领和指导下进行的,因此教师要善于调动学生的学习积极性,敢于和善于放手让学生主动学习;要正确看待学生认知过程的差异,以平和的心态、切实的指导帮助学生不断取得进步。师生共同学习,强调的是师生对话与合作,分享彼此的思考、见解和知识;同时,帮助学生不断增强主体精神和主体能力,是教师义不容辞的责任。

3. 重视师生的情感交流,促进师生关系和谐

新型师生关系的建立,首先在于教师思想观念的更新。学生是受教育者,是应该得到尊重的人;学生是青少年,更是教师的服务对象。教师在学生的心目中是尊长,尊敬老师已被列为学生必须遵守的行为规范。因此,师生之间的平等,关键在于教师应该真心实意地亲近学生。教师关爱学生、尊重学生、真诚地为学生服务,这是新型师生关系最重要的体现。

师生关系不仅表现在课堂上,更多地表现在平时;师生关系的和谐不只是

彼此心无芥蒂，还应是感情融洽、相处愉悦。教师要做到平易近人，既能在课堂上与学生交流彼此的情感和观念，又能在平时与学生平等交往、一起活动、真挚谈心。在课堂教学中，教师不仅能为学生自主学习提供更多的机会和必要的帮助，而且还为学生的进步由衷地感到高兴，把学生的成功看作自己的成功。像这样建立在深厚感情基础上的师生关系，才是和谐的、宝贵的。

二、教学策略的改进

在课堂教学中，要重视调动学生学习的积极性，引导学生投入学习过程；要运用有效的教学策略，促进学生主动学习。从激发学生的主体精神着眼，在此强调必须通过改进教学策略，让学生真正获得学习的主动权。

1. 关注学习兴趣的持续性

在教学过程中，要自始至终地关注和激发学生学习课程的兴趣。学生学习兴趣的引起和保持，既要有外在诱因，也要有学生的内心体验和自我调节。在教学的导入中，可以通过创设合适的情景、提出有趣的问题等，激发学生的兴趣和求知欲，使学生产生积极学习的心向。在教学的发展过程和小结中，可通过设置悬念、提出适合学生思维发展水平的问题等，促进学生积极思考；可通过提供学生表达意见、展现才能的机会，满足学生的心理需要；还可通过平等交流以及充分肯定、适当表扬等，让学生获得自信心和成就感，体验学习本身的乐趣。

需要强调，让学生在学习过程中获得内心体验对激发兴趣至关重要。这方面的内心体验，包括学有所得的成就感、自我实现的愉悦感，以及学生在参与教学过程中尝到的甜头、感受到的尊重和关爱。因此，我们要鼓励学生提出问题、探究和解决问题，提供给学生自我表现的机会，肯定学生的点滴进步，切忌给学生"制造"失败或挫伤自尊；要提高自身的教学技艺，用有魅力的教学吸引学生，并让学生在富有成效的教学活动中尝到甜头，从而产生学习的兴趣。

要使学生保持学习兴趣，一定要把握好教学的难度。如果教学难度太高，学生竭尽全力也学不懂，那么只有放弃；如果教学难度太低，学生根本不用听课就已明白，那么就会开小差甚至扰乱课堂。只有从学生已有的知识经验出发，以学生的最近发展区定向，使实施的教学难易适当，并循序渐进逐步提高难度，才能激发学生的兴趣和智慧，促进学生发挥学习的主动性和能动性。

2. 增强讲授指导的启发性

讲授是基本的教学活动方式,课堂教学离不开教师的讲授。教师通过简明准确、条理清楚的讲解,清晰地呈现教学内容,适时地进行学习指导,帮助学生深入理解、促进内化,正是教师发挥主导作用的具体表现。为引导学生积极投入学习过程,要提倡启发性讲授。教之道在于"度",学之道在于"悟"。启发性讲授重在启迪和引导,既讲究"度"又关注"悟",不仅为学生主动学习提供机会,而且还提供时间和空间。

提倡启发性讲授,就是要求教师的讲授应该"精要"和"适度",给学生留有进一步思考和回味的余地,把学习主动权交给学生;同时重视引导学生自己发现问题、提出问题和解决问题,促进学生深入学习。

在启发性讲授的运用中,要处理好一些细节,比如,准确把握认知起点。要以学生已有的知识经验为基础,从学生身边的事例引出话题,有层次地展开讲授内容。又如,精心设计启发性问题,要关注学生排除思维障碍或连接思维"断续点"的关键所在,关注学生拓展联想、举一反三的条件,提出适切的导向性问题,激活思维。再如,充分开放思维空间,要留有时间让学生思考、质疑、交流,引起学生之间、师生之间开展有深度的对话,促进学生深入思考。还有,加强学习过程指导,要正确阐明有关结论并引导学生内化整理,要注意利用课堂生成的资源深化学习主题,要提出进一步思考的问题以期把课内学习导向课外。如此通过细节处理得当的启发性讲解,使学生的学习活动更加扎实、有效,帮助学生在获取、内化、反思和引申发展的学习活动过程中逐步学会学习。

3. 展现学习活动的多样性

教学内容的呈现方式和学生获取知识的方式都是多种多样的,课堂教学活动也应该是丰富和多样的。组织形式多样的活动,是显示内容呈现多样化的需要,更是学生获得多元学习经历、教学达成多元目标的需要。在教学中,要安排丰富、多样的学习活动,让课堂"活"起来、学生"动"起来。学生参与学习活动,不仅是行为参与,更要强调思维参与,使学生在参与活动的过程中生动、活泼、主动地学习,并且获得多元的经历和体验,促进学生的认知、情感和行为协调发展。

学习活动有多种类型,如讲解、问答、对话、讨论、调查、实验、练习、讲评、整理等。不同类型的活动,有不同的目的和要求,但它们都是学生主动与教师主导相统一的载体,共同为实现教学目标服务。教学过程是多种多样活动的适当组合和有机连接,所以要在全面关注教学目标"三个维度"、整合有关目标内容的基础上,适当选择、合理安排多样性活动。各种学习活动的设计,要做到目的明确、主要环节清楚。

每一种活动又有多样形式,而且各有功用,要进一步关注不同活动形式的选择和运用。比如物理实验活动,包括教师演示、媒体展示、学生自主、小组合作等多种,其中的演示实验是教师动手、学生观看,小组合作实验是群体活动、学生动手。在物理课堂上,教师进行演示实验时,实验过程、实验数据(或现象)要让学生看得清,实验结果要让学生看得懂,从而对物理现象或物理规律获得正确认识,达到演示的目的;进行小组合作实验时,其实验操作要分工负责、观察分析要人人参与、实验报告要集体完成,让学生通过实验活动不仅学到物理知识和操作技能,还要培养合作精神和协作能力。

4. 重视学习评价的激励性

课堂教学过程中贯穿着学习评价。评价活动既是引导和促进学生改善学习过程、逐步达成教学目标的手段,又是帮助教师有效调控教学进程的手段,也是师生情感交流的形式之一。强调对学生的学习成效进行激励性评价,目的在于更好地发挥评价的教育功能,发挥评价对教学的引导、促进和反馈调节作用。

课堂教学中激励性评价的实施,包括:(1)评价学习成果,如回答问题、完成实验的情况、板演、作业、测验的情况等;(2)评价学习行为,如倾听、观察、思考、笔记的情况、演算、实验、合作、交流、讨论的情况、作业规范的情况等;(3)评价学习态度,如认真钻研、互帮互学、谦虚向上、勇于克服困难等方面的表现。

激励性评价常用的方式是口头评价,一般用简明的语言和亲切的语气来表达。而评价的具体内容,可作为考查学生学习表现的素材。书面测试也是一种可取的评价方式,为体现激励性,可通过设计有差别的试卷、有自选性的试题等,安排分层测试,让不同层次的学生都获得成功的体验。

不同的学生个性有差异、认知基础有差别,对教学内容的理解和感受也不同。学生对学习成效的感受,会直接影响他们的学习动力与学习行为。教师在教学过程中,应尊重学生真实的学习过程,热情地鼓励学生的进步;应随时捕捉学生认知表现的信息,发现学生的闪光点。教师应该通过对学生的学习行为或学习成果进行积极的评价,让学生感受到教师对他的了解、关心、帮助、信任和期待,从而使学生进一步认识自我、树立自信,看到成就、明确方向,不断增强学习的积极性和进取心。

2-1 改善学科学习训练举例

在教学中,学习训练的类型、内容、层次、针对性和实效性等都值得改善,下面以物理学习训练为例,提出改进学习训练的主要任务。

改进物理学习训练

物理学习训练是物理课程的重要组成部分,是实现课程目标的重要环节,是教学过程中最具有活力的活动内容,更是学生获取物理知识、形成能力、经历物理过程和认识科学方法的重要手段和必要途径。因此,应以学生的实际情况为基础,立足于学生的自主学习、探究学习和合作学习,从学习训练的内容、要求、方式、评价等方面着手,改善现有的物理学习训练。

一、对物理学习训练的基本认识

物理学习训练由各具不同职能、相互联系且相互作用的众多要素构成,其中基本的要素是训练的目标、原则、内容、方式、评价等。

1. 物理学习训练的目的

物理学习训练一般是指针对物理学习的重点内容和学生发展所必需的基础,有目的、有计划地安排学生进行的各种感知、尝试、操练、探究、体验等活动,如阅读、解题、实验以及各种动作技能和行为习惯的训练等。训练活动把"学"与"习"、"知"与"行"、"智"与"情"紧密地结合,相互促进,相辅相成。

物理学习训练的目的主要在于"打好基础,促进发展,改进教学"。也就是说,要通过物理学习训练活动,帮助学生理解物理知识、掌握技能、形成能力、健全人格，从而在各方面打下扎实的基础，促进学生全面发展和终身可持续发展；同时还要通过学习训练反馈教学信息、了解教学效果，为改进教学提供必要的依据。需要注意的是：改进物理学习训练，既要达到学习训练的目的，又不能加重学生的课业负担。

2. 物理学习训练的作用

随着以德育为核心、以创新精神和实践能力为重点的素质教育的全面推进，人们对物理学习训练作用的认识也在不断地深化。训练是学生由知到会、由会到熟、由熟到用的发展天地，也是学生展示自我、创造能力的舞台。因此，我们必须充分认识物理学习训练的重要作用，改进物理学习训练，编制有利于发展学生思维能力、培养学生创新精神和实践能力的训练内容。具体地说，物理学习训练的作用是：(1)使学生加深理解物理知识，巩固、深化、活化物理概念和规律；(2)激发学生学习物理的兴趣，调动学生学习物理的主动性和积极性，培养学生的科学态度和科学精神；(3)提高学生的思维能力和运用物理知识解决简单实际问题的能力；(4)及时反馈教学状况，检查与评定学业成绩，有利于教师了解教学效果和及时调整教学计划。

二、改进物理学习训练的主要任务

为使物理教育适应 21 世纪社会发展的要求，我们应在"以学生发展为本"的教育观念指导下，正确认识物理学习训练的作用，改进物理学习训练的编制，拓展物理学习训练的时空，明确改进物理学习训练的主要任务。

1. 改善基础性训练

基础性训练注重学生获得学习与发展的必要基础，是整个物理学习训练的主干。改善基础性训练，旨在全面体现新的基础观，明确新的"基础"是指三个维度的基础，是有重点、有层次、有选择的基础。要正确理解物理基础知识和基本技能的内涵，调整"双基"训练的内容，根据《上海市中学物理课程标准(试行稿)》(下面简称《课标》)安排新的"双基"型训练的内容，充实"过程与方法""情感态度与价值观"的训练项目，强化训练题目的典型性和示范性，拓展"双基"型训练的功效。

2. 加强实践性训练

在物理教学中，物理概念的建立、物理规律的得出，通常都是先通过观察、实验，再进行思维加工而获得的。初中学生年龄小，生活经验较少，实践经验不足,抽象思维能力薄弱。因此,他们对许多抽象的物理概念、规律的理解和掌握存在不同程度的困难,对由这些物理概念和规律组合在一起而形成的训练题理解更加困难。针对这种情况,我们可以依靠一些简单易行、有启发性的演示实验、学生随堂实验或家庭小实验,通过直观方法,引导学生开动脑筋,促进思维,加速对问题(习题)的深入理解。

实践性训练要强调操作、考察、动手"做"、口头"说"等活动。实践性训练的主要形式有:观察与记录,实验与实习,设计与制作,探索与研究等。

值得一提的是,要充分考虑现代教育技术(如图形计算器、计算机、网络等)的利用和学生学习方式的改变等因素,开发一批有关实践活动的训练题,尤其注意开发必须通过多名学生共同参与才能完成的实践活动。这些实践活动可以具有开放性和综合性等特征,布置某些"长作业"放在期中、期末完成,不同学生可以根据自己个性发展从中选择适合自己的实践活动。

此外,还要依据《课标》,把从社会问题、实际问题中获取的信息编制成训练题,使得习题所提供的情景突破物理知识体系的框架,更加贴近现代科技和社会生活,体现物理知识的应用功能,增加物理训练题的趣味性和实践性。

3. 重视过程类训练

在物理学习中,有关物理概念和规律的形成过程和实际应用过程是两个基本过程,两个过程中充满了科学方法和人文精神。如:在密度概念的形成过程、欧姆定律得出的过程中,都蕴藏了控制变量等科学方法,运用到归纳能力等。因此,在编制物理学习训练时,我们不能仅限于理解和巩固学过的知识结论,更要重视科学过程,体现科学方法和人文精神,从而编制出一些能体验物理概念和规律形成过程及伴随这一过程中所用的科学方法的训练内容。

由于物理过程起源于实际发生的过程,但又不等同于实际的运动过程,它经过人们对实际运动过程的理想化处理,体现了科学思维方法,所以在编制学习训练时,要重视物理过程,重视实际问题转化为物理问题这一关键环节(建立物理模型),从而使学生更好地理解物理概念和规律。

4. 设计开放性训练

学习训练具有发展学生的思维能力、培养学生的创新精神和实践能力的作用。要真正发挥学习训练这一作用,设置开放性训练是有效策略之一。所谓开放性训练,其条件复杂变化,结果多样,没有一定模式的解题思路和方法,表达形式个性化。因此,开放性训练具有条件开放、思路开放、方法开放、结果开放等特征。实际上,过去物理习题中一题多解、一题多变、一题多联、一题多法等都是开放性训练的雏形。

开放性训练对于培养创新精神有重要作用,因此,一定要重视开放性训练内容与形式的开发,在适当精简传统训练题的基础上,把开放性训练作为物理学习训练的必要成分。一般开放性训练的内容,可从以下方面进行编制:(1)设计新情景问题,体现从书本到社会的开放;(2)设计解决途径及答案不是唯一的问题,体现从唯一向多样的开放;(3)设计探究、研究性问题,体现从接受性学习向研究性学习的开放;(4)设计跨学科的问题,体现从本学科向他学科的开放;(5)设计课内、家庭作业之外的问题,体现从校内向校外的开放;(6)设计集体协作完成的问题,体现从个体到群体的开放;(7)设计长期、持续进行的问题,体现从短时训练向持续训练的开放;(8)设计允许学生自主选题的问题,体现从被动到自主的开放。

除上述 8 个方面之外,还可以有其他方面的开拓。例如,给出一个探究性问题,它可能是社会热点问题;可能是多解的、跨学科的;可能是需要集体完成的、长期的;每个参与者又可以自选等。这样的开放性训练问题,有利于达成多方面的目标要求,应该鼓励开发和实践。

5. 开发质疑性训练

创新精神的发扬,要求学生应当具有善于发现问题、敢于提出问题、勇于面对挑战的品格。但是,在长期的单纯接受式教育的影响下,学生的这种品格难以形成,这方面的能力相当薄弱,他们往往缺乏问题意识,不会发现问题,不敢提出问题。为此,我们要开发质疑性训练,增强基础性训练的活力,培养学生的问题意识、质疑能力和创造性思维习惯。

现阶段质疑性训练可适当安排在每一知识单元的学习过程中的各个阶段,如:(1)单元学习的开始阶段;(2)单元学习的发展阶段;(3)单元学习的小结阶段。

例如,设计如下的质疑性训练:关于"质量是物体惯性大小的量度"这个论断,你有什么疑问吗? 针对这一学习训练,学生可以提出:它是根据牛顿第一定律,还是牛顿第二定律得出的? 怎样来证实这一论断等。这一学习训练,着重培养学生的提问与质疑能力。又如,在学完了上海基础型物理新教材高中一年级第三章"力和物体运动的变化"之后,可设计如下的质疑性训练:"建议你作如下的回顾和小结:①牛顿第一定律、牛顿第二定律是建立在什么基础上的? 它们之间有什么区别和联系？哪一个定律更基本一些？②你在运用牛顿第二定律解题时有什么经验和体会？③学习本章时你提出了哪些创见？还有哪些问题没有完全搞懂？"这一学习训练，着重培养学生的反思与求异能力。

改进物理学习训练的任务还很多，例如，如何确立物理学习训练的目标，如何改善物理学习训练的方式，如何改革物理学习训练的评价等。在物理课堂教学中，要努力改善教学过程，创造更多的机会，腾出更多的时空，让学生主动参与到教学活动中，包括在课堂中鼓励学生发问、公开释疑，引导学生主动参与教学活动，进行自主学习。

【摘自《改进物理学习训练——一种新教育观察，新教学领域的探索》一文，刊载在《物理教学》2005 年第 11 期】

2－2 观课与评课探讨

观课(听课)是考察事实，搜集证据；评课是基于证据，发表观点。在日常的教研活动中，如何实施观课(听课)与评课呢？下面以一节初中物理课为例，具体探讨观课(听课)与评课的实施要点。

观课与评课的实施要点

观课与评课，是日常教研活动的基本方式，也是学科教学研究的重要项目。一般来说，观课是了解课堂教学真实情况的过程，是切磋交流、引发思考和获得经验的研修；评课是引导教学研究深入发展的积极举措，是研讨问题、传播经验和指导教学的有效途径。观课，强调的是学习与思考；评课，讲究的是事实与观点。下面，我们从物理教学的一个课例谈起，对观课与评课的实施要点进行分析和总结，希望从中得到启发和帮助。

一、课例：精心设计，认真实施

这个课例的课题名称是"动能"，课例由上海市 BJ 学校提供。"动能"是初中物理学科的教学内容，安排在八年级第二学期物理(试用本)中"4.3 机械能"这一节内，本节课是"机械能"教学的第二课时。为顺利实施本节课的教学，执教老师撰写了完整的教学方案,同时准备了"视频"和"PPT"材料,还为学生设计了"学习活动卡"。

本节课的教学方案,是执教老师在认真研究物理课程标准、教材、学生基础上所取得的成果,具有较强的可行性和操作性。在教学实施中,执教老师以教学方案预定的教学流程为基本线索,扎实展开活动,引导学生积极参与、动手动脑,点拨学生深入思考、适时整理;同时,关注学生的表现和反应,重视生成资源的利用,及时反馈、合理调控,有效落实各个教学环节,逐步达成了教学目标。

(一) 教学方案摘录

课题名称:动能

1. 教学任务分析

本节课的学习内容是动能的概念、影响动能大小的因素以及动能在生活和社会中的应用。本节课在"机械能"一节中具有承上启下的作用,既是从能量形式上对前一节课势能的完善,也为后一节课学习机械能作好铺垫。

学生在学习本节内容前,需要知道机械功、能的概念等有关知识,还要具有初步运用控制变量法设计实验方案、观察现象和初步归纳结论等基本实验技能。

本节课的教学对象是八年级学生,他们有一定的与动能相关的生活经验,但不了解影响动能的有关因素,不清楚探究过程中怎样判断动能的大小,不知道运用控制变量法研究问题时怎样确保物体运动的速度相同。本节课既要重视物理知识的教学,更要关注探究过程中有关研究问题方法的指导及学生质疑能力的培养。

2. 教学目标

(1) 知道动能的概念;知道影响动能大小的因素。

(2) 经历"生活观察——活动体验——提出猜想——实验探究"的过程,关注"从生活走向物理",感受科学研究过程中控制变量法、归纳法的运用。

(3) 经历"活动体验——方法改进——技术提升"的过程,感受思维深度的拓展,认识实验技术改进的重要性。

(4) 经历"活动设计——技术改进——实验探究"的过程,初步养成严谨的科学态度,感悟科学技术的发展对实验的重要性。

3. 教学重点难点

重点:探究影响动能大小的因素。

难点:实验中比较物体动能大小的方法。

4. 教学资源

（1）学生实验器材：轨道、鸡蛋、滑块、小车等。

（2）演示实验器材：轨道、滑块、小车、DIS实验装置、数码小车等。

（3）自制模拟演示PPT幻灯片。

5. 教学设计思路

本节课的内容包括动能的概念、影响动能大小的因素的探究及动能在生活与社会中的应用。

教学基本思路：首先，通过情景"学生打篮球"引入课题；接着，通过活动"小车撞蛋壳"进行体验，提出影响动能大小的因素的猜想，并通过设计方案、实验操作、对比分析、归纳结论等解决实验中如何比较物体动能大小的难点，初步得出影响物体动能大小的因素；然后，师生共同改进实验，运用DIS实验进一步研究，得出动能大小与质量、速度关系的结论；最后，结合生活经验与动能相关知识，进一步认识动能在生活和社会中的应用。

要突出的重点是探究影响动能大小的因素的过程（拟定的方法略）。

要突破的难点是实验中如何比较物体动能的大小（拟定的方法略）。

6. 教学流程

（1）教学流程图

本节课的教学流程图如图2-6所示。

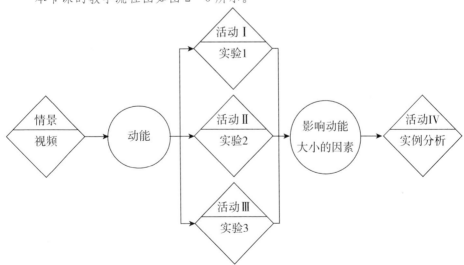

图2-6 "动能"课堂教学流程图

（2）流程图说明

1）情景：视频。通过视频"学生打篮球"导入新课。

2）活动Ⅰ：体验思考。通过实验1"小车撞蛋壳"，体验动能的大小，并提出影响动能大小的因素的猜想。

3）活动Ⅱ：实验探究。通过实验2"小车撞滑块"，探究影响动能大小的因素，得出初步结论。

4）活动Ⅲ：DIS实验。通过质疑和分析，引出实验3（DIS实验）"数码小车撞滑块"，利用DIS实验得出实验结论。

5）活动Ⅳ：应用。通过对打篮球、海啸、水刀等实例的分析介绍，感受物理与生活的联系。

7. 教学过程

（1）导入

通过视频"学生打篮球"，激发学习兴趣，引入课题。

（2）新课

1）探究影响动能大小的因素

① 体验思考

通过实验1"小车撞蛋壳"，观察蛋壳的损坏程度，体验小车动能的大小，提出影响动能大小的因素的猜想。

② 实验探究

小组讨论：怎样判断小车动能的大小，引入实验2"小车撞滑块"。

设计方案：明确需要测量的物理量、需要的实验器材、实验的注意事项。

实验探究：用小车撞击滑块，观察滑块移动的距离，探究影响小车动能大小的因素。

归纳结论：合作交流，初步得出影响小车动能大小的因素。

评估质疑：评估探究过程，对控制小车的速度不变的精确性提出质疑，讨论解决方法。

③ DIS实验

通过实验3"数码小车撞滑块"，精确显示小车的速度，解决学生探究实验中的问题，得出影响小车动能大小的因素的实验结论。

2）应用

通过观看视频、讨论交流,感受知识的应用以及物理与社会的紧密联系。

(3) 作业布置(略)

【附】学习活动卡

班级_____   姓名_____   学号_____

活动

1. 控制_____不变,探究动能大小与_____的关系。

表 2 - 1

实验序号		
1		
2		

结论 1:_____。

2. 控制_____不变,探究动能大小与_____的关系。

表 2 - 2

实验序号		
1		
2		

结论 2:_____。

(二) 课堂教学纪要

1. 引入(让学生感知"动能"是什么)

(1) 观看视频

学生看一段"打篮球"的视频并回答有关问题。视频中,进攻球员带着球向对方的篮前奔去,防守球员进行堵截。于是,提问 1:这位防守球员接下来会发生怎样的情况? 提问 2:当防守球员受到进攻球员力的作用,且在力的作用下通过了一段距离,这时我们就说进攻球员对防守球员做了什么? 提问 3:既然进攻球员能够做功,说明他具有什么呢?(上述三个问题的答案依次是——可能会被撞、会受伤;做功;具有能量。)

（2）实验活动

模拟"打篮球"的情形,设计了一个"小车撞蛋壳"的实验。用鸡蛋代替防守球员,用小车代替进攻球员,让小车处于运动状态,用小车撞击鸡蛋,这时小车对鸡蛋具有做功的本领。此时,引进了"动能"的概念。

2. 探究("动能"大小与哪些因素有关)

（1）提问引导

根据刚才的实验,你们觉得在运动过程中小车具有的动能都相等吗？你是通过观察什么现象得出这个结论的？（让学生知道小车在运动过程中具有的动能不相等,可以通过观察蛋壳破损的程度来判断小车的动能大小。）由此引发学生对于"小车的动能大小跟小车的哪些因素有关"的思考,提出探究活动的主题——影响动能大小的因素。

（2）实验尝试

让学生进行实验,用具有不同动能大小的小车撞击鸡蛋,则蛋壳破损的程度会有不同。学生猜想,小车的动能大小可能与小车的速度和质量有关,于是尝试改变小车的速度或质量来撞击鸡蛋,再观察蛋壳的破损程度。

学生通过改变小车的运动状态,体现小车的速度发生了改变;通过在小车上加上铁块,体现小车的质量发生了改变。用具有不同动能的小车撞击鸡蛋,可观察到蛋壳破损的程度有不同。由于小车运动速度的大小不清楚,而蛋壳的破损程度只能大致反映小车的动能大小,因此需要进一步研究控制变量的方法。

（3）验证猜想

制订实验方案,改善变量控制和实验观察方法,验证动能大小与速度有关,也与质量有关。

利用"笔""修正带"等物件代替鸡蛋进行实验,此时出现移动不稳的状态。改用一个滑块代替鸡蛋,可见具有动能的小车推着滑块稳定地向前移动,于是可通过观察滑块移动的距离来判断小车的动能大小。提供一部装有特定装置的小车（数码小车）,当小车通过一个光电门时,光电门会记录下小车的速度。通过改变小车的速度或质量,观察滑块移动的距离,判断小车的动能大小与小车的速度或质量有关。

记录小车的质量、速度、滑块移动的距离,进一步分析和研究小车的动能大小与小车的速度或质量之间的关系。

(4) 形成结论

学生分组进行实验,通过仔细观察实验现象并将实验数据记录在"学习活动卡"上进行分析,由此得出结论。(由于测量工具的限制,因此实验中只需要记录各物理量的大小关系。为使小车每次都能以相同的速度运动,使用可编程的数码小车。)

交流实验所得的结论,归纳为:质量相同的物体,速度越大,动能越大;速度相同的物体,质量越大,动能越大。

3. 应用(学生应用所学知识解释生活和生产中的一些物理现象)

"对话式"教学。(问答内容略)

二、观课:考查事实,搜集证据

人们对于教学规律的正确认识,是在科学理论指导下深入开展教学实践研究获得的。观课和评课是日常教研活动的方式,观课就是进入课堂了解现场教学情况,评课体现了以教学事实为依据,认识和揭示教学规律的要求。于是,观课理所当然应为评课而考察事实、搜集证据。

(一) 课堂教学材料的记录

用于评课的教学事实主要来自课堂,因此观课时要重视有关事实材料的搜集和整理。

1. 事实材料的搜集

一般来说,对于课堂教学进行评议,应以学科课程标准为参照、以教学事实为依据。事实材料的搜集,从"情景、问题、活动、应用"等观察点着眼。注意观课材料的记录要为形成评课意见提供方便,因此,可结合形成评课意见的需要,对观课所搜集到的材料进行归纳整理。

2. 观课材料的记录

针对教学设计中确定的主要教学环节,列出表格 2-3,以表中栏目为提纲进行观课材料的记录和整理。

表2-3　课堂教学环节中事实与观点记录

教　学　环　节					
事　　实					观　　点
教学目标	教科书	教学内容	教师行为	学生反应	评议意见

在表格中，针对某个教学环节所记录的教学事实，是一些教学片段。就某个环节而言，表中"教学目标"栏内的记录包括课程标准中设定的或教学过程中标明的目标内容；"教科书"栏内主要是标明本环节教学与教科书中哪些段落的内容相关；"教学内容"栏内的记录要凸显本环节呈现出来的教学内容中与教科书中相关内容相异或在处理上有较大变化的内容；"教师行为"和"学生反应"栏内的记录，包括教师、学生的行为表现以及本环节教学过程中有关"情景、问题、活动、应用"等方面的表现。

利用上述表格对观课材料进行整理，除了按"事实"通栏中列出的栏目理清教学事实外，进一步的要求是依据有关事实材料进行理性分析和概括，然后提炼观点和提出评议意见，并记录在"评议意见"栏目下。

对课堂教学中的事实材料进行记录，只是记录主要的事实，而不是完整的课堂实录。所有主要教学环节的记录表内容，便合成课堂教学的主要事实材料。

（二）基于观课记录的点评

利用观课记录中某个教学环节的有关事实材料，可以形成评述这个环节教学的观点，从而对课堂教学展开局部点评。

如下是在"动能"一节课中，按教学环节使用观课记录表进行记录，然后依据事实材料提出观点、给予局部点评的实施情况。由此进行的系列点评，实际上是循序渐进式的局部评述。

1. 局部点评Ⅰ

【教学环节】情景（引入）。

事实1

【教学目标】

课程标准设定的教学目标为：知道动能。这个目标的内涵包括：（1）知道能量；（2）认识动能的存在；（3）知道动能的概念。

【教科书】

"4.3 机械能"中动能部分。该部分共有三段,第一段为引入部分。该段由功与能、举例和定义组成。

【教师行为】

(1) 播放视频:"学生打篮球"。

(2) 三个设问:①防守球员接下来会发生怎样的情况?②运球球员(进攻球员)对防守球员做了什么?③进攻球员具有什么?

(3) 引出能量概念。

(4) 介绍实验1:小车撞蛋壳(鸡蛋代替防守球员,小车代替进攻球员)。

(5) 设问:如何让小车对鸡蛋具有做功的本领?

(6) 让学生做实验1(A):让运动的小车撞击蛋壳。

(7) 师生互动,引出动能的概念。

【学生反应】

(1) 观看视频。

(2) 回答教师的五个问题(答:喜欢;撞;伤;功;能等)。

(3) 做实验1(A)。

观点 1

(1) 在创设有利于学生产生认知冲突的情景上还可以进一步加强研究。

(2) 教师的三个设问,基本上属于以事实为基础的问答,起点层次较适当。

(问题一般可以分为以事实为基础的问答和以思维为基础的问答。以事实为基础的问答,其主要标志为"是什么"。)

(3) 教师注重细化教学目标。

(4) 实验1(A)是一个过渡性实验。(探究的核心是实验2,实验1(A)既是教学环节的过渡,也是探究的过渡。)

2. 局部点评Ⅱ

【教学环节】探究。

(探究环节由三个实验组成,其中实验1的一个作用在上一环节已有体现。)

事实 2

【教学目标】

这一环节的教学目标在课程标准中没有明确指出。从教学实施过程看,教师把这一环节的教学目标设为:(1)知道动能有大小;(2)理解影响动能大小的因素;(3)认识控制变量法。

【教科书】

(1) 通过教材中图4-3-5运动锤子的讨论,引出影响动能大小的因素:质量和速度。

(2) 活动卡4.3b动能中活动、阅读和理解,进一步探究等栏目。

【教师行为】

(1) 设问:①根据刚才的实验1(A),你们觉得运动的小车动能相等吗? ②你是通过观察什么现象得出这个结论的? ③小车的动能大小跟小车的哪些因素有关呢?

(2) 引出动能的大小。

(3) 学生做实验1(B):让小车具有不同的动能。小车撞鸡蛋,使蛋壳破损的程度不一样。

(4) 在实验1(B)的基础上,猜想小车的动能大小跟小车的哪些因素有关(质量和速度)。

(5) 互动:抓住蛋壳的破损程度。

(6) 如何通过实验检验猜想,引导学生讨论实验结果,引出控制变量法。针对实验1的讨论得出仅通过观察蛋壳破损程度很难准确判断小车的动能大小。

(7) 引导学生讨论得出:用滑块替代鸡蛋,引入实验2。

(8) 设计记录实验数据的表格。

(9) 学生做实验2,并记录数据。

(10) 对实验2的结论进行交流。

(11) 在讨论交流基础上,质疑如何保持小车的速度大小不变,引入实验3。

(12) 综合实验结果,得出动能大小与质量、速度有关的结论。

【学生反应】

(1) 做实验1(B)并回答问题,突出蛋壳破损程度与小车对鸡蛋做功有关。

(2) 提出猜想。

(3) 师生互动,引出实验2。

(4) 讨论实验2方案,设计表格,填写数据,得出结论等。

（5）质疑实验2的结论中的速度一定,引入实验3。

（6）通过实验3,得出结论。

观点2

（1）教师强调小车的动能,抓住了研究的对象,这一点很重要。因为在实验2中,有两个动能、两个移动的距离,即小车的动能和滑块的动能、小车移动的距离和滑块移动的距离,在此是通过滑块移动的距离来比较小车的动能大小,从而得出结论。因此,对小车的动能和滑块移动的距离进行观察、测量等,是实验的关键。

（2）关于动能的定义表述,初中物理和高中物理是有差别的。

（3）实验1的作用有三个,一是引入动能概念;二是讨论影响动能大小的因素;三是为引入实验2的必要性作铺垫。

（4）教师能合理放大细节,寻找突破口。例如,教师发现学生用小车推笔、推修正带等行为,通过合理引导,过渡为引出滑块等。

（5）做实验时,至少有三次测量活动。例如,活动卡上的活动:弯曲塑料尺撞击硬币,让尺的弯曲程度分别为很小、稍大、较大,做三次实验。

（6）板书设计还需加强。例如,得出结论后用黑板擦擦去"猜想",这样处理是好的,如果不擦去质量、速度,那就更好。板书要注意概括性、指导性、程序性,而且还需要注意艺术性。

3. 局部点评Ⅲ

【教学环节】应用。

事实3

【教学目标】

用动能的初步知识分析简单的实际问题:(1)知道动能带来的利弊;(2)观察实例,感受生活和物理之间的联系。

【教科书】

列举有关动能的实例。

【教师行为】

（1）应用已学到的知识针对情景—视频进行分析。

（2）请学生举例说明动能。

（3）介绍液体和气体的动能,并进行讨论。

（4）说明事物的两面性。

【学生反应】

（1）对视频进行讨论，问答时，考虑质量和速度两个因素还需明晰。

（2）对液体、气体动能的应用表示惊讶。

观点 3

（1）突出"应用"环节具有巩固、反馈、实用的作用。例如，对情景、实例等讨论。

（2）在讨论视频时，学生对影响动能大小因素的理解还需进一步加深；教师在此需要展开，进一步加强指导。教师知道后续的教学任务较重，担心在此展开后可能导致教学任务来不及完成，然而教师必须明确：一定要将关键的时间留给关键的内容。

（3）对于羽毛球的动能大小的实例讨论可以与水刀的实例结合起来，可能会有利于加深对影响动能大小因素（质量和速度）的认识。

如上所述的三个局部点评，分别针对教学过程中的情景（引入）、探究、应用环节。局部点评是基于观课记录的一种评课方式，是关于课堂教学的局部评述。这样的局部点评，是"事实与观点"式的评课。如果在观课后即时进行教学研讨或交流，可采用局部点评的方式发表意见。

三、评课：基于证据，发表观点

未加特别说明的评课，通常是指对一节课进行综合的、整体的评议，即整体评述。"依据事实，发表观点"，是评课呈现的基本特征。

通过阅读教学方案和进入课堂进行观课，我们对 BJ 学校实施"动能"一课教学的情况有了一定的了解。在此基础上，根据进行物理教学研究和指导的需要，观课教师对"动能"这一节课的教学进行了整体评述，具体评述如下。

1. 清晰呈现课堂主线

（1）本课教学中，情景、探究、应用这一条主线呈现清晰。物理课堂教学，通常是以探究为核心的。这一节课的教学设计，安排了三个实验来解决教学难点，即实验中比较小车动能大小的方法与实验中保持小车速度大小不变的方法；突出了教学重点，即探究影响动能大小的因素。

（2）本节课的教学，从学生被动（任务驱动）到师生（生生）互动、再到学生主动,课堂活动的状态在积极地变化和发展。在活动过程中,视频的作用是任务驱动,实验1(A)为认识体验,实验1(B)和实验2、实验3为实验探究,还有若干实例体现了知识的应用。教师在课堂上让学生获得了从感性认识到感悟、再到掌握知识的过程经历,通过实验活动将它们串联起来,尤其是实验2起到了"显山露水"的作用。

2. 有效突破教学难点

(1) 本节课重视改进并设计实验,突破难点、突出重点。三个实验形成一个系列,层层递进,环环相扣。

(2) 视频、实验、实例等在课堂教学中各司其职,具体的作用分别为:

① 视频:"学生打篮球"。引入新课,为转换课堂要研究的核心问题打基础;同时在最后的应用环节中呼应视频,提高了情景的利用效率。

② 实验1:"小车撞蛋壳"。具有过渡衔接、转换、引入概念、进行讨论等作用。其具体体现:一是引入动能的概念;二是引出动能的大小和对于影响动能大小的因素的猜想(第一次引出蛋壳破损程度);三是针对蛋壳破损的讨论,为引入实验2铺垫。

③ 实验2:"小车撞滑块"。探究影响动能大小的因素,让学生经历较为完整的探究过程:设计表格、记录数据、分析数据、得出结论,认识控制变量方法。其中设计时把鸡蛋换成滑块,将实验1(小车运动、蛋不动,观察蛋壳的破损程度)转换成实验2(小车、滑块均动,观察滑块移动的距离,通过滑块移动的距离反映小车动能的大小),从而得出结论:小车的质量一定,速度越大,小车的动能越大;小车的速度一定,质量越大,小车的动能越大。由此既突破了难点,又突出了重点。

④ 实验3:"数码小车撞滑块"。通过质疑实验2中保持小车速度大小不变的结论,引入实验3。从实验2过渡到实验3,它的作用是解决了教学难点,即保持小车速度大小不变的方法,进而完善实验2的结论,使结论更具有说服力。

⑤ 列举的实例体现了物理知识在生产、生活中的应用价值。

3. 尝试聚焦教学细节

(1) 能够合理地放大教学细节。教师有意地将某些教学细节列为教学载体和抓手,以掀起教学高潮。例如,抓住蛋壳破损等细节,引出小车的动能大小和猜想,为引入实验2打基础。又如,聚焦速度大小不变这一前提,为引入实验

3 作铺垫，完善动能大小与质量、速度有关的结论。

（2）遇到问题或困难时，要学会回到原点。例如，蛋壳破损难以准确判断动能大小，这时可回到原点进行思考：一个物体能够对另一个物体做功，则这个物体具有能量。在这样的思考基础上，改进实验的设计，体现创新。

（3）通过聚焦教学细节，提高课堂教学的效率和效益，进而提高教学质量。

一堂教学研究课的实施，通常要经过精心设计、反复磨课的系统准备，贯穿着充分研讨、集思广益的团队活动。因此，可以说观课是对团队合作成效的鉴赏，评课是对研究成果价值的认定。

与学科教学相互联系、相互促进的教研活动，是学习、实践和丰富教学理论的过程，也是探索、认识和揭示教学规律的过程。在教研工作中，坚持认真组织和开展观课、评课活动，深入进行教学研究和总结，就是在教研工作中努力做实事、求实效，就是抓住了教研的根本，体现了务实的要求。

【摘自《如何提升观课与评课功效——基于一堂物理课的思考剖析》一文，刊载在《上海教育科研》2014 年第 5 期】

2-3　课堂教学设计举例

教学与评价要积极体现育人为本的理念，课堂教学设计要努力贯彻"基于课程标准，注重目标导向"的指导原则。下面以中学物理教学为例，着重讨论"目标导向活动"的课堂教学设计。

例说物理课堂教学设计

物理课堂教学设计的过程，是综合运用教育教学有关理论、日常教学研究成果以及系统分析方法进行教学研讨的过程。物理教学设计工作包括一系列的基本环节，涉及多方面的内容表述；而所完成的每一个教学设计方案，都是一项值得珍惜的教学研究成果。我们要加强物理课堂教学设计的研究和实践，并在设计方案的使用和反思中不断积累经验，逐步提高教学设计能力。

下面主要针对物理课堂教学设计方案中教学目标、教学重点难点、教学流程等的呈现,在操作层面上提出一些实施要点,然后举例说明。

一、操作要点

1. 依据课程标准拟定教学目标

拟定教学目标,就是把教学目标的具体内容呈现出来。教学目标是依据课程目标和内容标准的有关要求以及学生身心发展的现实水平来确定的,它是课程标准的具体转化,是课程目标和内容标准中有关要求的细化。拟定的教学目标,应具有针对性、合理性和适切性,同时注意可操作性和可测量性;要通过教学目标对教学内容进行导向,并确保教学内容对实现教学目标的支撑作用,从而使教学目标进一步转化为可观察、可测评的教学行为。

2. 针对教学重点难点提出分层要求

经过教学内容设计所确定的教学重点和难点,指明了课堂教学实施中应予以特别关注的着力点,为此就要对如何突出教学重点和突破教学难点提出应对之策。另一方面由于学生群体存在个性差异,因此在一节课的教学中,对于不同学生学习同一内容所提出的具体目标要求可以有差别,考虑到教学时间因素,在课堂教学设计时,只针对教学重点和难点提出分层教学的要求。关于教学分层要求的设计,通常是着重在能力方面,包括学科能力和通用能力;着眼于教学过程中有关教学策略和方法的运用,例如问题回答、讨论、作业等。这时,可针对分层的不同要求加以具体说明,有关的说明主要指向学生的具体行为。还可对学生在这些方面的行为表现进行评价设计。

3. 围绕目标任务安排教学活动

课堂教学目标的确定意味着对教学的实施进行了定向。在课堂教学设计中,一般的思路是由教学目标导向教学内容,再以教学手段、方法来表现教学内容,而活动、问题、作业等是常用的重要手段、方法和策略。于是,根据教学目标合理选择教学内容以后,应围绕实现目标任务的需要,精心组织和合理安排教学活动,并建立起符合逻辑顺序和教学规律的教学过程。教学活动的组织和安排,对于达成教学目标具有关键性作用;同时还要对教学活动的评价进行设计,从而实现教学目标、教学活动、教学评价的一致性。

二、课例研讨

下面列举初中物理教学中的一个课例进行分析,并对呈现课堂教学设计方案的有关操作要点进行简要说明。

课题:平面镜成像(本课教学设计方案原稿由上海市 CQ 学校提供)。

1. 教学设计方案概述

物理课程标准中关于"平面镜成像"的目标要求是:理解平面镜成像。

在教学任务分析的基础上,确定本节课的教学目标以及教学重点难点,具体内容如下。

(1) 教学目标

① 理解平面镜成像特点;理解虚像,理解平面镜成像原理。

② 初步学会探究平面镜成像特点的技能。

③ 经历平面镜成像特点的探究过程,认识"猜想、假设、验证和归纳"的科学方法。

④ 在探究平面镜成像特点的活动中,激发物理学习的兴趣以及善于观察、勇于提问、乐于实践的情趣,懂得交流、合作的重要性。

⑤ 知道平面镜成像的应用。

(2) 教学重点难点

教学重点:①平面镜成像特点;②平面镜成像特点的探究过程。

教学难点:①虚像概念;②平面镜成像原理。

(3) 教学目标到教学过程设计

从教学目标到教学过程的设计,思考要点如下:

一是依据教学实施需要审视教学目标

根据物理课程标准中提出的"理解平面镜成像"的目标要求,拟定了上述的教学目标。为了有利于实现围绕教学目标安排教学活动的任务,可把本节课的教学目标表述调整为下列学习目标:1)知道光的反射现象,理解光的反射定律(光的反射是上节的教学内容,是本节学习的基础,增加此目标内容的目的是要在本节课教学安排一个复习环节的教学活动,但此学习目标不必列在本课教学设计的教学目标中。);2)理解平面镜成像特点(此目标内容反映上述的教学目标①中关于平面镜成像特点的知识学习要求、②中关于技能学习要求、③中关于过程与方法学习要求、④中关于情感态度与价值观学习要求);3)理解虚像;4)理解平面镜成像原理;5)知道平面镜成像的应用。

二是针对教学重点难点提出分层要求

现主要针对教学难点,提出分层要求。

虚像概念是教学难点之一,据此提出如下的不同能力要求:①知道虚像现象;②观察实验现象,感知虚像的含义;③理解虚像的形成;④学会用对称法作图(或作光路图)解释虚像现象。

平面镜成像原理是教学难点之二,为突破这个教学难点,设计时针对教学行为的表现提出如下分层要求:①注重教师讲授(目标为知道平面镜成像原理);②学生开展体验活动(目标为理解平面镜成像原理);③活动中学生能通过作图(对称法或光路图)解释平面镜成像原理(目标为理解平面镜成像原理)。其中②和③的认知目标要求都对应于"理解"层次,但③对学生的作图技能要求高。

三是围绕目标任务安排教学活动

从教学目标到教学过程的设计,注重针对实现教学目标的需要进行教学活动的组织和安排;同时注意到学习本节内容必需的准备知识,以及本节知识与前后知识的联系等,对教学内容进行适当处理。

在上述拟定的教学目标中,目标内容的陈述主要是围绕平面镜成像特点、原理、应用、虚像等展开的。审视目标后,增加了本节学习的准备知识:光的反射。因此,从教学目标到教学过程设计时,注重教学目标与教学活动联系设计,根据调整后的教学目标,本节应设计五个教学活动。

在根据教学目标进行教学活动设计的同时,还要对活动的评价进行设计。即依据拟定的教学目标中的各项要求,设计相应的教学活动,并对活动加以评议或说明。其中的评议主要是针对教学重点难点、围绕教学目标与教学行为之间的关系进行,在"教学流程图说明"中具体反映。

本节课的教学流程图如图2-7所示:

以下是"教学流程图说明"。

① 教学目标:知道光的反射现象、理解光的反射定律

(此教学目标在具体教学设计的"教学流程图说明"中不必写,现写在这里仅说明教学活动是根据教学目标进行设计的并与之对应,下同)

——情景Ⅰ:视频1。通过观看视频1,导入新课。

说明:本课学习的基础是光的反射,此环节是为帮助学生巩固已学过的"光

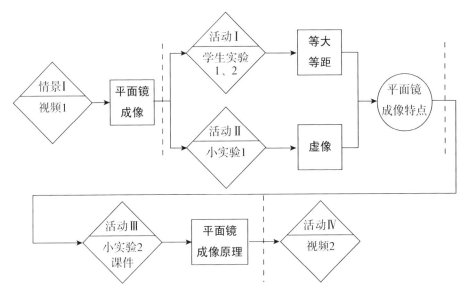

图 2-7 "平面镜成像"课堂教学流程图

的反射"知识以及展开新知识的学习而设计的。

② 教学目标:理解平面镜成像特点

——活动Ⅰ:学生实验。

学生实验1,观察玻璃板所成的像,提出相关猜想。

学生实验2,通过讨论交流,设计实验方案,探究像与物的大小关系、像和物到镜面的距离关系,并归纳出结论。

说明:活动Ⅰ中的两个学生实验,分别为突出教学重点中关于平面镜成像的特点、探究平面镜成像特点的过程这两个环节,体现了两个层次的要求。其中从平面镜到玻璃板是实验的一个重要设计,是本节课的关键。

③ 教学目标:理解虚像

——活动Ⅱ:小实验1。在光屏上找像;通过在光屏上找像,知道虚像概念。

评议:活动Ⅱ是为突破"虚像概念"这个教学难点而设计的。通过观察学生找像的过程,可以判断在教学中是否突破了虚像这个难点。若找像时是透过玻璃板去观察光屏,而不是直接观察光屏,说明只达到了第一层要求(相应目标为知道虚像现象;观察实验现象,感知虚像的含义);若找像时是直接观察光屏,说明学生理解了虚像的形成原理,达到了第二层要求(相应目标为理解虚像的形成);若学生能通过作图解释虚像现象,说明达到了突破这一难点的第三层要求

（相应目标为学会用对称法作图或作光路图解释虚像现象）。

④ 教学目标：理解平面镜成像原理

——活动Ⅲ：小实验2。折纸条和观察课件；通过学生折纸条活动的体验，观察课件的演示，认识平面镜成像原理。

评议：活动Ⅲ是为突破"平面镜成像原理"这个教学难点而设计的。通过观察学生折纸条的过程，可以判断这个教学难点是否突破，从而可知学生对这个难点的学习是否达到第二层要求（相应目标为理解平面镜成像原理）。若不安排小实验2中的折纸条活动而只观察课件的演示以及教师讲授，则学生缺乏体验环节，这时只能判断学生对这个难点的学习是否达到第一层要求（相应目标为知道平面镜成像原理）。若学生能通过作图来解释平面镜成像原理，则可判断学生对这个难点的学习达到了第三层要求（相应目标为理解平面镜成像原理）。

⑤ 教学目标：知道平面镜成像的应用

——活动Ⅳ：视频2。通过观看视频2，并进行讨论交流活动，感受平面镜成像在生活和生产中的应用。

说明：活动Ⅳ是为了落实教学目标（知道平面镜成像的应用）而设计的。由于探究平面镜成像特点的过程需要一定时间，能否在本节课顺利实施这个环节中的讨论交流，可根据课堂教学时间来确定。

2. 教学环节设置说明

本节课分设下列四个主要环节：

第一环节，通过创设情景，引入平面镜成像课题。

第二环节，通过小组活动，提出猜想，并进行实验验证，得出平面镜成像特点。

第三环节，通过在光屏上找像、观察、学生折纸条活动及课件分析，认识平面镜成像原理，知道平面镜成虚像。

第四环节，通过观看视频和讨论交流，感受平面镜的实际应用。

以上关于"平面镜成像"的物理课堂教学设计摘要，显示了经过教学任务分析得到的一些要点，呈现了教学目标、教学重点难点、教学流程图及说明等栏目的基本内容。这些内容是教师认真研究课程标准、研究教材和学生所凝聚的成果，从中可见教师充分尊重、努力落实物理课程标准所确定的有关教学目标和内容,积极体现物理课程注重培养学生探究能力的核心价值,并对如何利用物理学科独特的优势去促进学生发展所进行深入探索。

切实可行的课堂教学设计,是教学取得成功的重要保障。在课程标准和教科书已经完全确定的条件下进行课堂教学设计,教师可将以往的教学实践经验以及已有的教学评价结果融于其中,从而把研究的重点放在分析教学问题和寻找问题解决方法这两个方面,认真做好教学任务分析和教学策略设计。

教学任务分析是为了确定教学目标、教学重点难点;课程标准分析、教材分析、学情分析以及教材与学情联系的分析,是实施因材施教的关键。通过细化课程目标内容进而拟定教学目标、形成"串联"结构,以及针对教学重点难点提出分层要求、形成"并联"结构,都是课堂教学设计的重要内容。在"串联"与"并联"这两个结构中,都有递进关系,前者要求每个学生必须达到,后者要求可视学生的学习实际有差别地达到,但两者都是为了把课程标准有关要求转化为教学目标(或学习目标),也是为了适当安排教学活动并设计对活动的评价。

基于课程标准、注重目标导向的课堂教学设计,是从理念到行为的产物。在这样的课堂教学设计中,必须重视课程标准、课堂教学、教学评价三者之间的一致性,在整体上关注教学内容的处理、教学活动的组织、教学评价的实施,以及教学过程和教学环境的优化。进行课堂教学设计方案的编写时,要认真贯彻基于课程标准、注重目标导向的指导思想,着力把握依据课程标准拟定教学目标、针对教学重点难点提出分层要求、围绕目标任务安排教学活动等操作要点;要积极体现教学目标源于课程标准、教学评价设计先于教学过程设计的重要理念,努力实现教学目标、教学活动、教学评价协调一致,使所提出的课堂教学设计方案成为具有可行性、操作性和实效性的实施方案。

随着课程改革的逐步推进和课堂教学实践的不断深入,我们面临的课程实施任务更加艰巨,课程实施的水平亟待提高。我们要以开展课堂教学设计的研究和实践为抓手,加强学习、反思和总结,促进自己更新观念、增长能力,促进自己的专业发展,不断提升教研、教学水平。

【摘自《课堂教学设计:基于课程标准,注重目标导向》一文,刊载在《上海教育》2015(2)AB】

2-4 "股绳"教学设计模型应用举例

在课程改革与发展的不同阶段,学科教学设计研究会有不同的侧重,认识也在不断地深入。下面以中学物理教学为例,着重讨论基于核心素养的"单元视角下的课堂教学设计"。

例说单元视角下的物理课堂教学设计

课程与教学是实施学科教育的根本,学科教学设计是课程与教学之间的重要环节。在核心素养背景下,开展关于"单元教学设计"的研究,目的是在单元视角下进行课堂教学设计,它是提高课堂教学质量的有效途径。下面以初中物理学科中"光的反射"单元为例,着重讨论基于核心素养的"股绳"教学设计模型的实践应用。

一、教学设计举隅

参照上海市物理学科单元教学设计模板的体例要求,撰写"光的反射"单元教学设计案例如下(部分栏目内容从简)。

"光的反射"单元教学设计

(一) 单元教学任务分析

1. 单元内容分析

本单元教学内容选自上海教育出版社出版的《九年义务教育课本物理八年级第一学期(试用本)》"第二章 光 第一节 光的反射",主要内容有光的反射、平面镜成像等。本单元是在《初中科学》中学习了光源和光的直线传播等知识的基础上,进一步构建光线模型,探究光的反射定律和平面镜成像特点。光的反射定律是一个重要规律,它是平面镜成像的原理,又是下一单元探究光的折射规律的基础。

单元内容结构如图2-8所示。

本单元教学内容与生活紧密联系,镜子、玻璃在日常生活中很常见,许多与镜子、玻璃相关的光现象也非常有趣,例如,白天透过窗玻璃能够清晰地看到窗外的景物,但是到了晚上,却像镜子一样看到屋内的景象。本章的学习将围绕

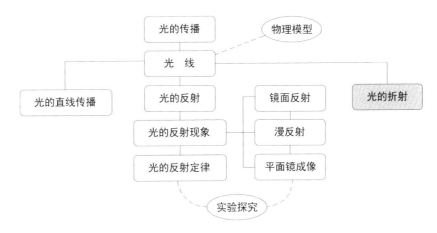

图 2-8　"光的反射"单元内容结构

日常生活中镜子的作用,对光的反射现象进行研究学习,并能够解释相关的光现象。

2. 单元学习价值分析

(1) 单元内容与核心素养

根据课程标准和教材,进行单元内容与核心素养关联分析,形成关联分析结果,如表 2-4 所示。

表 2-4　"光的反射"单元内容与核心素养关联

单元内容	核心素养			
	物理观念	科学思维	科学探究	科学态度与责任
光线	◎	●	○	○
光的反射定律	●	◎	●	◎
平面镜成像的特点	●	○	●	◎

说明:"●"表示高相关,"◎"表示中相关,"○"表示低相关。

(2) 单元学习价值

通过对光束的观察,感受光的传播,构建光线模型,在后续光的学习中,感受物理模型在解决实际问题中的作用。能基于观察和生活经验,提出与光的反射现象、平面镜成像相关的科学探究问题;能提出有依据的猜想与假设,并在教师指导下制订初步的实验方案;能正确使用相关器材获取实验现象和数据,并对现象和数据进行分析,得出光的反射定律和平面镜成像特点;能用光的反射定律和平面镜成像特点解释生活中相关的光现象。

3. 学情分析(略)

(二) 单元核心任务分析

根据单元教学任务分析,确定本单元核心任务,可以从镜子在生活中常见作用入手。镜子在生活中的作用主要分为两类,一是用镜子改变光的传播方向,二是用镜子成像。本单元主要探究镜子的这些作用现象背后的规律,也就是探究光的反射定律和平面镜成像特点,其后能够运用光的反射定律等相关知识解释生活中光的反射现象。由此确定,本单元核心任务是认识镜子在生活中的作用。

(三) 单元教学目标

通过观察生活中镜子的作用,了解光的反射现象;通过探究活动,了解光的反射定律,知道平面镜成像特点,并能用这些知识解释生活中相关的光现象。

通过对光束的观察,感受光的传播,构建光线模型,能在分析、解释光现象中运用光线模型。在解释生活中相关的光现象时,能够引用证据,具有使用科学证据的意识。

能基于使用镜子改变光的传播方向和对镜子中像的观察,提出与光的反射现象、平面镜成像相关的科学探究问题;能提出有依据的猜想与假设,并在教师指导下制订初步的实验方案;能正确使用相关器材获取实验现象和数据,并对现象和数据进行分析,得出光的反射定律和平面镜成像特点。

在探究光的反射定律和探究平面镜成像特点的实验中,初步体会物理学习如同研究一样,是建立在观察和实验基础上的创造性工作。在分析、解释生活中镜子的作用过程中,体会学习的价值和乐趣,逐步养成善于观察、敢于提问、乐于探究、学以致用的学习习惯。

(四) 单元教学结构创建

1. 单元教学结构列表

根据单元教学任务分析、单元核心任务分析与单元教学目标,创建单元教学结构,如表 2-5 所示。

表2-5　"光的反射"单元教学结构

单元核心任务	单元核心任务分解	教学内容	课时安排
认识镜子在生活中的作用	探究镜子改变光的传播方向所遵循的规律	光线,光的反射现象,光的反射定律,镜面反射、漫反射	1
	探究物在镜子中成像的特点	平面镜成像的特点,平面镜成像的原理	1
	分析、解释镜子在生活中的作用	光的反射定律、平面镜成像特点的应用	1

2. 单元重点活动举例

本单元重点活动有"探究光的反射定律"和"探究平面镜成像的特点"等。现以单元重点活动"探究光的反射定律"为例,具体说明重点活动设计如下。

(1) 活动属性

"探究光的反射定律"活动属性,如表2-6所示。

表2-6　"探究光的反射定律"活动属性

活动名称	探究光的反射定律	
活动时空	☑课内　□课外　□课内外	
活动水平	☑是什么　☑为什么　□如何做　□做得如何	
活动目标	通过探究活动,了解光的反射定律	
核心任务	探究镜子改变光的传播方向所遵循的规律	
活动重点	研究反射光线和入射光线的位置关系	
活动难点	法线的引入	
活动资源	实验器材	小型光具盘、小平面镜、橡皮泥、竹签、激光手电、喷水壶、三角板、量角器等
	媒体资料	法线引入的动画,演示PPT等
活动评价	引入法线过程中,学生课堂行为表现	得出光的反射定律内容及顺序中,学生的归纳能力、语言表达能力

(2) 设计思路

活动的基本思路:首先,通过创设情境引出课题,感受光的反射现象;接着通过设问引发讨论,进行猜想,并利用竹签、橡皮泥等器材进行建模;然后通过实验验证猜想,并运用课件演示形象直观地引入法线概念,由学生自主归纳出光的反射定律。

活动要突出的重点:研究反射光线和入射光线的位置关系。需突破的难点是引入法线的必要性;采用的方法,先是通过引入情境感受光的反射现象,其后通过讨论、猜想、建模、验证等过程并运用自制课件,形象直观地引入法线概念、归纳光的反射定律。在实验探究活动中,让学生经历观察、分析、推理等思维过程,以此突出活动的重点;在运用自制课件引入法线的活动中,让学生感受引入法线的必要性,以此突破活动的难点。

(3) 活动过程

① 设计

用激光照射到镜子上,使用水雾显示光路,观察入射光线、反射光线;进行猜想,使用竹签、橡皮泥等进行建模;通过课件直观引入法线,实验验证,归纳出光的反射定律。

② 内容

【观察与猜想】

创设情境:演示"激光打靶",引出反射点、反射面、反射光线和入射光线等概念,并作出"光的反射"光路图,如图2-9所示。

针对情境:"激光打靶"。

设问1:怎样利用一块平面镜使一束激光经平面镜后准确击中"目标"?

学生体验:尝试调整光束方向、平面镜位置等。

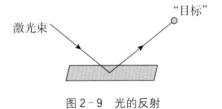

图2-9 光的反射

教师介绍入射光线、反射光线、入射点等概念。

设问2:能否由入射光线、反射面确定反射光线的位置? 即,反射光线和入射光线有怎样的位置关系?

学生观察光路图(见图2-9),进行猜想。提出猜想如:入射光线与反射面的夹角等于反射光线与反射面的夹角;有入射光线,随之有反射光线;过入射点有一根轴把反射光线和入射光线分开;等等。

【验证与归纳】

建模：小组讨论反射光线和入射光线的位置关系，利用竹签、橡皮泥等器材建立光的反射模型：反射光线与反射面的夹角等于入射光线与反射面的夹角。

设问3：模型中两个角度相等，两条光线似乎也在同一平面上，是否确实如此呢？

验证：利用带小门的光具盘，验证反射光线与入射光线在同一平面上。

设问4：反射光线与入射光线在同一平面上，它们在此平面上的什么位置呢？

指出需要引入一条辅助线，称为法线。

播放法线引入的课件，形象直观地说明引入法线的必要性，如图2-10所示。介绍入射角、反射角的概念。

图2-10　法线引入课件

设问5：在确定了反射光线与入射光线在同一平面后，由法线知，反射光线与入射光线分居在法线两侧。怎样唯一地确定反射光线的位置呢？

学生实验：利用小型光具盘等器材，探究反射角和入射角的关系，记录在《物理学习活动卡》上。在这基础上，引导学生自主归纳得出光的反射定律。

3. 单元活动评价示例

单元学习评价包括日常作业评价、单元测试、实验评价、实践性活动评价等。在单元学习过程中及完成单元学习后，建议：

日常作业评价，以学生自我评价为主，评价的依据主要是作业正确率、订正率等情况。

实验评价，如学生实验"探究平面镜成像的特点"，以教师评价为主，其评价依据是学生的实验装置与结果照片、实验数据及分析过程等，评价结果反映在《物理学习活动卡》中。在实验探究时，教师对学生活动中行为、态度等的评价，可以参照单元重点活动中的活动评价。

具体的评价建议从略。

现以单元重点活动"探究光的反射定律"为例，根据上述活动属性表，有如下评价，

评价1：在法线引入的过程中，观察学生的课堂行为表现。就学生是否感受

到引入法线的必要性进行评价。

评价2:按照在空间中确定一条"线"位置的思维顺序进行评价。由三维空间中→一个平面上→平面的一部分→确定的位置,可见在归纳光的反射定律时也应按此顺序,即按顺序:三维空间中→一个平面上(反射光线、入射光线和法线在同一平面内)→平面的一部分(反射光线与入射光线分居法线两侧)→确定的位置(反射角等于入射角)。

针对学生归纳得出光的反射定律内容:(A)光发生反射时,反射光线、入射光线和法线在同一平面内;(B)反射光线与入射光线分居法线两侧;(C)反射角等于入射角;以及其内容表述顺序,于此倾听与评价学生的归纳能力、语言表达能力等。

关于活动评价,制订评价标准如下:归纳光的反射定律时内容不全,得1分;归纳光的反射定律时内容全,但未按照顺序 A→B→C 得出,得2分;归纳光的反射定律时内容全,且按照顺序 A→B→C 得出,得3分。

评价方式可以学生间互评,也可由教师进行评价,提倡学生间的相互评价与教师的评价相结合。

说明:鉴于八年级学生的年龄,以及他们对相等量的记忆深刻、对思维的逻辑顺序少思考与训练等特点,一般学生归纳得出光的反射定律时,第一条大部分会得出反射角等于入射角。可见此时的评价,正好是暴露学生思维弱点、训练学生思维能力的着力点。

4. 单元特色作业举例

本单元学习内容涉及光的反射、平面镜成像等,学生主要学习简单的光现象和定性规律。

关于本单元作业的组织和安排,平时作业以《物理学习活动卡》和《物理练习部分》为主,可针对课堂教学活动,适当补充一些与活动相结合的特色作业。比如,在完成单元重点活动"光的反射定律"后,布置这样的作业:某同学用竹签若干、橡皮泥等器材,研究反射光线和入射光线的位置关系。拟用竹签 A、B 分别表示入射光线、反射光线,橡皮泥表示反射面。实验时,他先把竹签 A 斜插入橡皮泥,再把竹签 B 插入橡皮泥,如何证明竹签 B 插入的位置是正确的? 又如,还可根据学生实际,针对教材内容显示的"光的反射在生产、生活中的应用广泛"的特点,适当安排学生参与实践性活动。

完成单元学习后的作业,应注重学生加深理解知识、熟练掌握技能、进一步发展能力。要注意作业的结构、类型、题量等,关注让学生讨论交流的作业,研究指向核心素养落实的作业等;作业布置应求精勿滥。

(五) 课堂教学设计举例

1. 教学任务分析(略)

2. 教学目标

(1) 经历"激光打靶"体验活动,运用光线模型,形成入射点、反射面、入射光线和反射光线等概念,引入光的反射现象,激发学习兴趣,同时感受物理学与生活的密切联系。

(2) 通过研究反射光线和入射光线的位置关系,体会法线的作用,感受建模的思想;在探究过程中,感受"观察、猜想、验证和归纳"的科学探究方法;通过分析实验现象和数据,归纳得出光的反射定律;体验探究的乐趣。

(3) 通过将手电筒光照射镜子的正反两面进行比较,并运用光的反射定律作图分析的过程,能够解释生活中的镜面反射和漫反射现象;感受学习的价值。

3. 教学重点和难点

(1) 重点:研究反射光线和入射光线的位置关系。

(2) 难点:法线的引入。

4. 教学资源(略)

5. 教学设计思路(略)

6. 教学流程

(1) 教学流程图

本节课的教学流程图如图 2‐11 所示:

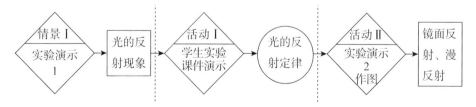

图 2‐11 "光的反射"课堂教学流程图

(2) 教学流程图说明

① 情境:实验演示 1("激光打靶"),通过实验演示的过程,体验光的反射,

引入光的反射现象。

② 活动Ⅰ:学生实验(学生使用橡皮泥、竹签等进行建模);课件演示(引入法线),通过观察、猜想、验证、归纳等探究过程,得出光的反射定律。

③ 活动Ⅱ:实验演示2(手电筒光照射镜子的正反两面);作图,利用光的反射定律作图,引入镜面反射、漫反射等。

7. 教学过程

(1) 创设情境,体验交流

情境:实验演示1("激光打靶")。

设问1:怎样利用一块平面镜使一束激光经平面镜后准确击中"目标"?

学生体验:将激光照射到镜面上,尝试调整光束方向、平面镜位置,经历使反射光照到指定区域的操作过程;进行讨论交流,形成入射点、反射面、反射光线和入射光线等概念,引入光的反射现象。运用光线模型,作出光路图(见图2-9)。

(2) 实验探究,得出规律

针对情境:"激光打靶"。

设问2:能否由入射光线和反射面确定反射光线的位置? 即,反射光线和入射光线有怎样的位置关系?

活动Ⅰ:学生实验(学生观察如图2-9所示的光路图,猜想反射光线和入射光线的位置关系,使用橡皮泥、竹签等进行建模);通过课件直观引入法线,实验探究反射角与入射角的大小关系,归纳得出光的反射定律。

评价2-1:引入法线的必要性。

评价2-2:得出光的反射定律完整性、顺序性。

(3) 实际应用,解决问题

活动Ⅱ:实验演示2(手电筒光照射镜子的正反两面);作图(针对平行光线分别射到平面镜或粗糙平面上的光路图,学生运用光的反射定律分别画出反射光线)。

设问3:比较所画出的光路图,两者有何差异?

针对画出的光路图,通过分析,引入镜面反射、漫反射等。

二、教学设计注释

在上述实践案例中,运用"股绳"教学设计模型进行课堂教学设计的基础是单元教学设计，如上述"光的反射"课堂教学设计中有关活动设计基础是单元重点活动"探究光的反射定律"。单元教学设计与课堂教学设计之间是"线"与"点"的关系，布"线"创"点"是单元视角下的课堂教学设计的基本策略。

所谓布"线"，是指编制学习价值分析中的单元内容与核心素养的关联分析表、单元教学结构创建中的教学结构列表等。单元内容与核心素养的关联分析表，是"以核心素养为价值导向"的体现。本案例中的关联分析表，传递到教学结构列表中的单元核心任务是"认识镜子在生活中的作用"；而单元核心任务又统领各个子任务，子任务再统领课时各个活动，如子任务"探究镜子改变光的传播方向所遵循的规律"统领光的反射中各个活动，这是一条落实核心素养的路径"线"。在明确任务的基础上，可制订单元教学目标，进而确定课时教学目标，让课时目标与单元教学目标之间体现"点"在"线"上、"点"中见"线"的关系。

所谓创"点"，就是根据"股绳"教学设计模型，创课堂教学设计。课堂教学设计中，设置了教学任务分析、教学目标、教学重点难点、教学资源、教学设计思路、教学流程、教学过程等栏目。其中，教学任务分析与教学目标指向"教什么"，教学任务分析是制订教学目标的依据，教学目标是教学任务分析结果的目标化；教学设计思路与教学流程指向"怎么教"，教学设计思路概括叙述"怎样教"，教学流程具体说明"怎样教"。

教学流程是教学设计思路的一种简约的表达形式。教学流程包含知识、活动等要素，在教学目标明确指向下，具体教学流程按照内容和方法两个维度展开，并通过合理联结这两个维度，建立起课堂教学结构。

教学流程由教学流程图与教学流程图说明构成。在如图 2-11 所示的教学流程图中，有三个特殊符号，根据"第二章　日常教研导引　第二节　课堂教学设计"中的内容可知，特殊符号"◇"表示情境、活动，"○"表示重要物理现象、概念、规律，"□"表示次要物理现象、概念、规律。教学流程图上的虚线，用于显示教学环节的分割等。

简而言之，教学流程图着重于体现内容维度、简明呈现教学环节，以及简捷传送教学程序的信息；教学流程图说明则主要体现内容和方法两个维度，并对教学流程图中的有关活动作具体说明，联结知识与活动，如流程图中的实验演示 1 到流程图说明中的实验演示 1（"激光打靶"）等。

教学流程也是教学过程的简约展现。教学过程包含知识、活动、情境、问题、任务、评价等要素,教学过程设计包括问题、活动、评价、作业、资源等的设计。

参看上述"光的反射"单元教学设计案例,现对如何根据"股绳"教学设计模型和运用课堂教学设计工具,具体编撰教学流程图及说明、教学过程等,就其操作实施进行简要解说如下:

首先,在单元核心任务(案例中"认识镜子在生活中的作用")及子任务(案例中"探究镜子改变光的传播方向所遵循的规律")指引下,明确教学环节,进行课堂教学设计工具(见图2-5)的解析并填表,完成"教学设计解析表"(如表2-7所示)。解析表的内容要求,重在呈现有关"股绳"的构成(如在表2-7中含知识线、活动线、问题线、评价线及所成教学线)。

其次,运用教学设计解析表中的有关内容(如表2-7中知识线、活动线的内容),画出教学流程图,撰写教学流程图说明,进而完成教学流程撰写(如案例中的"(五)课堂教学设计举例/6.教学流程")。

最后,运用教学设计解析表中的有关内容(如表2-7中知识线、活动线、问题线、评价线的内容),根据"股绳"教学设计模型,完成教学过程撰写(如案例中的"(五)课堂教学设计举例/7.教学过程")。

表2-7 "光的反射"课堂教学设计解析表

```
┌─────────────────────────────────┐
│          单元核心任务:           │
│      认识镜子在生活中的作用        │
└─────────────────────────────────┘
                 │
                 ▼
┌─────────────────────────────────┐
│            子任务:               │
│  探究镜子改变光的传播方向所遵循的规律 │
└─────────────────────────────────┘
```

教学线	问题线	活动线	知识线	评价线
环节1: 创设情境,体验交流	问题1: 怎样利用一块平面镜使一束激光经平面镜后准确击中"目标"?	活动1: 实验演示1("激光打靶")	知识1: 光的反射现象	

（续表）

教学线	问题线	活动线	知识线	评价线
环节2：实验探究，得出规律	问题2：能否由入射光线和反射面确定反射光线的位置？即，反射光线和入射光线有怎样的位置关系？	活动2：学生实验（使用橡皮泥、竹签等进行建模）；课件演示（引入法线），探究反射角与入射角的大小关系。	知识2：光的反射定律	评价2：① 引入法线的必要性。② 得出光的反射定律的完整性、顺序性。
环节3：实际应用，解决问题	问题3：比较画出的光路图，两者有何差异？	活动3：实验演示2（手电筒光照射镜子的正反两面）；作图（运用光的反射定律，分别画出反射光线）	知识3：镜面反射、漫反射	

综上所述，"化合反应"课堂模型呈现出素养导向下的课堂样态，它是创建"股绳"教学设计模型及课堂教学设计工具的思考依据，是推动素养导向的课堂教学扎实、有序开展的实践依据。而"股绳"教学设计模型，是推进单元视角下课堂教学设计的编写指南；课堂教学设计工具，则是推展单元视角下课堂教学设计的技术助手。"化合反应"课堂模型与"股绳"教学设计模型，可合称为"课堂与教学设计模型"。

在落实核心素养的路径上，包含了目标的明确定位和活动的落实到位，且目标导向活动，让理念往下走，教学实践往前走。要进一步加强单元视角下课堂教学设计的研究，积极促进教学方式的改革，不断提高课堂教学质量。

【摘自《指向核心素养培育的课堂与教学设计模型探讨》一文，刊载在《上海课程教学研究》2023年第9期】

第三章 教研活动组织

装瓶程序实验的设计

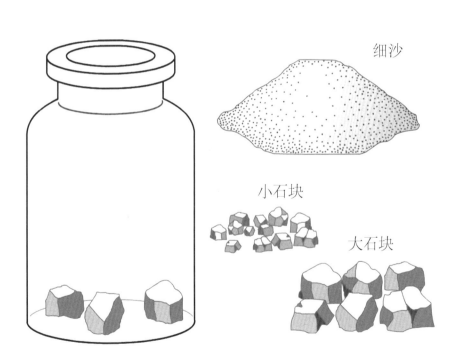

细沙

小石块

大石块

有一个广口瓶，它的形状、容积一定，现要将一些石块、细沙放入瓶中。可先在瓶中放大石块，放不下时再放小石块，又放不下时还可以放一些细沙，一直到装满瓶子为止。如果将上述放物体的顺序反过来，仍然是这些东西，但先放细沙、小石块，最后放大石块，那么前面放得下的那些大石块此时肯定无法全部放入。

这个实验启示我们，如同瓶的容积一定那样，在某一阶段实施的学科教学及教研工作，其目标总是有限的，工作方案设计的合理性对于目标的实现有直接影响。因此，在课堂教学、学科教研工作中，要有先放好大石块的意识，抓住主要任务，用心组织实施，重视流程设计，注意细节。

在教研活动组织与实施中，主题教研活动就是应该放好的"大石块"，也是落实教研转型的"特别需要"。这是因为主题教研活动扬教研活动之长，如重视活动的设计，注重目标建构、问题导向等；同时设计使用工具，如运用"点线面体"的教研活动结构模型，设计和指导教研活动有效开展，又如活动前用告知表、活动中用观察表、活动后用反馈表（评估表），还有借助信息技术改进教研活动的形式等。因此，主题教研活动的开展，有利于加强教研活动系统设计、拓展教研活动时空，而且更加强调引导广大教师积极主动参与、大力改善教研活动过程中的互动交流环节、重视档案积累、凸显实证教研等，这对于促进教研转型具有特别重要的意义。要深刻认识主题教研活动的特定要求，做好主题教研活动的策划工作，将主题教研活动的组织、实施以及效果评估等各项任务落到实处。

第一节 教研活动源头

教研活动源头即活动的根源或本质,是教研活动存在和发展的基础,具有相对稳定的特点。

一、始于教学问题

教研活动是发现问题、解决问题的过程,问题来自于教学实践。问题的发现,通常运用观察、访谈、问卷等实证方法;这些问题是教师关切的、真实存在的问题,是教学的倾向性、共性问题,影响到教学质量的提升。从发现问题到提出问题,又从把握问题到确定教研主题,必须进行务实的调查分析,进行深入的研究和精准的判断,其过程就是教研活动。

把握问题并确定教研主题,是解决问题的起点。在主题引导下,有序开展若干系列教研活动,运用团队智慧协同解决问题、提出改进建议,提升教学实效,全面落实教学目标。这个解决问题的过程,是接续此前提出问题所进行的教研活动。

如上所述,教研始于教学问题。

二、致于教学经验

除了有"解决问题"的功能,教研还有"总结经验"的功能。

基层学校、教师通过教育教学实践,形成一些对提升教学质量行之有效的做法,即学校、教师在创造优秀教学经验。然而,这些经验一般都具有个性化特点。

针对此特点,就要发挥教研的作用,通过系统总结经验的活动,并进行一般化及理论升华,让经验形成"普适性"的规范。这样"去个性化"的目的,是提高点上经验的普适性和操作性,再通过传播和辐射,有效应用到面上教学实践,大面积提升教学质量。通过教研来总结经验的过程,是致力发挥教研功能的体现。

这就是说，教研致于教学经验。

三、根于教研方法

教学问题的解决，或者教学经验的总结，主要是为了改变教学现状，提升教学质量。而解决问题与总结经验的过程，都离不开教研方法的运用。面上问题与点上经验，是"明"的教研之源，是明线；解决问题与总结经验中的方法，则是"暗"的教研之源，是暗线。

教研活动是在主题引导、教研工具支持下开展的。教研工具是教研方法的具体化和实现形式，教研方法是教研工具的内在依据；教研工具呈现为一个预设结构，是教师与教研活动相连接的媒介体。在教研活动中，虽然教研工具所起的作用往往是间接的，但它是扎实、有序地开展教研活动的关键，促进了教师与教研活动间的同频共振。

因此可以说，教研根于教研方法。

由此可见，教研的源头就是问题、经验、方法等。从源头涌出的三股活水在教研活动中激荡，让教研活动充满活力，更有价值。

第二节　教研活动立意

一般所说的教研活动，是指针对课程实施和学科教学的特定需要而进行的群体性研究活动。组织开展教研活动，应贯穿于教研工作的各个方面。

一、教研活动的意义

为履行对课程、教学、评价等进行研究、指导与服务的职能，教研室必须形成高效运行的工作机制、打造大有可为的广阔平台，因此必须有计划地组织和开展教研活动。

1. 开展教研活动是教研工作的一种重要方式

开展课程、教材、教学、评价的研究，需要广大教师的积极参与，并同教研员一起组成团结互助的合作共同体；同时，围绕为教师进行课程实践、专业研修提供指导和服务的任务，需要有一种行之有效的活动形式。由教研员和教师共同组织实施的教研活动，包括教研员与教师一起围绕课程与教学开展学习、研究和实践的活动，也包括教研员对教师遂行指导、服务职责的活动，以及教师之间相互切磋、相互帮助的活动。因此，开展教研活动是教研工作的一种重要方式。

2. 组织和引导教师开展教研活动，是学校的基础性常规工作

中小学是开展教育教学活动的基层单位，是实施课程与教学的基点。基础教育改革的阵地在学校，取得优质育人成效的关键是教师。因此，关于课程、教材、教学、评价的研究，应以校为本、以广大教师为主体；组织和引导教师开展教研活动，应成为学校的基础性常规工作。教研活动关注的重点，就是加强课程实施能力的建设。要引导教师认清课程改革和发展的方向、正确对待课程实践中遇到的问题，积极投身课程改革、立足课堂实践，群策群力推动改革、及时解决问题，促使学校的课程领导力和教师的课程执行力不断得到提高。

3. 教研活动为教学工作提供理论依据，促进教学水平提高

教研活动是在一定的教育理论指导下进行实践研究的活动，它一方面通过实践直接验证有关教育理论的正确性，另一方面又在实践中进一步提炼经验、充实理论。组织和开展教研活动，展现了理论与实践的密切联系和相互作用，架起了联结理论与实践的桥梁，开辟了从理论到实践的应用途径和从实践到理论的上升通道。面向课堂、针对问题的教研活动，更有利于促进教育教学理论的发展，丰富教学理论的建设，推动学校教育教学水平的提高。

二、教研活动的要求

教研员承担的职责任务，决定了教研员有多重身份。教研员是课程与教学的研究者和实践者，是教师专业发展的引领者和指导者，是教学经验的发现者和传播者，是教学研究的组织者和示范者。教研员实施教研活动，反映了教研员立足于课程与教学的研究和实践，重视对教师专业发展的引领和指导，关注教学经验的发现和传播。组织和开展教研活动，正是教研员多重身份的集中体现，是教研员最重要的本职工作。

对于教研活动的组织，应提出明确具体的要求。

1. 教研活动的谋划，必须针对问题、注重研讨，立足发展、讲究实效

在学科课程与教学的实施过程中，教师通常也有三重身份，其一是基于课程标准的教学实践者；其二是基于问题的教学研究者；其三是基于课堂的教学管理者。教研活动是教师群体围绕课程与教学的实施而开展研究的一种方式，解决来自课程和教学实践的问题是教师的现实需求，提高教师的专业素养是教师的发展需求。因此，组织教研活动就要从教师的需求着眼提出研讨话题，要以促进教师发展为主旨进行活动过程设计，突出"重研讨、讲实效"的要求。

为使教研活动加强针对性、提高实效性，教研员要将工作重心下移到基层，通过深入了解课程与教学实施的现实情况，了解课程发展和教师发展的现实需求，确定教研活动的主要目标任务；通过日常工作中对学科发展倾向性问题的思索，对教学实施代表性经验的积累，拟定教研活动的主题和方式；通过精心组织研讨、合理安排进程，推动教研活动深入发展和有效实施。

2. 教研活动的推进，强调指点迷津、引发思考，引人入胜、画龙点睛

课程与教学的实施过程，是教研员与教师共同学习、研究的过程，也是在现实背景下进行实践、创造的过程。这一过程中充满了探索、伴随着创新，教研活动为教师凝聚共识、交流成果和呈现精彩，提供了极好的机会。

开展教研活动的重要任务，就是为教师实施课程和教学进行导向引路、释疑解难，促进教师合理思维、深化认识，促使教师的教学素养和研究能力不断提高。因此，在推进教研活动的过程中，要强调指点迷津、引发思考，体现引人入胜、画龙点睛。也就是说，要针对教师面临的问题和存在的困惑，提出思考方向和认识途径，应注重引导而不宜强牵拽行、重视引人入胜而不代替观赏，当然也无须面面俱到。

3. 教研活动的展示，应体现研究性、层次性以及典型性和示范性

教研活动的实施，有提高思想认识、凝聚团队力量的积极作用，有解决疑难问题、引导共同发展的现实意义。广大教师参与教研活动，就是共同学习、相互交流、集中培训，因此必须高度重视教研活动的质量和效益，显示教研活动应有的研究性、层次性以及典型性和示范性。

教研活动的研究性主要是指活动本身有课题研究的背景，其研究方法有教

育科研的特征，活动过程符合研究工作的规范；层次性主要是指活动实施的环节安排合理、推进有序，活动对于教研工作整体发展的承前启后，对于有关问题解决的逐步深化，对于不同教师的发展需求等有其适应性表现；典型性和示范性主要强调教研活动的价值，不仅要圆满实现目标，而且要提供有益经验，发挥引领、示范的作用。

三、教研活动的质量

组织开展教研活动，现实的任务是深入学习和实践课程理念，研究和解决课程实施中遇到的问题，总结和推广先进经验，有效落实教学基本环节，提高课程实施的水平。而教研活动的根本目的，在于促进教师更新教育观念，提高教学素养，增强研究能力、评判能力和自主发展能力，从而推动教师专业发展，提升课程执行力和教育教学质量。

教研活动的质量，主要体现在内容简洁、品质好、参与度高等方面。要改进研究策略，改善研究方法，着力抓住主要问题、抓好基础性研究。要努力做到：问题导向，聚焦热点难点问题；目标建构，明确实践方向；持续实践，从点到面层层推进；精细管理，积累研究过程档案；评价伴随，建立目标、过程、结果之间的关联；经验分享，重视成果提炼、交流、展示、辐射。要把握教研工作的特点，发挥立足实践的教研优势，关注教研活动对于改进教学的作用，凸显教研活动的实证意义。

推动教研组建设，是教研活动高质量的应有之义。学校教研组是组织教师开展业务学习、课程实践和教学研究的基地。教研组建设的首要任务，就是抓学习、提高教师专业素养，抓研究、提高教研水平，抓积累、充实教学资料。由此可见，教研组建设植根在教研组的学习活动和教学研究之中。学习活动要有主题，而主题来自对课程实践和教学问题的思考；教学研究要有专题，而专题来自改善学科教学和推动教师发展的需求。因此，要努力提高教研活动的质量，大力促进教研组的建设。

对于教研组建设的成效实施评价时，可将学校教研活动的质量作为基本依据。为此，可从以下三个方面进行考察：一是现场活动，着重观察进行中的教研活动主题、过程及讨论发言等；二是档案积累，着重观察教研组活动记录、教研工作小结以及研究课教案等；三是教研计划品质，整体观察教研组工作计划中提出的教研目标、常规安排和团队建设要求，进一步分析教研计划的品质，包括教研任务的清晰性、主题研究的针对性，以及活动设计的合理性、教研团队的有效性等。上述三方面的表现具有递进性、互补性和一致性的特征，教研组建设要注重品质、把握关键、建立关联，尤其要关注现场活动的水平。教研组建设还要重视培育良好风气、提升师资水平、形成坚强团队等方面的要求，这些要求具有夯实基础、促进学校发展的深远意义。

第三节　教研活动策划

教研活动涉及教师和教研员总体工作的方方面面，内容广泛、丰富多彩；教研活动的组织，可分为学校、校际、区（县）、市级等不同层级；常见的活动类型，包括研讨、展示、培训、讲座、评选等多种活动，活动展开的方式多种多样。

教研活动策划是在开展教研活动之前进行的，策划工作着重于对将要实施的教研活动提出总体的构想和规划。教研活动的有效性，直接体现在活动本身对引发教师深入思考和帮助教师解决教学实际问题所产生的积极作用，以及对教师改善教学行为和提高课程实施能力所发挥的促进作用。

一、教研活动的常见类型

从教研活动的策划工作要求来看，教研活动的常见类型有常设教研活动、主题教研活动、案例教研活动、网络教研活动等。

1. 常设教研活动

常设教研活动是指例行安排或适时组织的教学研讨活动。有关活动的开展，应强调针对问题、有的放矢、落实要求。

通常，教研员召开教研工作会议、汇报教研工作进展，都是例行的教研活动；而在基层学校与教师共同研讨课程实施和教学实践中遇到的问题，可以说是适时组织的教研活动。

常设教研活动有引领类、规范类、提升类等多种类别。例如，研讨会议属于引领类教研活动，主要任务是研究工作、讨论问题、凝聚共识；工作会议属于规范类教研活动,主要任务是布置工作、明确要求、规范行动;培训会议属于提升类教研活动,主要任务是统一认识、深化理解、提高素养。

听课评课活动和教材教法分析,可以说是常设教研活动中常见的两种方式,它们与课堂教学联系紧密。若将听课评课活动与教材教法分析两者进行比较,听课评课活动更受教师的欢迎,这是因为它面对真实的课堂,实现了课程资源的分享。但听课评课活动通常是碎片化的,而教材教法分析具有系统性。

在教研转型的今天,应看到听课评课活动与教材教法分析各自的优势,可把两者恰当地组合或融合,从而将各自的优势发挥出来。例如,我们可以这样实施相应的教研活动:在活动前,按照拟定活动主题、确定研究课的课题、备课、试讲的顺序进行准备;在活动中,可以进行组织听课、微讲座、说课、议课、专家点评等活动;在活动后,撰写教研活动案例或教学案例。实施过程中的微讲座,其内容是从单元(或章)教材的视角选取,根据所要上的这节研究课的教材,把有关内容融合在本节所在单元或章的教材中,进行教材分析、教法分析和学法分析;关于说课的实施,是在完成了那节研究课的教学之后,由执教老师进行反思性说课;说课后,再让参加教研活动的教师进行议课。这样的教研活动进程,体现了听课评课活动与教材教法分析的有机结合,参与者通过观察课堂教学活动、听执教老师说课,结合微讲座,在议课的基础上对研究课进行评议,不仅深化了认识的程度,而且提升了研讨的层次。

2. 主题教研活动

主题教研活动是指围绕确定的主题展开研讨的教研活动。基于对教研活动目的任务和主题教研活动特定要求的基本认识,可将主题教研活动的主要特征概述为如下"五有"。

(1) 有针对现实需求的鲜明主题

教研活动有明确的主题,且所选主题的针对性要强,反映学科建设、课程实施、教师发展的需求。围绕活动主题而提出进行讨论的问题,是课程实施中普遍关注且亟待解决的问题,研讨的内容贴近课堂教学和教师履职的实际需要。

(2) 有具体明确的预设目标

教研活动预设有明确的目标,预设的目标符合实际、具体可测,对于课程发展和教师发展具有积极的引领意义;关于活动目标的达成,可依据有正确导向性和操作性的测评意见进行评判。

(3) 有全体人员的深度参与

教研活动中展现的内容和讨论的话题对参与者很有吸引力,为他们设置了值得思考或行动的参与点,提供了相互对话和交流的机会。活动过程的展开,既有预设的轨道,又有调节的余地。主持者按计划有序组织活动,并可从实际出发适当调控进程;参与者全身心投入,认真思考,积极贡献智慧;主持者和参与者共同推动教研活动全面实施,努力实现活动的预期目标,同时呈现超预设的生成。

(4) 有理论与实践相结合的充分研讨

在教研活动逐步展开的过程中,所提供的研讨材料、实例等比较丰富,具有典型性、启发性、多样性;开展对话、交流等活动比较充分,各种见解的阐释以及不同观点的交锋都能得到展示。

(5) 有促进学科发展和引导教师发展的积极成果

教研活动不仅要完成预定的计划,而且还要形成积极的成果。在活动过程中,各个环节基本落实,生成资源受到重视;评述活动时,相应的点评要清晰、准确,初步的总结要比较扎实,而且还要指出有关问题研讨的进展和趋向,提出跟进行动的策略和要求。参与者通过参加研讨活动,对主题内容的理解有一定深度、对有关问题的解决胸有成竹,感受到理论与实践相结合的适切指导、获得了深化思考和改善行为的有益启示;同时,对推进课程实施和改进教学开阔了思路、增强了信心,明确了进一步努力的方向。

主题教研活动缘起于"问题"。这些相关的问题,应是教师自己的问题、共性的问题、倾向性的问题,也是教学中急需解决的问题。策划主题教研活动的工作过程,是不断学习、认真思考、深入研究的过程。主题教研活动的策划,总体要求是:诠释主题、明晰路径、预估成效。

开展主题教研活动的过程,一般包括策划、实施、反思等阶段。针对同一主题,可以开展一次教研活动,也可以在一段时间内(如一学期或一学年等)持续开展多次教研活动。需要指出,持续多次活动的组织可视实际情况,采用一次策划、多次实施及反思的做法。在具体实施主题教研活动时,活动的内容要紧扣主题,可以是教材教法分析、课题或者项目研究成果的运用、各种评选活动资源的整合、各种教学经验的总结等。活动的方式有多种形式,可以是听课、说课、评课、专题讲座或学术报告、问题讨论等。活动的内容与方式可以根据主题教研活动的需要,适当地进行选取组合。

在市、区和学校开展的教研活动中,以听课评课为载体进行的主题教研活动,是常见的方式。这类主题教研活动的基本流程如下。

一是**确定主题,明确任务**。首先,根据教研计划,制订活动的方案,确定活动的主题,如主题是持续的,则本次活动再次确认并明确活动的目标、内容和流程等。其次,明确参与人员的分工及合作的任务。比如,可以把参与人员分成两组,一组围绕主题,确定研究课的课题,进行课堂教学设计、试讲及研讨等;另一组根据主题的内涵要求和研究课的目标任务等,确立课堂观察点,设计课堂观察工具、活动质量评估工具等。

二是**课堂实践,讨论交流**。先听研究课,然后针对课堂教学仍分两组进行研讨活动。一组围绕主题针对课堂教学设计、组织、实施等进行讨论,形成共识。另一组基于所填写的课堂教学观察工具进行讨论,达成共识。最后两组进行交流,进一步理解主题内容等。若本主题将持续开展,则明确后续主题教研的方向。

三是**整理反思,积累档案**。在充分研讨的基础上,参与人员要对主题、策划以及实施的全过程,及时进行整理与反思,完成有关主题教研活动质量评估工具的填写及小结。同时,通过信息化手段,积累教研活动各阶段的档案资料,让教研活动的过程可视、目标可测,进而促进主题教研活动规律的探索,推动主题教研活动的进一步规范和发展,进一步提升教研活动的质量,实现教研活动的根本转型。

3. 案例教研活动

案例教研活动是指以真实案例为载体展开研讨的教研活动。在活动过程中,通过提供鲜活的案例,让参与者积极、主动地对案例进行分析和讨论,逐步形成共识。案例教研活动的实施,要体现下列主要特征:有明确的研讨目的,有丰富的案例材料,有精心准备的系列发言,有不同观点的正面交锋,有求真务实的交流总结。

案例教研活动是以具体的案例性事例为载体进行组织和实施,因此其真实性特别强。在教研活动过程中,参与者直接面对如现场展示的公开课、事先准备的录像课或教学片段等第一手的原始材料,大家共同担负着分析、研究的责任,因而都要积极投入、贡献智慧。案例教研活动要求参与者围绕研讨的主题,联系真实的事例,进行思考、判断,形成个人见解;要求相互展开对话、交流以及观点碰撞,逐步深化认识、凝聚共识;要求共同进行总结、反馈,依据活动的目标要求进行评价,提出进一步努力的方向。这样的活动过程,有利于参与者融入现场、充分研讨,增长直面教育教学实践的本领;可为参与者加强理论学习和实践反思、形成分析和研究问题的能力、获取和内化教研的成果等,创造有利条件,对于参与者提高教学素养、实现自我发展,有很大的促进作用。

案例教研活动的策划,总体要求是:案例真实、引人深思。策划工作过程中关注的重点是:提供案例材料,组织分析讨论,安排讲评活动,形成基本共识。我们要深刻认识案例教研活动的价值,把握案例教研活动策划工作的要求,进一步提高活动实施的功效。

作为案例教研活动载体的案例是多种多样的,常用案例有现场实施的公开课、真实课堂的录像课、针对教学问题的摘编材料、针对教学专题的音像资料等。

以"课例"为载体的案例教研活动,通常是先组织观摩公开课教学,然后进行评课和研讨,这是一种常见的教研活动方式。

实施案例教研活动,不仅要强调案例的丰富性,还要重视案例的典型性。必须进一步强调,案例教研活动的目标定位要朴实,而且立意要高一些,以体现发展性;研讨交流要充分,且总结提炼要到位,以增强实效性;活动前的准备要认真,且活动后的建议要跟进,以扩大后续效应;参与活动的教师要发挥主体性、贡献智慧,且教研员更要以身作则和发挥引领、指导作用,以促进共同发展。

4. 网络教研活动

网络教研活动是指依托互联网展开教学研讨活动。实施网络教研活动,要体现下列主要特征:有共同关注的话题,有资源丰富的平台,有积极有效的引导,有实事求是的整理。

网络教研活动的策划,总体要求是:明确话题、展示平台、引起共鸣。策划工作过程中关注的重点是:提出中心议题,提供丰富资源,制订引导策略,明确评价要点。

通常借助互联网,实现现场教研活动与网络教研活动相结合。在日常生活中,O2O电子商务模式的应用非常广泛,使用时常涉及线上与线下,其特点是线上交易、线下消费、效果可测。O2O的概念给予教研活动有益的启示,可借用O2O的形式来实施教研活动,即先在教研网络平台上公布教研活动主题,引起教师、教研员讨论,展开"线上"交流;然后收集、筛选、分析"线上"讨论的内容,进一步确定现场主题教研活动的目标、内容、流程、参加人数等,并实施教研活动,形成"线下"深入;再把现场主题教研活动的资源放在网络平台,引导现场参与者进行反思、评价,让那些没有参与现场教研而有意参与网络教研的人员进行评价,扩展"线上"成效。

网络教研活动的开展,需要网络平台的支撑。要加强网络教研平台的建设,强化网络平台的使用,拓展教研时空、改善活动方式,促进广大教师的深度参与。

【关于教研活动的组织可参考"链接"中 3 - 1(第 155 页)】

二、主题教研活动的策划

主题教研活动是校本教研的一种基本方式,也是其他层级教研活动的常用方式,因此,很有必要对主题教研活动的策划进行深入探讨。无论何种类型教研活动的策划,都必须明确回答下列基本问题:这次活动"做什么""怎样做""期望效果有哪些""如何评估"等。而教研活动的组织策划水平,在很大程度上影响着活动的质量与效益,也影响着活动的持续开展。只有对教研活动进行了周全的策划和准备,才有可能达到预期的效果。

1. 主题教研活动策划的工作主线

关于主题教研活动的策划,首先是针对问题,在一定的教育理论和理念指导下选择合适的主题;然后,确定教研活动的目标、内容,明晰教研活动的流程及实施策略,制订评估措施;最后,还要形成教研活动的设计方案。

主题教研活动策划工作的主线,可以简述为"问题—主题—目标(任务)—内容—实施路径和策略—有效性预期及评估"。在这条工作主线中,"主题"可使研讨活动更加聚焦,"目标"应细化为具体的活动任务以及完成时限;"主题"对"内容"有规范意义,"内容"对"主题"有支撑作用。由工作主线所展示的整个流程,着重反映教研活动主题的传递方向、路径、策略及其持续时间,反映活动的进程、活动各环节及其衔接。另外,还要关注活动全过程的协调、控制等因素。

2. 主题教研活动策划的工作要点

教研活动的"主题"是一种假设,而活动实施的过程则是一个验证过程。教研活动是否达到了预期的效果,需要有明确的评价标准,或称它为"活动标准"。有关活动标准的制订,一般可通过设计应用工具来实现。

工具的主要作用是为引导、指导教师参与教研活动服务,也为后续教研活动的改进服务。工具是展现主题教研活动的一个载体,是评价活动环节有效性的标准。活动参与者可使用有关工具考察事实,并建立事实与观点之间的联系,从而使事实成为证据;参与者通过搜集证据并基于证据作出判断、提炼观点,进而形成结论。工具的使用,可促使教研活动的策划和实施之间紧密联系、相互协调,形成"研究假设→设计工具→收集证据→分析证据→形成解释→调整假设"的逻辑关联。

在主题教研活动策划的全过程中,要深切关注下列问题:(1)有什么? 包括现状、问题与资源等;(2)要什么? 主要指具体目标;(3)如何实现? 主要指路径和策略;(4)怎样判断实现与否? 即明确评估效果的方法。问答这些问题,可以促使我们从所想过渡到做并力求做成,从而处理好策划与计划的关系。

在策划工作中,还要对所设活动流程和基本环节的有效性进行预估,对活动实施的成效作出预测,深入分析本次活动究竟能给教师带来什么,通过不断追问以及预估有关设计的有效性,及时发现活动方案中的欠缺并进行修改,使设计方案更加完善、活动更加有效。

3. 主题教研活动的资源分析

为保障教研活动顺利开展,要有一定的资源支持,包括人力资源、物质资源、信息资源等。在主题教研活动策划工作中,有必要广泛寻找那些与教研主题相关的资源,并与之建立联系,以争取多方面的专业支持。因此,在策划教研活动时,一定要进行资源分析。如:本次活动的开展需要哪些资源支持,其中有哪些资源已具备、哪些资源暂不具备、哪些资源可借用、如何筹措资源等。策划中可将有关学校、教研部门、高等学校等方面的相关资源,都纳入教研活动的专业支持资源的视野。高质量资源的支持,能提升教研活动的品质,而寻求优质资源的支持,体现了教研活动策划的智慧。

4. 主题教研活动策划的一般程序

（1）分析活动背景

组织一次教研活动，总有其特定的背景，有特意针对的问题。主题教研活动策划的前期工作，主要是了解教育教学现状、发现和收集问题、研究学科教学动态和发展趋势。在此基础上，深刻认识组织本次教研活动的现实背景，明确所面临的主要问题，正确把握学科发展和教师专业发展的现实需求。

（2）确定活动主题

通过分析本次教研活动的背景，明确拟在活动中研讨的主要问题以及活动的现实任务以后，再概括并提出活动的主题。如此确定的活动主题，是本次活动设计意图和重点任务的集中体现，也是引导活动有的放矢、扎实推进的鲜明标志。

（3）制订期望目标

制订主题教研活动的期望目标，其实就是诠释活动主题，即通过设定的目标内容，具体说明活动主题的内在意涵、外显形态以及观察要点。期望目标包括现实性目标和发展性目标，应有可行性，而且是可测量或可评估的。现实性目标的内容，应联系教师教学的实际情况，针对解决有关教育教学问题的要求；应与教师专业发展的现有水平相适应，能被活动参与者普遍接受。发展性目标的内容，是教研活动主题潜在价值的体现，是课程发展和教师发展的迫切需要的反映。

（4）规划活动内容

在教研活动的主题和目标确定以后，可考虑活动的具体内容及其呈现过程。活动的主题和目标是规划活动内容的依据，而活动内容则具体展现了实现活动目标的策略和途径。要明确提出主要的活动内容及其实施安排，并通过实施要点中的预设，进一步指出有关"做什么"和"怎样做"的具体要求；对于关键性的实施点，还要说明"为什么这样做""采用哪些具体措施""如何评估成效"等。

（5）选择路径策略

为达成预定的活动目标，必须采取有效的策略和选择合适的路径。所提出的实施策略和路径，应强调理论与实践相结合，强调路径明晰，即可视化。

路径可视化特别关注活动过程的规范性和合理性，体现活动标准的"工具"在此扮演着重要角色。用于主题教研活动的工具，可为参与者开展观察、分析、测量、评估等活动提供简明的参照和规准。要通过设计工具,将经验的"碎片"集聚为观察的视角,进而转化为合乎逻辑的、可操作的流程,引导参与者从基于感觉和经验的分析,转向基于证据和逻辑的判断。

(6) 提出评估措施

教研活动实施的效果如何、是否达到了预期的目标、还需做哪些必要的改进等,这些都是必须深切关注的问题。在主题教研活动策划中,要对所设活动环节的有效性随时进行追问和预估。为此,就要对活动过程中的重要环节预设评估要点,要对教研活动的整体效果提出评估方案,并且对评估活动的实施作出具体安排。

(7) 落实具体事务

在教研活动策划工作中,还要从组织实施的角度,关注教研活动所涉及的一些具体事务,并认真加以落实。主题教研活动组织工作中所涉及的事务,主要包括有关资源的使用、有关材料的准备、有关事项的通告,以及活动场地、器材的安排等。具体事项如:这个主题的已有研究成果及前沿信息,当前研究这个主题时需要学习和查阅的相关资料及其准备,组织本次活动的告示表、观察表和反馈表设计,以及场地的选择布置、音像的选用、摄影的安排等。

处理策划工作中的有关事务时,要重视运用工具。例如,在活动前要有告知表、活动中要有观察表、活动后要有评估表或意见反馈表等,可针对活动主题的内容特点、目标要求以及提供适当观察视角的需要,设计相关表单。

【关于主题教研活动策划的探讨可参考"链接"中 3 - 2(第 161 页)】

三、主题教研活动方案的撰写

教研活动策划工作的成果,通常以活动方案的形式呈现,要在精心策划和细致讨论的基础上,形成教研活动设计方案。在形成活动方案的过程中,组织者要听取多方意见,多与被邀参加活动的对象进行沟通和交流,让大家了解活动的意图,共同参与活动方案的制订与修改,以便形成共识。

关于主题教研活动设计方案的撰写,一般包含以下方面的内容和要求。

1. 活动的背景和针对问题

(1) 现实背景和发展需求

重点阐述课程实施和学科发展的现状以及存在的主要问题,阐述教师的现实困惑和发展需求。

（2）**研究重点和针对问题**

综合分析学科发展与教师专业发展的需求，拟定当前需要研究的重点课题和亟待解决的主要问题。

2. 活动的主题和期望目标

（1）**应对策略和基本思路**

针对当前需要重点研究的课题和亟待解决的主要问题，提出组织教研活动的整体构想和所采用的策略；再从实施整体构想的需要出发，拟定本次活动的研讨任务和活动设计的基本思路。

（2）**活动主题和参与对象**

确定本次教研活动的主题，指明参加活动的主要对象；拟定教研活动的告示及有关活动要求的通告。

（3）**活动目标和期望成果**

列出本次活动的主要目标，目标内容能体现阐释主题的要求，简明、清晰。设定的这个目标系列，不仅仅是指明本次活动期望解决哪些主要问题、期望教师专业发展方面有哪些进步和提高，而且预设有达成目标的过程安排及测评要点。

3. 活动的内容和基本流程

（1）**主要的活动内容**

指明本次活动的主要内容及其呈现方式和实施途径，明确实施的要点并具体指出"做什么""怎样做"。对于关键性的实施点，再进一步说明这样做的理由、拟用的策略措施、成效评议要点等。

（2）**基本的活动流程**

以教研活动内容的展开为线索，设计活动的流程。教研活动流程一般用框图形式呈现，即提供简明的活动流程图，并简要说明流程图的含义。

（3）**重要的活动环节**

配合流程的进展，针对参与者融入活动、展开互动的需要，设定若干个活动环节。要指出所设环节中的互动话题、为参与者设置的参与点、开展对话或交流的组织形式，以及实施调控的要点；要具体指明有关内容的安排、时间分配等。

4. 活动的评估和跟进设计

（1）教研活动质量评估的设计

针对评估教研活动实施效果、预期目标达成度的需要，提出关于本次教研活动的质量评估方案及其设计说明，提供现场活动情况反馈，或随后进行反思总结时使用。

（2）继续推进主题研讨的思考

分析本次教研活动在近阶段整体教研工作中的作用，分析本研讨主题与相关系列活动设想的联系；拟定在本次研讨总结中将向教师提出的有关后续工作的基本要求以及持续关注的研究内容。

（3）利用活动成果改进教学的设想

分析本次活动期望目标的达成可能会对参与活动的教师产生哪些影响，再从扩展成果积极效应的角度，拟定在本次研讨活动总结中将向教师提出的有关改善教学行为的建议和加强实践研究的要求。

【关于主题教研活动方案的撰写可参考"链接"中 3-3(第 164 页)】

第四节　教研活动实施

教研活动的实施，应在精心策划的基础上进行。在教研活动实施的过程中，要气氛热烈、扎实有序，关注对象的深度参与，关注活动目标的达成和取得的实效，呈现出教研活动的整体形态；实施活动以后，要深刻反思、认真总结，并选取一些具有典型意义和借鉴作用的活动素材撰写教研活动案例。

一、教研活动的结构模型

教研活动的有效实施，以其精心策划和组织为前提保障。对教研活动结构进行研究，是开展教研活动最基础性的工作。

1."活动结构"模型构建

在策划组织教研活动时，可以构建"点线面体"的教研活动结构模型，简称

"活动结构"模型,如图3-1所示。"活动结构"模型是一种设计和指导教研活动有效开展的支持性工具,它体现了教研活动由"点"引"线"、以"线"织"面"、"面"中见"体"的演进逻辑,显示出"教研促进学校、教师的变化"的发展景象。

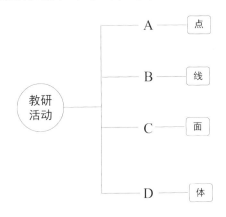

图3-1　"活动结构"模型

在图3-1中,"活动结构"模型由A、B、C、D等四部分组成,具体描述如下:

A代表研究课、展示课、案例分析、录像课等围绕教学问题进行研讨的现场教学活动或摘编的专题音像资料。

B代表反思性说课、评课、微教研、教研沙龙、微论坛、经验介绍等。B中有关活动围绕着A展开。

C代表教研组、项目组汇报或报告,学校汇报或报告,市区学科组、市区教研室汇报或报告,还有主旨讲座或报告等。C中有关活动围绕着A、B展开。

D代表专家点评或专家视点,领导讲话、活动总结等。D中有关活动围绕着A、B、C展开。

整体而言,在"活动结构"模型中,A为"点",B为"线",C为"面",D为"体"。对"点线面体"的要求分别是:"点"要做得深,"线"要说得明,"面"要理得清,"体"要看得见。

2."活动结构"模型应用

基于"活动结构"模型,教研活动的实施策略是:点动成线,线动成面,面动成体,如图3-2所示。

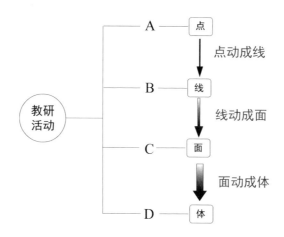

图 3‑2 教研活动实施策略

下面举例简要说明"活动结构"模型的应用。

图 3‑3 所示是某学科主题教研活动框架,应用"活动结构"模型,作如下分析。

××学科主题教研活动

13:00—13:15	致辞
13:20—14:00	课堂教学 1
	课堂教学 2
	课堂教学 3
14:10—15:00	说课 1
	说课 2
	说课 3
	项目汇报
15:00—15:30	专家点评

图 3‑3 某学科主题教研活动框架

关于 A 部分,并列开了 3 节研究课。可能的考虑是,3 节课研究方向略有不同;或者研究方向一样,但为了让更多的老师分享课堂教学实践研究的经验;或者教室空间有限,起分流作用等。

关于 B 和 C 部分,安排有 3 节课的授课老师说课和项目组报告;在 3 节课及说课基础上,引出项目组的实践探索思考。

关于 D 部分,安排专家点评。

这个教研活动实施框架中的活动安排有可酌商之处。由于每个教师只能听一节课,因此教师对相应于这节课的说课能听明白,但这群教师再去听另外两节课说课时就可能会感到迷茫。当然,项目组汇报时如能注意到教师只听过一节课这一现状,就可以在活动中弥补这个缺陷。

从这个教研活动实施框架中可以看出,课堂教学的 3 节课为"点",相应的 3 节说课为"线",项目组汇报为"面",专家点评为"体";实施教研活动的关键是:通过主题引导的活动环节,准确协调"点线面体"之间产生关联性、一致性、进阶性的关系。

再看一次教学展示活动的实施。2024 年 6 月 13 日,在上海市松江区九亭第四小学举办了主题为"启迪思维　巧解问题——基于数字化平台支持的新教研实践探索"展示活动。这次教研活动的实施框架如图 3 - 4 所示。

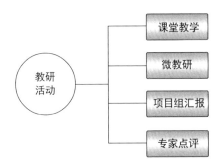

图 3 - 4　新教研项目展示活动框架

针对图 3 - 4 所示的教研活动实施框架,应用"活动结构"模型,对这次教研活动作如下分析。

"课堂教学"活动,安排为五年级数学思维拓展"找次品",这是一节由问题引领、让学生获得深度参与经历的课堂教学,展现学生思维从多样化到优化的过程,是一次"同课再构"的教学实践。

"微教研"活动,展示了借助教研工具,利用"S 教研"平台(S 表示学校、科学、上海等),对"找次品"一课进行深入讨论交流及教学改进的研讨过程;体现教学设计对教研主题的呼应、教学过程对教研问题的解决。

"项目组汇报"活动,报告了学校参与"上海市指向核心素养培育"的新教研项目,确定课堂教学问题,确立教研主题,明确教研方向,立足"3E"即注重每位老师(everyone)的每一周(every week)、每节课(every class),积淀"3E"校本研修实践的教研成果。

"专家点评"活动,根据"活动结构"模型,从"点""线""面""体"四个方面看本场活动。其评述内容如下:观摩课堂教学"找次品"是本次教研活动的着力点;点动成线就在展示微教研,显现教研活动的脉络线;线动成面就在聆听学校新教研项目汇报,呈现学校对新教研的研究和实践探索;面动成体就在关注项目推进过程中学校和教师的变化,描述"3E"校本研修样态。

本场教研活动以"深度参与"为标志,不仅让课堂中的学生深度参与,更有本校的教师深度参与,乃至其他学校参加活动的教师们也深度参与。这些都是在"S教研"平台支持下进行的。因此,我们要继续探索信息技术赋能下的教研新路径,共同推动教育教学进步与发展。

上述两场教研活动实施框架中,都有"课堂教学"部分;又如2023年进行的上海市"指向核心素养培育"新教研项目的教研活动案例评选,入选的129例中涉及课堂教学的有87例(另有问题研讨42例),可见课堂教学实践研究是校本教研中的一个重要选项。这一情况的出现并非偶然,如果对教研保障教学质量的提升过程进行分析,就会明白其原因(具体分析参阅"第五节 教研活动样态")。

根据"活动结构"模型,分析主题引领的校本教研中一次教研活动,其结构显示:"点"与"线"即如上课、说课、评课、微教研等,体现系列化、进阶性;若干"点"与"线"就构成"面",导向深层次的持续研讨,形成解决有关教学问题的教研路径和形态,从而看到"体"。

在校本教研结构中,若只有"点"与"线"部分的简单安排,这是明显不够的。教研活动要体现由"点"引"线",凸显点动成线的策略。

在"活动结构"模型中,"点"为问题研讨,有必要提供案例材料;而"线"为讨论分析,是点的动态展示;要重视安排讲评活动等,进而达成基本共识。对于上述课堂教学与问题研讨两类教研活动,要注意与本节教研活动实施中"二、教研活动的基本模式"相联系。

二、教研活动的基本模式

从教研活动的实施形态着眼进行分析,常见的教研活动模式有多种,如"五课一反思"活动模式、课题研究模式、展示交流模式、课程与教学调研模式、教学评选模式等。

1. "五课一反思"活动模式

"五课"是指备课、说课、上课、听课和评课,"一反思"是指教学反思。"五课一反思"活动模式的实施,以开展"五课"及其教学反思为基本过程。采用这一模式的主要目的是提高课堂教学设计、组织和实施的水平;基本要求是要有研究的主题,要重视典型课例的积累。

在日常教研活动中,"五课一反思"活动模式是一种常用的模式。实施这一模式通常涉及下列三个环节。环节一是备课和说课,其中备课是说课的基础,这里的说课为预测性说课,此环节能体现课堂教学设计的水平。环节二是上课(课堂教学)、听课和评课,其中课堂教学是围绕教研主题展开的研究课,它前接备课、说课,后连听课、评课及教学反思,是这一模式的关键,此环节能体现课堂教学组织、实施的水平。环节三是教学反思,即在第二环节基础上,以研究课为载体进行教学反思,此环节的实施可以促进备课研究的深入和教学经验的总结,有利于教研活动案例的形成和整理。

在"五课一反思"活动模式的实施过程中,也可将说课安排在听课以后,如此安排的说课就是反思性说课。这时的说课,主要是说课堂教学设计的思路及其教学实施的自我感受,说教学过程中新生的启发性话题或出现的超预设情况,在何处遇到阻碍、又是如何应对的等。

从"同课异构"到"同课再构"的教研活动,是"五课一反思"活动模式的变式。在这个变式中,"同课异构"是指多名教师面对同一教学内容,通过课程标准解读、教材分析和学情分析,结合教师自己的风格等,分别进行课堂教学设计,再按各自采用的教学策略实施课堂教学;然后针对不同教师呈现的不同课堂教学,组织实施听课、评课,着重于对不同教学效果的产生进行集体研讨和反思,以取长补短、对进一步提高课堂教学有效性达成共识。"同课再构"是指在开展"同课异构"教学研讨的基础上,借鉴已有的经验和成果,对"同课"再进行教学设计;并从曾执教"同课异构"教学的教师中选择一位教师再次进行本课教学实践;然后针对课堂教学实际进行听课和评课研讨,在理论与实践相结合的层面上,对优质高效实施本课教学的一般设计思路、整体结构框架、基本策略和方法等达成共识。这样的"同课再构"可以提升课堂教学设计、组织和实施的水平,提高教学和教研的有效性。

2. 课题研究模式

课题研究模式的实施,以"发现和提炼教学问题、设计问题解决方案、理论与实践研究、归纳总结与推广"为基本过程。采用这一模式的主要目的是解决教学问题,提高研究水平。课题研究模式基本要求:一课题要源于实践、具有针对性,二要注重理论与实践相结合,三要重视案例积累和方法提炼,四要对研究过程和队伍建设进行反思。

实施课题研究模式时,课题的选定是关键。课题要来自问题,是在教学中实际存在的、有倾向性的、严重阻碍教学工作的问题,需要通过课题研究来解决。例如,上海"二期课改"提出要完善学生的学习方式,这就对在日常教学中进行研究性学习的教学实践提出了明确要求。但是如何实施,成为一个亟待解决的问题。于是,上海物理学科在 2001 年开展了"物理教学中实施研究性学习的实践研究"的课题研究,这项研究以学校为点、以研究课为抓手,在教学实践中探索、在反思总结中积累了教学实践的经验。该课题于 2004 年结题。

在"物理教学中实施研究性学习的实践研究"课题的推进过程中,课题组对物理教学中研究性学习的特点、作用、类型、实施、评价等方面进行梳理、归纳、总结,以加强课堂教学实践为基点,采用专题研讨形式,组织力量对本课题涉及的有关问题进行研究,获得了成果,促进了物理教学中研究性学习的开展。通过这项研究,我们明确了物理教学中研究性学习的主要特点有:(1)目标的约束性和开放的控制性;(2)全员参与,关注学习过程;(3)创设合适的探究情景,强调自主探究。在物理教学中,实施研究性学习的基础条件是安排探究活动环节,让学生有实验可探索,有问题可思考,有平台可交流;研究性学习的主要类型有片段研究、主题研究和专题研究,其中前两类主要展示学生自主探究的过程,而专题研究主要展示学生交流、反思的过程等。

3. 展示交流模式

展示交流模式的实施,是以"展示(课堂教学、研究成果)、交流、推进"为基本过程。采用这一模式的主要目的是展示成果、交流经验、动员推进。展示交流模式的基本要求:一要精心准备展示内容、突出展示主题,二要重视点面结合、充分交流,三要有明确的推进要求。

在具体实施时，展示交流的内容有不同的选取角度，如课题或者项目研究成果、各种教学经验总结等；展示交流的形式有多种多样，如专家报告、学术论坛、公开课等。使用这一模式，一般的流程是：确定展示主题，选取展示内容，考虑展示形式。此外，还要充分认识到，展示时间是制约内容及形式的重要因素，因此要精选展示内容，优选展示方式，运用信息技术延伸展示时间、扩大展示空间。对于展示交流活动的设计，可从展示前、中、后三个阶段制订方案，通常把一些经验成果及研究团队介绍等放在展示的前段，如可以制作展板、短视频等在现场展示活动前推出，也可以运用微信公众号等平台将一些展示内容提前上线。现场展示交流的内容应提前告知，活动安排要紧凑。最后，在展示交流的基础上，再安排深入研讨和总结的活动。

展示交流要突出"继往开来"的立意。"继往"是指基于实践、直面问题，创新实践、勇于突破，它体现了展示交流是一个分享平台，是对以往研究的梳理总结和经验提炼，是释放能量的过程，既全力传递一种课程资源，又隆重推出在实践研究中锻炼成长的团队；它显示了一定的教学价值主张，是一种把教学理念和研究成果转化为教学行为的示范实践，是一种品牌的成功运作。"开来"是指展示后应为推进研究或辐射经验成果作出部署，促进课程实践的深入和教学质量的提高。

4. 课程与教学调研模式

课程与教学调研模式的实施，以"准备→观察→追问→再观察→研究→表达"为基本过程。采用这一模式的目的，主要是通过观察学校（学科）课程与教学、教研中的事实，收集相关的证据，然后基于证据提出诊断结论与改进建议。这一模式基本要求就是从"经验与直觉"上升到"证据与分析"的层面，强调对事实、现象进行多角度的观察和形式多样的访谈、问卷调查，获取有力证据，采用定性研究和定量研究相结合的方法进行分析，以取得对所研究问题的全面、深入的了解，进而探索并提出有关问题的解决策略。

在调研过程中，要重视互动、加强互证。互动是为了进一步了解、摸清事实，收集证据；互证是为了相互印证研究结果，关系到研究的品质。互动与互证为基于实证的"课程与教学调研"能作出准确判断提供了重要保障。

互动有不同的形式，比如，教研员与文本、教师、学生、校长等之间的互动；听课后教研员与上课教师进行互动；参与现场教研活动时，听了教师发言，或看了围绕教研主题所设计、组织、实施的活动,针对活动的亮点或存在的疑点,与有关教师进行互动。例如在一次调研中,在某校听了两节同一课题的初三物理课,课题是"欧姆定律 电阻"(第二课时)。通过听课发现,该课的重点是影响电阻大小的因素,两节课的教学过程均有导入活动、方案讨论和结论交流等环节,结构相同,但处理方式不同。两节课的导入活动,都是在同一电路中选择接入不同的导体,通过观察小灯泡发光的亮度,为猜想影响电阻大小的因素提供依据。其中甲教师实施此活动是放手让学生进行各种尝试,并记录下观察到的现象,再通过各小组之间交流后完成对于影响电阻大小因素的猜想;乙教师实施此活动是让学生选择导体,上台与教师一起演示,将导体接入电路中,引导学生着重关注小灯泡的亮暗情况,并分析此时的电阻大小,再通过小组讨论后进行猜想。为什么对于同一导入活动,处理方式却不同呢? 课后分别与甲、乙两位教师进行互动,得知:甲教师执教的那个班,大部分学生的实验能力较强,具备一定的分析能力,而且能被充分调动起来,因此导入过程中可以有较大的开放度,学生的体验也更为丰富;而乙教师执教的那个班,有一定数量的学生实验能力稍弱,如果放开导入活动过程,可能造成学生"吃不透"的情况发生,因此对实验现象的观察以及分析,需要教师做一定的引导,从而让学生的目光聚焦在所要观察的现象上,找到依据后再进行猜想。可见,互动是调研中很重要的手段,它有利于收集证据,为基于证据得出正确结论服务。

互证并非重复之举,在调研中围绕同一观察对象,一般可以通过资料与资料、资料与现场、现场与现场间的相互参照,进而确认事实,以提高研究的有效性。为了观察比较调研中不同来源的信息、不同收集证据的方法所表现出来的一致性或差异性,也需要互证的活动,从而排除主观偏见的干扰,提高分析问题、得出结论的效度。

上述两节物理课的事例,也是备课组活动与课堂教学活动之间彼此互证的反映。这个事例告诉我们:对于备课组活动的观察,除了参与现场备课活动外,还可通过听课查看教学实施过程并比较多个课堂,来印证备课组活动的效果。这两位物理教师执教同一课题,在实施过程中有相同的教学环节,但根据学情对各环节的处理有各自的方式,说明这两位教师执行了备课活动的讨论结果,进而证明备课组活动的开展是正常的。

在调研过程中,通常是针对同一观察对象,从学生、教师、教学管理者、教研员等多个视角,使用调研工具,运用观察、问卷调查和访谈等多种方法,聚焦相关研究问题,客观收集信息与数据;再通过互证进一步确认事实,彼此验证、相互解释;然后将定性分析与定量分析结合起来,提高分析的效度,有利于作出正确的判断。正是这一过程提升了调研结论的信度。

5. 教学评选模式

教学评选模式的实施,以"总结、展示、评选、示范"为基本过程。采用这一模式的主要目的是发现和树立榜样。这一模式的基本要求就是要重视评选的导向,促使评选过程成为参与者的成长过程,并发挥榜样的示范作用,促进榜样的持续发展。必须强调,组织教学评选时应明确评选工作的基本原则、必要纪律、常用方式和一般流程。

在实施教学评选时,要重视评选流程的设计。由于评选流程往往会影响评选目标的实现,因此有必要针对评选前、中、后三个环节来设计评选流程。例如,"上海市中小学中青年教师教学评选"的流程设计,有如下要点。

(1)评选前

一是公布学科教学评选活动主题及简要说明和实施细则等;二是确定学科评委(65周岁[含]以下,中学高级以上职称),成立学科评选组(上海市市级学科教学评选时间为两周,一般设置两个学科评选组);三是审阅相关材料、设计并使用具有导向性的评选工具(包括制订评选标准)、组织试评、调整评选工具。

(2)评选中

有序安排参赛教师的活动,评选内容包括参赛教师提供的课堂教学设计方案、实施的现场教学、课后参加的答辩等。每天完成预定的参赛教师活动及评选内容后,评委在统一的网络平台上进行评选打分及填写"三个一"(课堂教学亮点、不足和建议)。到第一周评选工作结束后,评委可以综合前一周参赛教师的表现,对前一周的评分作一次分数微调,目的是避免出现超高分或超低分的情况,保证评分的信度与效度维持在较高水平上。这一次调整评分之后,不再作变更。另外,每个学科有两个评选组,根据本区域回避的原则,需设计各组的评选区域;同时为了加强两组间执行标准的一致性,在第一周评选结束后采用互换组员的策略,以促进两组间评价标准的统一。对全体参赛教师的评选完成后,学科评选组进行集体讨论,确定"建议推荐获奖名单"。

（3）评选后

一是召开总评委会，在会上由学科评选组汇报评选主要情况，提交建议推荐获奖名单，总评委会投票确定最终获奖名单等；二是在网上向社会公示获奖名单；三是出版教学评选成果汇编，撰写评选小结，召开颁奖大会，拍摄录像课等。

对于上述各种教研活动模式的运用，还要进一步强调：应关注教研活动模式与教研活动整体目标的匹配性，把握教研活动环节与实施要求的一致性，重视活动模式自身的创新性以及模式之间的互补性，并注意现场教研活动与网络教研活动的联动性。

此外，还要深入认识教研活动模式之间的关联性。上述这几种教研活动模式，可组成相连、互补的教研工作运行机制。例如，通过开展"五课一反思"活动，加强对教学实施的基本环节的研讨，促进教学常规要求的落实；通过课题研究，解决教学改革和教学实践中提出的重要问题，促进教研工作的深化和发展；通过展示交流，促进教研成果的推广和应用，利用研究成果进行教学指导；通过课程与教学调研，及时总结经验和发现问题，促进课程教学和教研工作不断改善、提高教学和教研的质量；通过教学评选，凝聚共识、发展成果，树立榜样、弘扬先进，促进教师专业成长。

三、教研活动案例的撰写

一般来说，案例是有关某个实际情境的描述，讲述的是一个故事或一个事例，并能引起人们的思考或从中受益。"教研活动案例"就是讲述一次教研活动并以此为案例，它能为推进教研工作提供参照。

1. 教研活动案例的基本特征

教研活动案例所描述的是发生在教研实践中的真实事件，并引人深思。一般来说，教研活动案例应有以下基本特征。

（1）真实性

案例取材于教研工作实际，对教研活动情况的描述是客观真实的，并依据事实有条理地呈现。

（2）完整性

对教研活动的过程有清晰、完整的反映，包括阶段性的安排和具体的情节；

不仅讲述做了什么，而且讲清是怎样做的。

（3）时空性

在一定的时空框架中有序展开，事件发生的时间、地点和流程是清楚的。

（4）典型性

这一教研活动的组织基于某一特定背景、针对特定问题，同时它又有代表性，是与解决某一类现象或问题的整体设想紧密联系的典型事例。

（5）启发性

教研活动所取得的成效、经验和教训，对于教研工作的进一步实践具有借鉴意义。

2. 撰写教研活动案例的目的和意义

教研员在教研工作中，组织和参与过很多教研活动，亲历了这些教研活动事例的生成。把教研活动事例变成案例，是一个重新认识这个事例、整理自己思维的过程；把教研活动案例撰写出来，并非只是客观地描述这个事例，其中还有理性的反思、经验的提炼和问题的探讨等。

倡导教研员撰写教研活动案例，是推动教研工作发展和教研员专业发展的重要举措。这项撰写工作的目的意义，主要体现在下列方面。

（1）提升素养

教研员在撰写教研活动案例的任务驱动下，促使自己加强理论学习和专业修养，更加重视培养分析、研究和批判能力以及总结、表达能力，并且在形成案例文本的过程中得到锻炼和提高。

（2）积累经验

教研员通过撰写教研活动案例，记录自己教研工作的经历，反映课程改革与实践研究的历程，从而增强个人成长经验的积累和获得专业发展导向的启示。

（3）引发思考

教研活动案例是理性反思的成果；有了教研活动案例，又可以引起教研员对整体教研工作进行有参照的反思，更加有意识地探讨教研工作"是什么""为什么""如何做"等问题，深刻认识教研工作中的重点和难点，明确进一步努力的方向。

（4）增进交流

成为文本的教研活动案例是交流的媒介，也是进一步深入开展教育教学研究的极好资源,可为教研员之间、教研员与教师之间加强沟通、分享经验提供有效的方式和途径。

3. 撰写教研活动案例的基本要求

教研活动案例不仅是一次教研活动的真实再现,还包括对这次教研活动的再研究。撰写教研活动案例的总体要求是:基于真实事件、合理进行思维加工、体现案例的基本特征。

需要强调,案例的素材来自一次曾经组织和实施的教研活动;案例的呈现是在融入撰写者对这次活动的重新认识和理性思考后,整理而成的具有案例基本特征的文本材料。案例内容的主体部分,是对这次教研活动过程的完整描述,以及开展活动的"前因"和"后果"。

案例的撰写需按下列要求完整地进行表述,使人能看得明白、理解准确。

(1) 深刻阐述活动的主题

一次教研活动,应有明确的主题。在教研活动案例中,要阐明为什么要确定这个主题、主要研究什么问题、解决问题的基本策略和方法是什么。为此,就要有关于活动背景和重点关注问题的分析,要有关于活动意图和所用策略方法的陈述。

(2) 清晰描述活动的过程

教研活动是形成案例的基本事件。在教研活动案例中,要讲清楚这次教研活动的全过程,包括活动的阶段性安排、各个阶段做了什么和怎样做的,以及事件发展过程中的主要情节。为此,就要有关于活动目标、方式和流程的简明介绍,要有具体实施情况和重要细节的真实反映。

(3) 中肯评述活动的结果

教研活动案例应具有借鉴作用。在教研活动案例中,要恰当表述这次教研活动取得的经验和成果;要以所描述的事实为依据,从教育教学理论的高度对活动作出切合实际的评价,从教研工作的整体推进角度阐述活动的意义。为此,就要有关于活动目标达成度的评析、活动经验的总结,以及活动对推进教研工作的启示。

根据撰写教研活动案例的总体要求和表述要求,对于教研活动案例的内容框架建议如下。

首先显示**"标题"**。依据教研活动的主题拟定标题。

接着介绍**"简况"**。列出有关这个案例的教研活动基本情况，如教研活动的主题、活动的日期和地点、参加活动的对象和人数等；再指出组织教研活动的方式，如"学术报告""专题讲座""问题讨论"等；还要简单介绍主讲人和主持人。案例的撰写者也要在此作自我介绍，主要说明撰写者担任的职务和在本次活动中担负的职责。

然后展开**"正文"**。正文可分设"活动背景与意图""活动设计与实施""活动分析与启示"等三部分。在"活动背景与意图"中，主要阐述这次教研活动的现实背景、所针对的问题、采用的策略和方法以及期望实现的目标。在"活动设计与实施"中，主要讲述这次活动的主题、具体目标和要求、活动方式和基本流程；描述活动实施的全过程，具体呈现在准备阶段、研讨阶段、整理阶段有关活动的主要情节中。在"活动分析与启示"中，主要内容是关于这次活动成效的评析和经验成果的总结，以及关于推进教研工作的思考。

最后给出**"附件"**。将所参阅的重要文献目录列在正文后面；将本次活动相关的一些原始材料、课例教案或影像资料等整理后随案例附上。

4. 撰写教研活动案例的注意事项

（1）重视立意

学科教研活动的开展，中心的任务是推进课程改革、有效实施课程；关注的重点是教师的专业素养提升和教学行为转变，是课程标准的切实贯彻和教学基本要求的全面落实；立足的基点是现实的课堂和教学的实际；着力点是研究课程实施中的重要课题和解决教学实际中的突出问题。教研活动的设计，立意要高一些，应坚持以提高教师的教学素养为根本，引导教师将课程理念化为教学行为，提高课程实施的水平。教研活动案例更要发挥典型示范作用，不仅要强调其确定的活动主题对推进课程实施具有重要意义，研讨的问题对改善学科教学具有积极作用；同时可以预期，通过案例的交流，能促进学科教研深化提高，引导教师对同类主题进行持久、深入的研究，对课程实施中的某些问题保持持续性的、理性的关注。因此，在案例的撰写中，对活动主题的阐释要充分些、成果的评析要理性些。

应该注意，不能将研讨过程中用作载体的"课例"等同于所撰写的"教研活动案例",不可把"课例"的生成作为"教研活动目标"的达成;不能停留在"就课论课"的层面,不可忽视教研活动经验的提炼和对于教研工作的进一步思考。

（2）把握重点

撰写教研活动案例,涉及的基础性材料很多,例如,分析活动背景所使用的材料,反映活动全过程所需要的材料,评析活动成效、提炼经验和提出观点等所依据的材料。在教研活动案例的撰写中,要根据阐述内容要点的需要,抓住重点,恰当选用、合理组织材料,使案例中引用的材料既充实又精炼。还有一些相关材料,可放在附录中。

应该注意,关于活动过程的描述,既要展示全程概况又要呈现精彩片段,不可将活动程序的记述等同于活动过程的展开;不可忽略重点研讨问题以及具体讨论情况的介绍;不可缺少小结整理中一些主要观点和意见的显示。

（3）加强实证

对于教研活动成效的评判、活动经验的总结和主要观点的形成等,要重视实证分析。在组织材料时,要为进行相关分析提供材料的准备;然后,将材料整合在有关内容中,为归纳结论提供必要的事实材料的支持。内容的表达,要简明、流畅,有条理性、逻辑性。

应该注意,必要的事实材料必须进入"正文",成为作出判断的事实依据;不可空泛地、想当然地演绎结论。

（4）要有细节

教研活动案例中的生动情节,主要体现在一些细节的描述中。例如,对于"参与活动的教师热烈地进行讨论和交流",要交代主要讨论什么、交流什么;对于"不同的观点进行碰撞和交锋",要讲述不同的观点有哪些、如何进行碰撞。有了细节,才可能使人有身临其境的感受。

应该注意,要把活动过程中那些与所要说明的问题相关的重要细节选择出来,并描述清楚。

【关于教研活动案例的撰写可参考"链接"中 3-4(第 170 页)】

第五节 教研活动样态

为了提高学科教学质量,必须持久深入地开展教研活动。"问题""经验""方法"等是教研之源,"活动"是教研之流,源与流汇聚融合、奔涌向前,呈现出教研活动的整体型态,也展现了教研保障教学质量的过程。

一、"链式反应"质量模型

解决教学问题,提升教学质量,这是教研的动力源,也是教研的落脚点。强调高质量的教研活动,是促进教学质量提升的必然要求。

1. "链式反应"质量模型构建

如何描述提升教学质量的过程,"核裂变"现象给了我们有益的启示。

在核物理中,用中子轰击铀 235,铀核会分裂成两部分,放出 2~3 个中子,并伴随巨大的能量释放(典型情况),这就是核裂变。

铀核裂变时,如果放出的中子再引起其他铀核裂变,就可使裂变反应不断地进行下去,这种反应叫作链式反应,如图 3-5 所示。

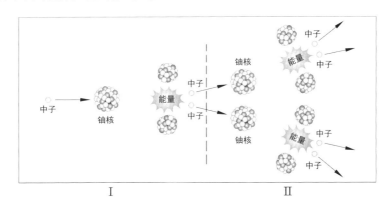

图 3-5 链式反应示意图

产生链式反应需要具备几个条件,比如慢中子、铀核的最小体积(临界体积)等。即慢中子进入超过临界体积的铀 235,会产生链式反应,释放巨大的能量,其释放的能量可以转化为其他形式的能量,如发电等。在此借用链式反应,构建教研促进教学质量提升的模型,简称"链式反应"质量模型,如图3-6所示。

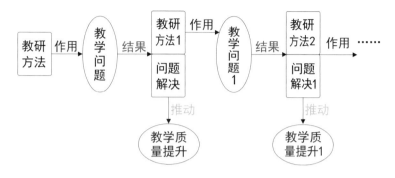

图3-6 "链式反应"质量模型

2."链式反应"质量模型运作

对这个质量模型与核裂变的链式反应作类比分析如下。

在图3-6中描述的"链式反应"质量模型,对照图3-5可这样解说:以教研方法为"中子",以教学问题为"铀核",以激发教师的教研智慧及解决问题并转化推动教学质量提升的过程为"释放的能量",那么此"链式反应"可视为用某个教研方法(如同中子)不断作用(如同轰击)教学问题(如同铀核),再分解问题和解决问题,从而挖掘出更多、更深层的教学问题,如此逐步延续进行下去的过程,引发更多教研方法探讨(激发更多中子)。

就图3-6而言,这个教研"链式反应"的过程为:首先,"教研方法"作用在"教学问题"上,结果会释放出一部分能量,就是"问题解决",推动"教学质量提升",同时产生"教研方法1";其后,"教研方法1"作用到"教学问题1"上,结果有"问题解决1",推动"教学质量提升1",同时产生"教研方法2";再后,"教研方法2"作用在"教学问题2"上,与前类同逐步延续进行下去。

如上所述,教研"链式反应"的表现,就是在解决问题后,又有新的问题出现,教研方法再作用在新问题上;针对新问题的教研方法可能有改进、迭代或开发,目的是使新问题得到解决,同时又提升教学质量,然后再以"链式反应"方式不断地作用下去。

这个以"问题—方法—新问题—新方法"呈现的教研"链式反应"过程,表明正是通过对方法不断地探讨和改进,过程中应用的工具在不断迭代优化,问题在不断解决,进而教学质量在不断提升。由此可见,这是一个教研保障教育质量提升的过程。

教研"链式反应"是对教学问题不断探索和解决的推进过程,是展开教研活动的过程,也是一个持续提升教学质量的过程。

教研对教学质量提升是间接的,两者之间有一个转化的过程。其中,通过教研解决教学问题,这是形成共识,具有共性等特征;而所用到的教研方法则要符合学校、教师的实际要求和需求,具有个性化且简约等特征。

二、"燃烧"活动样态

在主题引导下有序、有效开展的教研活动,其活动样态如何呈现,值得我们探求。

1."燃烧"活动样态构建

如图 3-7 所示的木柴燃烧图景,让我们产生联想。可以发现,木柴燃烧必须有木柴、空气、火源等参与,即物质燃烧的发生和发展,必须具备可燃物、助燃物和达到着火点等条件。我们这时看到的光和热,是燃烧产生的物理现象。

图 3-7 物质燃烧

大部分燃烧的发生和发展,还要有链式反应的自由基这个条件。当某种可燃物受热,该可燃物不仅会汽化,且它的分子会发生热解作用,从而产生自由基。自由基是一种高度活泼的化学基团,它能与其他自由基和分子起反应,从而使燃烧持续进行下去,这就是燃烧的链式反应。也就是说,在其燃烧过程中存在未受约束的自由基作为中间体,所以自由基的链式反应是这些燃烧反应的实质。

将物质燃烧条件与教研实施状况进行类比分析,在图3-7中,视"可燃物"为教研活动,"助燃物"为教师,"达到着火点"为主题,"自由基"为教研工具。于是,可构建教研活动样态,简称"燃烧"活动样态,如图3-8所示。

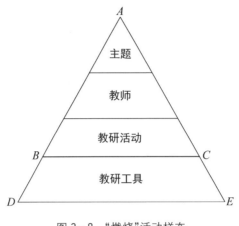

图3-8 "燃烧"活动样态

2. "燃烧"活动样态解析

在"燃烧"活动样态中,对有关要素的表现分述如下:

"主题"。在教研活动中,主题具有价值引领和目标导向的作用。教研以问题为导向,一般而言主题来自问题,是通过活动目标来诠释的。倡导有结构的教研主题,这样有利于系列教研活动的开展,达到问题解决、目标落实的效果。

"教师"。在教研活动中,教师主要表现在行为、认知和情感参与等方面,比如参与担责、分工协作、教研工具使用、交流研讨发言、总结和反思等。要充分发挥教师主体性和能动性,切实提升教师的参与性和专业性。

"教研活动"。在主题引导下,教研活动向着系列化、进阶性、深层次、持续性有效推进,解决有关教学问题,以此达到对教研主题深入解析、系列活动及环节有效落实。

"教研工具"。教研工具提供了教研活动的设计、实施和改进的"支架",具有了解教师在教研过程中反映实践需求、知晓活动任务,以及积极参与研讨、总结反思与收获等的作用。要根据教研活动场景,适当使用教研工具,让教研工具与教研活动两者同频,提高教师参与度,推动教研活动的深度变革。

必须指出,在图3-8中,△ADE包含"教研活动""教师""主题""教研工具"等要素;△ABC包含"教研活动""教师""主题"等要素。前者所示教研活动是基于教研工具应用的,后者所示教研活动是没有教研工具支持的,它们的主要差别在于是否使用"教研工具",教研工具是教研活动的重要抓手和实施路径。在主题引导下,应用教研工具,支持教研活动走向深度,让参与教研活动的教师有丰富的"体验感"和"获得感",这样的图景是"燃烧"活动样态的真实反映。

【关于教研活动样态可参考"链接"中3-5(第181页)】

3-1　教研活动举例

组织和开展教研活动,要关注研究策略的改进、研究方法的改善、研究过程档案的积累等。下面以小学信息科技学科的一次教研活动为例,着重探讨参与式教研活动的探索与实践。

"做中学"——参与式教研活动的探索

(小学信息科技学科教研活动)

一、组织工作简况

1. 活动时间:2016年5月3日。

2. 活动地点:上海外国语大学JD外国语学校。

3. 策划组织:上海市教委教研室小学信息科技学科教研员、上海市基于标准的教学与评价中心组、JD区教研室小学信息科技教研员。

4. 活动主题:基于标准的主题活动设计。

5. 活动形式:专题讲座、问题讨论。

6. 参与对象:各区(县)教研员、部分骨干教师,人数约60人。

二、参与式活动综述

1. 缘起——提升教研活动效率和质量

"我听了,我忘了;我看了,我记住了;我做了,我明白了",这样一句通俗话语反映了"做中学"理念的基本原则。"做中学"力图让学生在参与活动的过程中,自己动手解决任务,在掌握知识的同时掌握学习方法,真正做到能够理解知识、运用知识。

教研活动的目的是帮助教师提高专业能力,通过各种形式的活动让教师掌握专业知识,并用专业知识改进自己的课堂教学。教研活动对于教师来说就是一个学习过程。教研员的责任就是要不断提高这一学习过程的效率和质量。

目前教研活动的时间一般为半天,活动形式以看和听为主,教师参与的程度不够深入,往往看过、听过、讲过就算完成任务,很难对教研的内容形成深刻的理解,也难以将看到和听到的经验运用到自己的工作中去。

所以,我们尝试运用"做中学"理念设计了为期一天的教研活动,让参加活动的教师有更充分的时间参与活动,让教师在活动过程中不仅要听、看、讲,还要以小组的方式完成一系列任务。

2. 模型——基于项目的学习

基于项目的学习(PBL,Project-Based Learning)是"做中学"理念的一种实施形式,要求教师设计一个基于真实问题的项目,并指导学生按照 BIG6 模型来完成项目。BIG6 模型,是指信息化环境下解决问题的六个基本步骤,具体如图3-9 所示。

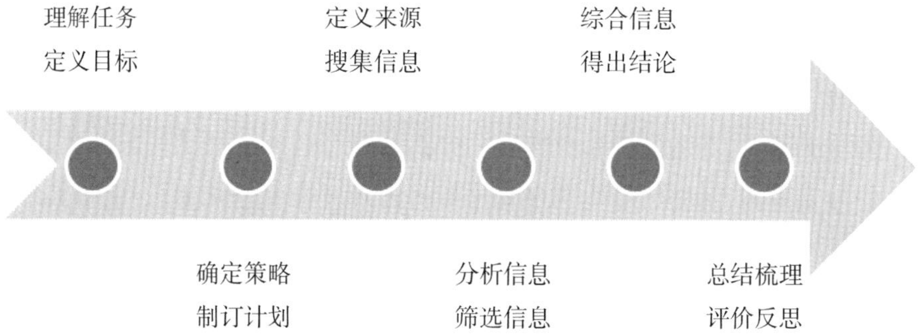

理解任务　　　　定义来源　　　　综合信息
定义目标　　　　搜集信息　　　　得出结论

确定策略　　　　分析信息　　　　总结梳理
制订计划　　　　筛选信息　　　　评价反思

图 3-9　BIG 6 的模型

（1）**理解任务，定义目标**：对自己需要完成的任务进行梳理，明确要做什么，做到什么程度，任务的边界在哪里。

（2）**确定策略，制订计划**：设计完成任务的路径，根据现有条件选择最有把握的方式完成任务。

（3）**定位来源，搜集信息**：寻找到可用的信息资源，设计出可靠的方案来获取信息、存储信息。

（4）**分析信息，筛选信息**：对获得的信息进行分类、整理、比较、计算，转换成更易阅读和判断的信息，根据任务的需要对信息作出选择。

（5）**综合信息，得出结论**：对不同途径获得的信息、不同维度的信息进行关联，找出相关性或因果关系，用来解释问题、证明观点，并用他人易于接受和理解的形式表达出来。

（6）**总结梳理，评价反思**：对完成任务的过程及结果进行总结和评估；通过对档案的整理将完成任务所使用的信息转变成信息的信息源；对完成任务过程中所使用的信息处理方法和流程进行审视，归纳出会影响质量和效率的地方（因素），并设想出解决的办法。

我们参考了这一模型，设想为参加活动的教师布置一个任务，同时为教师提供完成任务所必需的一些信息及支架，然后让教师开展小组研讨完成交流作品，并要求每个小组推选一人进行大组交流，最后大家对每个小组的交流进行评价。

3. 活动——以参加教研活动的教师为中心

小学段每个学科，都在开展"基于标准的教学与评价"研究。经过研究，项目组认为要让教师能基于标准进行教学与评价，关键在于给教师一种操作模式，如同要开展 PBL 教学可以参照 BIG6，所以项目组提炼了适用于小学信息科技学科的教学活动设计支架，目的是希望通过教研活动，让教师掌握这一支架的使用。根据自己设想的教研活动模型，我们设计的教研活动具体安排如下：

（1）参加活动的教师听取项目组对本次教研活动的主题及任务介绍，项目组提供教学设计的案例。（活动时间 15 分钟左右）

（2）项目组介绍教学活动设计支架，以及自己设计活动时的一些经验。（活动时间 60 分钟左右）

（3）参加活动的教师根据抽签结果进行分组，以小组为单位完成任务单，并制作一个介绍自己小组活动过程及成果的演示文稿。（活动时间 120 分钟左右）

（4）以小组为单位进行交流，每个小组选派一名教师将自己研讨的结果向全体教师汇报。（活动时间 60 分钟左右）

（5）为每个小组进行投票，根据投票结果进行讨论和总结。（活动时间 15 分钟左右，投票结果汇总如表 3-1 所示）

表 3-1 小组投票结果汇总

Q1:您认为最有特色的小组是（单选题）

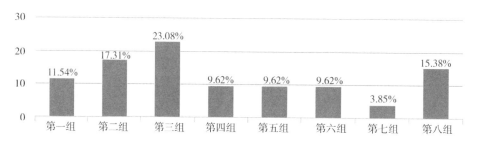

Q2:您认为质量最高的小组是（单选题）

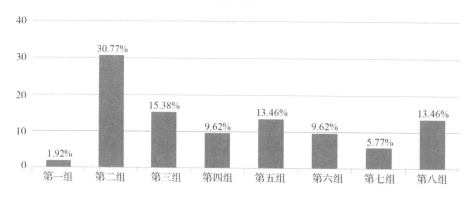

Q3:您认为合作最默契的小组是（单选题）

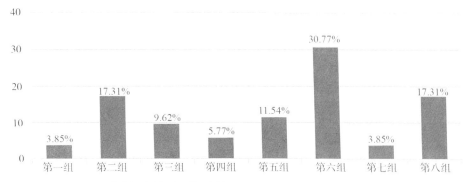

您认为合作最默契的小组是
答题人数52

4. 工具——支持引导、评价反馈

（1）**任务单**。为了让参与活动的教师在最短的时间内明确自己的任务，我们设计了任务单供参与活动的教师使用。（详见附件1）

（2）**记录表**。为了引导教师开展小组讨论，我们设计了活动记录表，要求每一位教师在活动过程中填写，使小组研讨时能聚焦主题。（详见附件2）

（3）**协作空间**。利用Office365为参加活动的教师提供协作空间，下载活动资源，共享活动成果。

（4）**调查问卷**。采用调查问卷平台，收集每一位教师对发言者的评价，呈现大家形成的共识。

5. 结语——紧张严肃、协作互助、实践体验

为期一天的教研活动结束后，参与活动的教师们都感慨万分，说活动太紧张了，从来没有教研活动有这么大的压力，没想到教研活动可以采用这种方式进行，但经历后感觉收获很大。两个小时的小组活动，让原本互不认识的同行，快速形成工作团队，通过充分讨论和彼此学习，汲取了他人的智慧；通过实践与交流，深刻理解了活动的主题。

教师的体会正是我们设计这次活动的初衷，这次活动证明让教师亲身做一做，有助于他们对活动主题的理解。"做中学"可以让教研活动的形式更丰富，让教研活动的效果更上一层楼。

附件1："基于标准的主题活动设计"教研活动任务单

一、小组活动（活动时间10：30—13：30）

1. 修改主题活动设计案例

根据JD区教师分享的经验及您对主题活动设计的理解,对主题活动设计案例进行修改,并填写活动记录表(详见附件2)。

2. 制作一份演示文稿

完成修改后,请为下午的交流环节制作一份简单的演示文稿(或任意形式的媒体)来介绍小组的活动成果。演示文稿中至少包含以下几项内容:

(1) 对主题活动的理解,例如对活动目的、活动过程、活动价值等方面的设定。

(2) 修改的特色亮点,例如发现的问题、解决的策略和方法、最终的结果和成效分析等。

(3) 完成活动的体会,例如活动设计与改进教学质量的关系、参与式活动对提高教研活动质量的意义等。

(4) 参考过的资料清单。

3. 上传文档

将修改后的案例文档、展示用的演示文稿以及每个人的活动记录表,上传至Office365平台共享文档中(路径:教研活动\2016\"基于标准的主题活动设计"教研活动(20160503)\教研活动成果)。

二、交流展示(活动时间13:30—14:30)

1. 每组推荐代表进行交流

2. 每个人使用手机完成一份问卷(印象最深的小组、联系信息、是否需要O365账号等)

附件2:活动记录表

表3-2 活动记录表

我们小组负责修改的案例:	
我发现的问题:	我的伙伴发现的问题:
我解决问题的策略:	我的伙伴解决问题的策略:
我们小组讨论形成的结论:	
记录人:	记录日期:

【摘自上海市教委教研室小学信息科技学科教研员倪冬彬提供的教研活动档案】

3-2　主题教研活动策划工作探讨

教研转型呼唤主题教研活动,做好主题教研活动的策划工作,是有效实施主题教研活动的基础性工作。下面针对主题教研活动策划工作某些环节的实施,通过举例形式进行简要说明。

例说主题教研活动策划的工作环节

主题教研活动的策划工作,不仅与组织开展教研活动的整体设想和现实背景有关,而且与策划者的教育观念、理论修养、实践经验和设计能力等有关。高质量、高水平的教研活动策划,是由累积的经验、团队的智慧凝聚而成的,是在长期的教研工作实践和反思总结中炼成的。

针对策划工作某些环节的实施,通过举例简要说明如下。

一、关于拟定教研活动主题的举例

教研活动主题:如何合理确定和组织教学内容

通过听课活动以及教师访谈、问卷等,我们发现教师总是觉得课堂教学时间不够用;经常看到课堂教学存在着内容结构凌乱、教学重点不够突出、突破教学难点缺少方法等现象。再对这些现象深入分析和聚焦,可见这些问题产生的根源是教师在备课过程中对于教学内容的确定和组织等研究不够、把握不住。为此,拟将"如何合理确定和组织教学内容"确定为一次教研活动的主题,通过开展主题教研活动来解决有关实际问题。

关于这个主题的研讨,也可以分为若干分主题进行。例如:如何合理确定教学内容;如何合理组织教学内容;如何准确把握教学重点和教学难点等。

二、关于设计教研活动工具的举例

1. 事务执行工具:主题教研活动告示表

撰写主题教研活动告示表的目的,是把教研活动的方案和程序提前告知参与活动的对象,使他们能够有目的、有准备地参与教研活动,从而更好地达成主题教研活动目标。主题教研活动告示表,可以下列样式设计呈现(见表 3-3)。告示表应在正式活动之前发至邀约出席的对象。

表 3-3　主题教研活动告示表

时　间		地　点		学　科		策 划 组 织 者	
教研主题				出席对象			
教研活动的设计		概述				备注	
选题的动因							
活动过程安排	1						
	2						
	……						
活动效果预估	1						
	2						
	……						
活动资源（材料）	1						
	2					*具体资源(材料)附后	
	……						

2. 课堂观察工具:课堂学习活动观察表

在主题教研活动中,听课评课是一种常用的活动方式。引导教师关注听课评课活动的中心任务、关注听课评课的视角,是教研活动组织者应该思考的问题。为此,可以通过提供一些课堂观察工具引导、指导教师开展听课评课活动,如在课堂教学中,教师设计的各类课堂学习活动是学生有效参与课堂的前提,也是有效达成教学目标的基本保障。因此,有必要给听课教师提供观察"课堂学习活动"的工具。

在组织听课评课活动时,可设计下列样式的"课堂学习活动观察表"(见表 3-4),提供给教师在听课时记录学生学习活动的基本情况。必须指出,主题教研活动的策划者或参与活动的教师应该根据课型和记录重点等,选择设计不同内容要求的课堂观察工具。

表 3-4　课堂学习活动观察表

听课学校			班级		学生人数	
听课时间	年　月　日(星期　)		学科		课型	
学生活动			要点/简评			
活动内容 (任务)	任务明确、清晰					
	与听课评课活动的教研主题相关联					
	具有真实性、趣味性和挑战性					
活动时间	活动过程充分					
	时机合适					
活动形式	多样性					
	全员性					

3. 策划工作评估工具：主题教研活动策划评估表(或意见反馈表)

教研活动设计方案实施完成后，要对活动策划工作及时进行反思总结，对活动成效进行初步评估。可设计如下样式的主题教研活动策划评估表(或意见反馈表)(见表 3-5)，提供给活动参与者使用。评估表可随同告示表一起发出，或安排在活动现场发至出席对象；教研活动结束后，由活动组织者现场回收。当然，依托互联网，活动前的告示表、活动后的评估表可以通过网络平台(如手机等移动平台)实时发布、填写等。

表 3-5　主题教研活动策划评估表(或意见反馈表)

主题教研活动名称			活动时间	
观察点/程度(按程度由低到高评分，1～5)			举例/说明	
教研主题	针对教学中普遍关注的关键性问题并着力解决；有利于教师专业发展			
活动过程	安排紧凑、有序；提供的资源实用有效；活动有特色、有创新			
活动效果	有收获、有启示；可复制借鉴			

（续表）

活动最大的"亮点"	
对活动提一个建议	

组织和开展主题教研活动,已经受到教师的普遍关注;切实提高教研活动质量,是广大教师的共同追求。我们要在教研工作实践中自觉加强研究、不断总结经验,着力提高主题教研活动策划的水平,努力提升教研活动的品质和效益。

【摘自《主题教研活动的策划:诠释主题、明晰路径、预估成效》一文,刊载在《上海课程教学研究》2015 年第 1 期】

3-3　主题教研活动方案举例

主题教研活动策划工作的成果,通常以主题教研活动方案的形式呈现。下面提供初中数学学科设计的一个主题教研活动方案,着重研讨如何撰写主题教研活动方案。

"异质分组,关注对话,促进思维"的教学探索与实践
（初中数学学科教研活动方案）

一、基本信息

1. 活动时间:2015 年 12 月 10 日。

2. 活动地点:JS 初级中学。

3. 策划组织者:上海市教委教研室初中数学教研员、上海市初中数学教研中心组、JS 区教研室等。

4. 参与对象:各区(县)初中数学教研员、部分初中数学老师,人数 100～120 人。

二、教研主题

(一) 教研主题

基于学生差异势能,提升数学课堂能效,推进实证教研方式——初中数学"异质分组,关注对话,促进思维"的教学探索与实践

(二) 选题动因

1. 现实背景与面临问题的分析

(1) 区域学科教研缺乏实证意识和科学方法支持

① 区域地处郊区,日常教研缺少高质量的指导,需要专业指导来推动。

② 区域和校本教研的方式过于传统,缺乏证据意识。

③ 支持实证性教研的方法和手段较为缺乏,需要进一步学习和实践。

(2) 区域数学课堂教学中普遍存在的问题

① 过于追求情境设计,缺乏对情境和目标、情境与内容之间关系的把握。

② 过于信赖传授模式,缺乏对课堂对话作用的分析和研究。

③ 过于偏重解题训练,缺乏对数学思维的指导和育人价值的呈现。

④ 过于局限整体统一,缺乏对学生差异的关注和因"势"利导的课堂活动组织。

(3) "关注学生学习的个体差异"的研究与实践有待专业助力

① 市学科教研主题:"继续'对话—理解'研究,深化'学科育人'实践",与区、校教研的主题有密切关联。

② 学校数学教研组正在开展关于"异质分组,促进思维"的实践探索,期待借助教研活动获得专业指导。

③ 通过教研活动的开展,推动教师在教学中贯彻落实"以人为本,立德树人,基于标准"的基本原则。

2. 教研活动主题的思考与确定

(1) 本次主题教研的选题

① 以体现 JS 教育"让课程改革更深入、让师生关系更和谐、让学习经历更丰富、让教育服务更优质"为宗旨。

② 以上海市教委教研室提出的"以人为本,立德树人,基于标准"为原则。

③ 以上海市学科教研主题:"继续'对话—理解'研究,深化'学科育人'

实践"为核心。

④ 以 JS 区教育学院中学教研室倡导的"提升教研能级,推进课程教学"为主线。

⑤ 以 JS 初级中学"基于学生差异势能,提升课堂能效"的课堂转型实践项目为抓手。

(2) 本次活动的基本思路

① 以基于证据的教学研究来指导教学、教研,基于 JS 教育教学的现实条件,关注学生在课堂学习活动中对数学概念、方法原理以及数学问题的理解的差异。

② 通过异质分组,促进课堂转型;通过对话,促进数学理解;通过实证研究,探索不同层次学生对数学问题理解的差异;逐步提升学生数学问题解决的能力,促进数学学科育人价值的体现。

三、预期目标

(1) 提高科学分析学情的能力,探索异质分组的方法和策略,支持课堂分组的科学性。

通过问卷、评议和自愿选择等方法开展异质分组;指导教师科学地创设互相尊重、自然和谐的学习氛围,让分组合作学习能带动各层次学生真正地学有所获。

(2) 开发课堂观察工具和评价工具,倡导基于学习视角的听课评课活动,分析评议数学课堂教学转型实践的有效性。

充分关注学生差异本身的势能,激励学生主动参与课堂活动,提高学生探索—发现—实践—总结的能力。通过基于工具的课堂观察,研究异质分组的合作学习形态对学生学习的促进作用。教师合理引导,学生积极思考,主动质疑,探索在分组合作学习模式下的有效对话和互动学习。

(3) 基于网络技术加强教研活动的互动性,以本次主题教研为示范,推进实证导向的学科教研。

基于手机、平板电脑等移动信息技术平台,开发学生问卷、在线评测、网上评价等功能,让参与教研活动的教师都能深度参与教研,促进平等有效地交流与分享。

四、活动规划

1. 活动准备阶段要点

准备步骤：

（1）明确主题，拟订方案。[2015 年 11 月初(已完成)]

（2）策划活动，设计教学，开发工具，设计问卷。(2015 年 11 月中、下旬)

（3）文本磨合，试教改进。(2015 年 12 月初)

参与人员：

市教研员、市学科中心组、区教研员、学科专家、学校教研组等。

2. 重点环节的设计与准备

（1）开发学生问卷。基于问卷数据深度挖掘学情信息，引导学校项目研究组对学生的"异质分组"开展研究。

——教研组重点准备，教研员参与指导，基于移动平台编制问卷。

（2）开发课堂观察工具。重点观察与分析"异质分组"形态下学生的课堂对话和学习活动。

——市教研员提供课堂对话观察记录表作为模板，课堂活动观察记录表待开发，主要包括"活动内容—活动时间—活动形式"等；区域教研员招募部分骨干教师先行先试，届时成为活动时的课堂观察记录员，在评课活动时基于观课数据进行评课交流。

（3）开发学生学习效果的"后测"工具。通过课后检测诊断或对照比较学生的学习效果。

——以区教研员为主开发"后测"题，结合对照班数据或实时检测数据来分析学生课堂学习效果。

（4）基于移动平台开发教师课堂教学评议工具。

——手机操作，即时评议，现场反馈；包含教学评价、互动教学评议等功能；由市教研员提供。

（5）基于移动平台开发教师教研活动评议工具。

——手机操作，活动后评议，后台汇总数据，实现对教研活动的评价；包含教研活动总体评价、对教研活动提供建议等功能；由市教研员提供。

（6）基于移动平台编辑教研活动相关介绍文本。通过微信平台等网络平台发布,教师可以报名参加教研,提前下载资料学习,了解活动基本要点,实现主动参与、预知预学。

(7) 教研组编制"数字微报告",尝试开展互动性项目交流。

——学校教研组负责编辑"数字故事",形成互动式"数字微报告",创新在教研活动中交流学校研究项目的形式。

3. 教研活动的基本流程

(1) **听课**:整数指数幂及其运算(七年级)。

①有专门的听课小组基于观课工具进行听课记录。②课堂教学形态呈现"分组合作学习",凸显"异质分组"背景下的学生活动。③时长:40分钟。

(2) **交流**:学校数学教研组"数字报告"。

①围绕学校和教研组的研究主题开展项目交流。②时长:20分钟。

(3) **研讨**:①执教老师说课(5分钟)。②课堂观察研究小组代表评课(5～10分钟)。③互动评课活动(30～40分钟)。④市教研员总结发言(20分钟)。⑤围绕教研主题开展研讨交流。实现基于网络技术平台的互动,凸显基于网络平台的课堂评价和教研活动评价特色(60～70分钟)。

五、活动资料收集

1. 活动过程的资源积累

(1) 本次教研活动的文本资源。(主要以在线资源方式呈现)

(2) 听课工具的开发和使用。(包括听课小组的安排、听课记录和基于数据记录的评课提纲)

(3) 教研组"数字报告"资源。

(4) 基于网络平台的互动评课。(包含主要研讨活动过程记录)

(5) 基于网络平台的评课量表与教研活动评价量表。

2. 评课量表与教研活动的评议量表(另附)

3. 教研活动数据汇总(另附)

六、总结反思

教研活动的反思与后续行动(具体内容待活动完成后另附)。

【活动方案附件】

附件 1

表 3-6 在线评课与互动工具

序号	评议指标	量化评分(1~5 分)
1	教学目标清晰明确,教学活动能围绕着教学目标的达成而开展	
2	教学设计活动性强,学生能在分组学习形态下有效参与活动	
3	教学过程关注课堂对话,学生能较充分地获得交流与表达的机会	
4	学习内容适合学情基础,学生能通过合作、交流与分享有效理解数学内容	
总体上,您对执教老师这堂课的评价:		
请您提一个最想和执教老师交流或探讨的问题:		
请您写一个您觉得本节课最突出的亮点:		

(说明:对分项和总体从高到低打分,5 分评价最正面,1 分评价最负面。)

附件 2

表 3-7 在线教研活动评价工具

序号	评议指标	量化评分(1~5 分)
1	教研活动主题清晰明确,基于问题,针对需求	
2	教研活动过程规范有序,各环节具体可行	
3	教研活动内容合理丰富,研究路径清晰	
4	教研活动资源丰富,形式多样	
5	教研活动能引导解决问题,有启发、可借鉴	
对于本次教研活动,您最想和市教研员交流或探讨的一个问题:		
您觉得本次教研活动最突出的亮点:		
对于本次教研活动,您还想提出的建议:		

【摘自上海市教委教研室初中数学教研员刘达提供的主题教研活动设计方案】

3-4　教研活动案例撰写举例

教研员撰写的教研活动案例,不仅是一次教研活动的真实再现,更是对这次教研活动进行再研究的成果整理。教研活动案例的撰写,在总体上应体现"基于真实事件、合理进行思维加工、体现案例基本特征"等要求。下面提供选自初中物理、初中语文的两个主题教研活动案例,着重讨论如何撰写教研活动的案例。

加强交流——凝聚共识促行动
(初中物理学科教研活动案例)

2004 年 12 月 16 日,上海市"二期课改"新编初中物理教材(以下简称"物理新教材")试点工作研讨活动在上海市 Z 区 Y 中学进行。全市"物理新教材"试点学校以及部分非试点学校的物理老师共 130 余人参加活动。

一、活动背景与意图

1. 现实背景和面临问题

自 2002 年 9 月开始,"物理新教材"试验工作在各试点学校展开。两年多来,试点学校的教师真切地感受到新课程、新教材、新教法给中学物理教育带来的挑战,经受着来自课程改革新理念的强大冲击。在市、区教研室的领导下,在"物理新教材"编写组的指导下,全体教师努力更新观念、积极探索研究、认真实践反思,在教学改革过程中积累了一定的经验与成果,对"物理新教材"的教学设计、实验教学、探究教学和学习训练等的实践探索取得了一些突破性进展。其间,完成了"物理新教材"试验的第一轮教学,进入到对教材边试验、边修改和准备推广使用的阶段。前期取得的这些经验和成果,对深化试验、改善教材、引导推广,具有积极的参照意义。

与此同时,试点学校的教师在教学过程中也遇到了不少问题与困惑,反映在如教学方式的改进与完善、教科书的使用与优化、学习活动卡的使用与创新、实验教学的利用与开发等方面。这些问题与困惑如果不及时解决,将会影响课程改革和教材试验的顺利推进,影响学生的发展。

2. 应对策略和期望目标

积极宣介"物理新教材"试点工作取得的经验和成果,引导物理教师深入学习物理课程标准和钻研"物理新教材";同时,针对亟待解决的主要问题进行重点研究,通过切实解决有关问题以鼓舞物理教师试用新教材的信心、促进物理新教材教学试验工作顺利开展,这是应对当前形势的行动策略。

在统一思想认识的基础上,确定在本市初中课程改革试点学校 Y 中学组织一次"物理新教材"试点工作研讨活动。期望通过研讨活动,广泛交流、传播"物理新教材"试点工作的经验和成果,正确认识和解决试验实践中遇到的问题,促使物理课堂教学提高有效性、教材试验开创新局面。

二、活动设计与实施

1. 活动设计

关于本次活动的主题、具体目标和要求、活动方式和基本流程,上海市教委教研室与 Z 区教研室、Y 中学和其他试点学校进行了深入沟通与协商。

从强化推进课程改革的坚定信念和实践研究着眼,本次活动的主题定为"加强交流——凝聚共识促行动"。活动采用"展示、交流、研讨"的方式,通过展示和交流,促进教研成果的推广和应用,加强对教学的指导;通过研讨,帮助教师提高思想认识,进一步明确课程改革的思路和要求,推动实践研究;借助优质人力资源,建立一个有多种力量介入的教研共同体,帮助试点学校深刻总结经验与教训,群策群力解决课改中教师遇到的实际问题。

本次活动的内容包括五个交流板块:校本教研展览会、教学公开课、"物理新教材"试点经验汇编文集、自制实验教具评比、"物理新教材"试点现场交流会等。

(1) 校本教研展览会,注重利用学科展板,呈现试点学校教研组的教学改革经验、特色和主要成果,相互进行交流、学习,同时推动校本教研继续深入开展。活动中设置学科展板评比环节,在各个展板区域安放投票箱,根据得票多少进行表彰,鼓励学校精心制版,要求教师认真观展。

(2) 教学公开课,主要针对物理教学的重点和难点问题,关注教学方式的改进与完善、教科书的使用与优化、学习活动卡的使用与创新、实验教学的利用与开发等方面的探索实践。经过讨论,确定安排三节公开课,重点突出对于实施合作学习、信息技术整合、探究学习等主题的探讨。课后采用执教老师说课、听课老师评课、特邀专家点评的方式进行教学研讨,以有效解决教师在相关主题的教学中遇到的实际问题。

(3)"物理新教材"试点经验汇编文集,主要反映参与"物理新教材"试点工作的教师在学习、研究新物理课程标准中,以及"物理新教材"教学实践中的体会、经验。文集内容包括课改经验、教学设计、学习训练等三个部分,提供给广大物理教师在学习"物理新教材"、开展教学研究时参考和借鉴。

(4)自制实验教具评比,重在促进教师提高实验教学的创新能力,有效开发和切实加强实验教学,推动物理课堂教学的改革,推进课程教材的改革。

(5)现场交流会,安排教研组、备课组、东道主学校介绍"二期课改"经验,并请领导、专家对物理学科推进"二期课改"提出指导意见。

2. 活动准备

根据活动的设计方案,组织和参与展示活动的各方积极行动,进行各项准备工作。

其中,上海市教委教研室组织市"初中物理教材教法组"的专家,深入 Z 区对初中物理学科教学情况开展调研,了解"物理新教材"试点工作的成效与问题,并具体确定公开课教学的课题。

经过调研,将三节公开课的课题定为"欧姆定律"和"光的色散"。其中,"欧姆定律"的教学,力图在合作学习方面有所突破;"光的色散"同上两课,进行"同课异构"的设计,力图在信息技术整合、探究学习等方面有所突破。

公开课的教学分别由 Y 中学的三位老师承担。市、区物理教研员和市"初中物理教材教法组"专家亲临现场,进行备课研究和试教指导,使这三节课的设计水平在原有基础上得到了明显提升。

另外,"物理新教材"试点经验汇编的文集,在广泛征集"物理新教材"试点成果的基础上,精心进行选择和编制,力求让老师从中获益更多。

3. 具体实施

本次活动在 2004 年 12 月 16 日正式展开。

首先,由 Y 中学的三位老师,分别执教"欧姆定律""光的色散——颜色之谜"和"光的色散——缤纷的色光"三节公开课。

"欧姆定律"的教学,通过"小彩灯随电压的变化由暗到亮"的演示实验导入,引起学生对"电流的大小与什么因素有关"的猜测;然后重现欧姆思考问题的方式,探究导体中的电流与这个导体两端电压之间的关系。教师利用"学习活动卡",以小组合作学习的形式,让学生设计实验方案、动手实验、记录数据、画出导体的电流-电压图像、进行实验交流,通过相互评价提高认识;同时,教师进行必要的演示、指导,完成对物理规律的探究,并组织对应用欧姆定律解决简单实际问题的讨论;最后,进行学习小结。

"光的色散——颜色之谜"的教学,用实验创设情景引入课题,用提问方式引出光的色散;然后指导学生利用手电筒、装水的烧瓶和光屏等寻找七彩光,通过观察旋转的彩色陀螺猜测造成颜色变化的原因,用计算机模拟实验发现三原色按不同比例组合会引起不同颜色的感觉;再用问题引导学生探究物体颜色的成因。在教学过程中,"学习活动卡"发挥了引领学习的作用,活动卡中还安排了"在小暗室里观察色光下不同物体的颜色是怎样的"的课后练习,要求学生自主实验和解释原因。

"光的色散——缤纷的色光"的教学,用动画"彩虹传说"引入;然后让学生利用身边的实验仪器和材料,找到类似于彩虹的彩色条纹,并在"学习活动卡"上,用文字描述实验方法、记录观察结果;再邀请小组代表上讲台演示不同实验,说明操作方法。还有,观察陀螺旋转时圆盘上显示的颜色、用计算机程序模拟红、绿、蓝三种色光混合等实验活动,做"比一比谁是混色高手"的游戏。教师放手让学生进行探究实验,利用计算机和多媒体软件验证结论、辅助教学,还引导学生解释、自学色散和霓虹的成因,要求回家后观察电视机的屏幕和分析画面上丰富色彩的成因等,把多种教学方式有机结合在一起。

在评课中,听课老师认为,这三节课都努力创设情境,让学生在探究活动中学习物理知识;教学内容联系生活、社会和科技,课堂上学生动手实验、热烈讨论,留下了深刻印象。"物理新教材"编写组专家称赞这三节课充分体现了"二期课改"的理念,给听课老师以震撼;还赞扬教师在教学中对内容进行了很好的处理,对"学习活动卡"的设计有自己的创意和比教科书更切合教学要求的改进,并表示在教材修改中要吸纳进去;同时也指出有些地方可进一步完善,如个别学生或小组的实验不尽如人意,有的探究活动的深度不够等。

随后,举行经验交流会。在交流会上,Y中学校长作了"深化课程改革,发展学校特色"的主题报告;Y中学物理组、L中学物理备课组介绍了试点工作经验;市、区领导和专家针对如何在教学中落实"二期课改"理念、"听课教师如何参与课堂教学的研讨"以及"如何培养学生合作探究能力"等,发表了指导意见。这些发言和意见,给了与会老师深刻的启示。大家进一步认识到,课程改革是促进学校发展和师生发展的强大动力;切实提高专业素养、认真实践课程理念,是实现教学与新课程相适应转变的根本途径;加强对课程实施的研讨,就是要把优秀经验转变为教学常规,用教学常规来规范教学行为,促使教学尊重规律、提高质量。同时还认识到,大力开展对于改进物理课堂教学和改善物理教学策略的实践研究,是一项基础性的工作,应该常抓不懈。

在活动期间,还组织了学科展板评比和自制教具评比,与会教师积极参与,深受启发。展板、教具制作的过程,就是提炼经验的过程,而交流、评比就是经验共享的过程。广大教师在参与交流、评比活动的过程中,有很多感触和收获,有不少老师对展板、教具发生了浓厚的兴趣,还与展板、教具的制作者进行现场交流和探讨。

4. 后续工作

研讨活动结束后,及时召开了相关工作的小结会议,对活动各环节的成效与不足进行了深刻的分析与反思,并将活动的资料加以收集、整理和归档。

作为活动承办方的 Y 中学,对活动做了深入的思考,对本次活动中教师的表现和教研组凝聚力增强给予了充分的肯定。Y 中学同时也认为,本次活动有效提升了学校物理教研组的研究能力,对于物理教研组的建设有很大的帮助。

三、活动分析与启示

1. 成效评析

这次研讨活动,内容的涉及面广,参与的人员多,对各参与学校和区域的教研工作影响很大。

这次教研活动,对物理教师和教研员进一步加强教育教学理论学习、开展对物理课程、教材、教学的改革探索和实践研究,是有力的促进。同时,在这个交流经验、展示成果、研讨问题的平台上,大家相互学习、一起研究,共同得到了提高。三节公开课的教学设计,教学目标适切、表达规范,总体思路充分反映了科学探究的主线,反映了突出重点和突破难点的方法和手段;在教学过程中,学生积极、主动地参与教学,自主探究、合作实验、充分交流;教师的教学基本功扎实、表达准确,实验的设计和信息技术的应用有利于概念的建立和规律的得出,教学效果好。这三节课都较好地体现了"二期课改"的理念，具有示范性，产生了较好的反响。另外，通过现场交流会和发放"物理新教材"试点经验汇编文集两个环节，进一步交流了"物理新教材"试点工作的经验和体会，在更广泛层面上形成了"学习、实践、研究"新课程的氛围。

通过本次活动，大家进一步认识到，要更深入地关注课堂教学，关注学生的感受。

各试点学校以本次活动为起点，通过活动中引发的思考，开展了对"物理新教材"的二次开发、"物理新教材"的校本化实施、"学习活动卡"的创新开发、导入实验的开发、数字化实验教学等方面的课题研究。这些研究，对推进区域初中物理学科的发展发挥了积极作用。

非试点学校的老师通过参与本次活动，近距离接触了"物理新教材"的课堂教学，对试用"物理新教材"充满期待，对推进"二期课改"和推广使用"物理新教材"更加关切。

本次活动最大的受益方是 Y 中学物理组。通过活动的准备和实施，教研组全体成员积极主动出谋划策，教研组的凝聚力进一步增强，校本教研和教学研究氛围更加浓厚，对教师的专业发展有很大促进。以本次活动的教学公开课为基础，Y 中学拍摄的"欧姆定律"和"光的色散"两节课，在 2005 年上海市初中物理优质录像课评比中分获一等奖、二等奖，并选入上海市"二期课改"资源库。

2. 几点启示

本次活动以共同研讨促思想碰撞、认识聚焦；以相互交流促理念扎根、资源共享；以积极反思促共识生成、行为转变，开创了初中物理教研的一个新局面。本次活动使我们深刻体会到，教研工作要从课程改革层面去思考课堂教学问题。

教研工作的"立足点"是解决课堂教学的实际问题和基层教师的实际需求。本次活动既使试点学校的经验得以推广，也使存在的问题在一定程度上得以解决。

教研工作的"着眼点"是理论与实践的结合。本次活动在专家的引领下，能联系实际问题进一步学习课程理论，同时用课程理论具体指导教学实践，使"二期课改"的理念得以较好地落地。

教研工作的"切入点"是不断改进教研模式、教研方法和手段。本次活动为教研活动提供了一种基本的模式,即展示交流模式。经过本次活动实践,我们对展示交流模式的基本目的、基本过程和基本要求等有了比较完整的认识,对其实施过程获得了有益的操作经验。

教研工作的"生长点"在于对打造教研精品的执着追求。要关注学科发展和教学实践的需求,关注教师专业发展和学生整体发展的需要,重视发挥和扩大教研活动的积极影响,勇于改革创新,不断追求卓越,努力提升教研质量。

【摘自《从一个物理教研案例谈起:实践,总结,积累,跨越》一文,刊载在《物理教学》2012年第3期】

读写关系与教学策略指导

（初中语文学科教研活动案例）

一、教研活动的主题与期望目标

1. 关于现实背景和面临问题的分析

培养学生的听说读写能力是语文教学的基本任务,而将四种能力统摄起来的是语言文字及其背后的思维活动。对语言文字的认读、感知、理解和运用是实现读写活动的凭依,因此指导学生通过认读理解、迁移运用语言文字的读写教学活动,就始终成为语文课堂教学的核心内容和基本任务。

由于语言功能的多样性及思维活动的复杂性,且读写本身的心理发生机制的内隐性和复杂性,再加上教师自身对读写经验的主观性与独特性,我们对读写内涵的把握及其关系的认识就存在许多分歧,其中还存在许多认识上的盲点、误区和困惑。

现在,我们正处在一个信息科技飞速发展、价值取向日益多元、社会需要日益丰富的时代。语文读写教学正面临一个由相对封闭、静态、单一向更加开放、动态和多元的方向发展。今天,无论是阅读内容的丰富性与广阔性、阅读方式的多样性与灵活性,还是写作视野的开阔性、写作任务的现实性和写作方式的自由性,都决定了读写教学应该比以往任何时候都具有更大的包容性和发展性。为此,有必要从当今语文教学的现实背景出发,围绕"读写关系及教学策略指导"这个主题展开广泛讨论。

2. 关于应对策略和活动主题的思考

针对当前需要重点研究的课题和亟待解决的主要问题，我们策划了一次教研活动，分两个"论坛"举行，一次为"现场论坛"，另一次为"网络论坛"。我们期望通过两个教研论坛为广大中青年语文教师提供平台和窗口，使论坛成为广大语文教师的思想园地，成为教师思想交流与碰撞的良好平台，成为不断产生新的思想火花的智慧空间。

我们将讨论的范围主要集中在中学语文的课堂教学，也兼顾语文教学与社会生活的广泛联系；我们将讨论的重点聚焦于对读写教学现状的分析、读写关系的认识交流以及有关读写教学策略指导的经验分享。为此，两个教研论坛的主题同为"读写关系与教学策略指导"，这次教研活动的主要目的定位在：交流思想，提高认识，开阔视野，丰富素养。

3. 活动主题、活动目标、活动参与对象及预期成果

（1）这次教研活动的主题：读写关系与教学策略指导。

（2）这次教研活动的目标：审视学生读写现状，反思当下语文课堂教学的实际困境，探讨阅读教学与写作教学的契合点及有效途径。

（3）参加"现场教研论坛活动"的对象：各区（县）语文教研员，各区（县）骨干教师10～15名。总人数在四百左右。参加"网络教研论坛活动"的对象：全市初中语文教师。

（4）预期成果：希望通过本次活动引导广大基层教师反思读写教学中的现状，厘清读写结合中的一些认识问题，了解一些读写结合的有效策略，进而逐步提高读写结合的教学效益；积累教研论坛实录、专家点评实录与网络教研的精华帖等过程性资料；探索"现场教研论坛"与"网络教研活动"相结合的教研方式。

二、活动方式和基本流程

1. 活动方式

本次教研活动的主要方式是论坛；采用的教研策略是"论坛嘉宾头脑风暴——学科专家点评引领——基层教师网络互动"。

（1）"现场教研论坛"大致围绕以下三个板块展开：

——读写内涵及其关系的认识与把握

——读写教学现状及困惑的分析与思考

——读写教学策略的运用与评价

（2）"网络教研论坛"围绕三个话题展开：

——您对读写内涵及其关系的认识

——教学中读写结合的现状分析

——在读写结合方面,您有哪些有效的教学策略

每天安排两位学科中心组成员在网上值班,浏览全市初中语文教师在论坛上所发的帖子,答疑解惑,并将有质量的帖子设为"精华帖",供全市教师分享。

2. 活动基本流程

关于"准备阶段"和"研讨阶段"有关活动项目、内容、程序的流程图（图略）。

三、活动过程与调控措施

1. 活动过程

2012 年 11 月 1 日在上海市 SY 学校举行现场教研论坛,论坛主题为"读写关系与教学策略指导",旨在审视学生读写现状,反思当下语文课堂教学的实际困境,探讨阅读教学与写作教学的契合点及有效途径。论坛特邀四位专家和七位老师作论坛发言。与会听众四百余人,会议由 PD 区语文教研员主持。

论坛从媒体采访莫言的视频切入,主持人引出了论坛主题并提出三个问题：读写内涵及其关系的认识与把握、读写教学现状及困惑、读写教学策略的运用。围绕这三个问题,嘉宾们展开了热烈的讨论。他们先从教育学、心理学、信息论等角度阐释了读写的内涵及其关系,在生活语境、课程语境中揭示了正确认识读写关系的意义。接着,谈到了现今社会网络化、娱乐化、功利化的倾向对读写教学的冲击,及由此引发的教学困局——读写结合变得机械化、技术化、功利化,指出其实质是读写教学的去思想化与读写功能的异化。最后,介绍了一些有效的教学策略,如在文本的核心教学价值中寻找读写结合点、丰富学生的读写体验、通过文化突围来唤醒学生的读写自觉、构建基于学情的读写结合课程体系等。论坛期间,嘉宾们各抒己见,畅所欲言,思想的交锋频频出现,不少妙语引得全场笑声不断。

在专家点评环节,T 老师希望这样的教研论坛能造就更多语文教师富于激情、善于思考、敢于创新的文化品格。Y 老师满怀深情地指出,在好莱坞大片文化、

薯片文化、芯片文化的冲击下,学生远离了经典与高雅,而作为语文教学的双翼——读与写,存在着读"硬"写"弱"的状况,不能和谐双飞。面对这些困境,语文教师要从培养人的精神世界的高度来认识读写关系,要多研究学生,因势利导地开展读写教学,提高读写结合的有效性。

2012 年 11 月 12 日至 12 月 23 日,市初中语文学科中心组以网络教研的形式组织全市初中语文教师就这个话题开展更深入的讨论。全市初中语文教师经常浏览平台,了解最新动向,并以论坛、发帖、跟帖等形式积极参与讨论,积极上传资料(论文或案例等)。六周时间内,全市初中语文教师发帖 707 个,回帖 1047 个,点击量达 9785 次。学科中心组搜集精华帖 30 余份,总字数达两万。

2. 调控措施

整个教研活动有三个环节是关键:一是现场教研论坛时嘉宾间的思维碰撞;二是如何了解现场教研论坛的质量、倾听一线教师的心声;三是网络教研时如何聚焦基层教师的发言,如何调动基层教师参与网络教研的积极性。

针对第一个关键环节的"调控措施"是,合成发言稿时要避免嘉宾发言的同质化现象,鼓励嘉宾提出创见,哪怕有些过激,鼓励嘉宾之间的争论。论坛主持人的调度尤为重要,需物色应变力较强的教师,并事先作好预案。

针对第二关键环节的"调控措施"是,向参与现场论坛的教师提供"论坛反馈表",及时搜集、汇总信息(反馈表略)。

针对第三关键环节的"调控措施"是,学科中心组及时发现有质量的帖子,将其设为精华帖并置顶,以聚焦论坛的发言、激发教师的参与热情。

四、活动的持续和跟进行动

1. 利用本次活动成果改进教学的建议

本次教研活动取得了一定的成效。以下摘取部分参加现场论坛的基层老师的反馈意见(略)。

我们还收集了网络教研的情况,部分帖子有一定的质量(举例略)。

从两个教研论坛中教师们的反馈意见看,大家通过本次教研活动能反思读写教学中的现状——读写结合的机械化、技术化、功利化、去思想化与读写功能的异化,厘清了一些读写结合中的认识误区,了解一些读写结合的有效策略。

例如：在文本的核心教学价值中寻找读写结合点、丰富学生的读写体验、通过文化突围来唤醒学生的读写自觉、构建基于学情的读写结合课程体系等，这些对于提高读写结合的教学效益是有帮助的。不少教师主动提出了教研需求（具体内容略），这些反馈说明这次教研活动所开展的讨论对基层教师有所触动，他们不仅有认识上的提升，还产生了改进自身教学的愿望，产生了投入这项教研工作的热情，这是难能可贵的，是本次活动目标达成的最好体现。这次教研活动还积累了教研论坛实录、专家点评实录与网络教研的精华帖等许多过程性资料，探索了"现场教研论坛"与"网络教研活动"相结合的教研方式。

基于本次教研活动的研讨结果，为逐步改进课堂教学，我们向教师提出如下建议：有效的读写结合的教学策略是，要充分考虑到学生的已有能力和发展可能，要注重学生的语言积累，要引导学生沉浸到文本中去，要调动已知、唤醒经验来体验、感受未知或新知，要在体验过程中，或共鸣之（已有经验得到验证），或质疑之（已有经验碰撞），从而不断地形成新的认识，调整或重构认知结构，让学生在这样动态的语言实践过程中，掌握语言运用的规范，感受、体验优秀作品的语言魅力，逐步提高读写能力。

2. 继续推进本主题研讨的思考

本次教研活动的主题针对现实问题，话题涉及的范围较大，有利于教师各抒己见，畅所欲言，形成思想的碰撞，厘清一些认识上的误区，形成一些正确的认识。这次教研活动的形式较好地支撑了教研目标的达成。对于开展教学理念讨论类的教研活动，可以尝试采用这种形式。不足在于，这次教研活动的主题还相对较大，话题涉及的范围相对较宽，形式以讨论为主，教研的视野较少涉及具体的操作方法。

下一阶段，我们将收集一些优秀教师在读写结合方面的教学课例与经验文章，侧重探索如何基于教材进行读写转换策略的指导。我们还要将这次教研活动的题目分解成几个更小的下位主题，展开相关的系列教学研究，比如叙事类文章读写转换策略的研究等，可以采用"课堂教学实践活动"与"微型论坛"相结合的方法，既有教学理念上的引领，又提供一些实践案例与操作性较强的方法。这样的教研活动也许能为教师改进课堂教学提供更多的帮助。

【摘自上海市教委教研室初中语文教研员曹刚提供的教研活动案例】

3-5　教研活动样态举例

"上海教研"在扎实推进,通过系统梳理课程改革发展脉络,全面分析课程改革对教研的要求,立足实践、注重实效,广泛而有序、深入且持久地多样性开展教研活动,促进教研持续发展并不断取得研究成果。下面以项目"服务课程改革的上海教研实践范式"的研究成果为例,从成果的形成及解决的问题、成果概述及理论与实践的创新、成果的推广及应用价值等方面,简述如下。

服务课程改革的上海教研实践范式

【摘要】 教研是保障教育质量、促进教育内涵发展的重要机制,也是教师专业发展的重要引擎。国家宏观政策指引教研方向,课程改革拓宽内容范畴,实践需求影响教研方法,"上海教研"作为课改中枢需要体现出"上通下达"的特征。针对"如何将国家课程转化为教师实施、学生经历的课程"这个教育难题,"上海教研"历时 20 多年,通过持续审视教研职能,聚焦教研价值、教研内容、教研方法、教研机制,不断研究与深化保障课程转化的教研机理,逐步构建了上海教研实践范式。作为一种常态化运作模型,上海教研实践范式在价值取向、运行机制、内容范畴、实证方法上均体现出创新性。上海教研通过构建课例研修、课程教学调研、主题教研活动等教研模式,实现了上海教研实践范式的推展应用,改善了教研生态,在全国范围内产生了广泛影响。

【正文】

一、成果的形成及解决的问题

课程改革强调以立德树人为核心,以发展学生认知能力、创新能力、合作能力、职业能力为重点。所要解决的关键问题是:如何建设体现课改要求的国家课程,如何使国家课程转化为教师理解与实施的课程,进而转化成学生经历与获得的课程。这是一个教育难题,也是教研系统亟待解决的重大课题。

基于此,"上海教研"再次审视教研职能,探索保障课程转化的教研机理,构建了上海教研实践范式。围绕实践范式的构建与应用,着重解决以下主要问题:

(1) 如何拓宽课程视域,扩展内容范畴,明确教研转化职能?

（2）如何强化证据意识，注重实证方法，促进教研基于规准？

（3）如何树立团队观念，创新运行机制，保障教研有序运作？

（4）如何推展实践范式，推进常态应用，实现教研生态改善？

二、成果概述及理论与实践的创新

上海教研实践范式，是在价值取向指引下，以内容范畴为载体，以实证方法为手段，以运行机制为保障的常态化运作模型（见图3-10）。实践范式通过文本编制和现场指导，发挥连通作用，有效服务课程改革，充分支持学校、教师、学生发展。

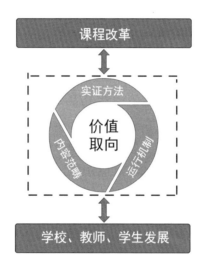

图 3-10 上海教研实践范式

上海教研实践范式诠释了对教研内涵的认识，提升了教研的理论高度，揭示了"团队智慧，经验分享"的教研机理，充分支持教师专业成长，体现出引领性、操作性和公认性。

上海教研实践范式的结构特征如下：

（一）再塑"上海教研"的价值取向

"上海教研"立足学生发展，激发课程领导潜能，再塑价值取向：拓宽课程视域，开展对"课程—教学—评价"的整体性研究；强调证据意识，突出证据的收集、积累、分析与应用；树立团队观念，强化平等、包容、沟通、互助、合作的共同体意识。

（二）创新"跨界联动"的运行机制

"上海教研"创新运行机制，建立结构形态多样的合作共同体，创建项目运作方式，完善教研员发展评估制度。

1. 建立结构形态多样的合作共同体，促进深度协作

"上海教研"强调团队观念，发挥市、区各级教研部门专业力量的优势，整合各学科、各学段、各领域的教研力量，形成结构形态多样的合作共同体。如在各类教研工作中，组建由高校专家、市学科教研员、市综合教研员、区教研员、一线教师共同组成的研究团队，实现优势互补。

2. 创建项目运作方式，实现研修一体

"上海教研"所倡导的项目研究是一种有着明确的目标，在有限的时间和边界条件下，根据不同需求，依据一定的规范、流程完成的教研工作。项目研究采用"问题导向、任务驱动、沟通协作"的运作方式。针对教学实践中面临的真实问题，设立研究要求与工作推进相统一的项目，通过项目团队的合理分工与充分沟通，持续促进研究深化与实践优化，实现研修一体，促进教师专业发展。

3. 完善教研员专业发展评估制度，发挥导向作用

上海市教委教研室坚持完善"立足岗位实践、倡导同伴交流、鼓励培训进修、支持专著出版"的教研员专业发展制度。建立部门同伴、服务对象、特聘专家、分管领导对教研员教研工作进行综合考评的机制，通过评估导向，促进教研员专业发展。

教研机制的创新丰富了教研形态，调动了各级各类资源，实现了统整融合与优势互补，增强了合作共同体的参与性和内驱力，释放了区域教研部门和基层学校的活力，促进了课程改革的深化和教研队伍的持续发展。

（三）拓宽"课程视域"的内容范畴

"上海教研"通过文本与实践的持续互动，构建强化目标、内容、实施、评价相互关联的教研内容范畴。

1. 研制各类课程文本，增进教师对课程的整体把握

"上海教研"重视对课堂教学的研究，同时强化对课程、评价的研究。研制各学科课程标准和教学基本要求，增进教师对于课程理念、课程目标、课程内容与实施要求的理解和把握。如研制《学校课程计划编制指南》，促使学校课程安排从一张"排课表"走向一份"课程计划"，促进学校对于课程目标、内容、实施、

评价的整体思考。

2. 研制学科单元教学设计指南,强化教师对教学的结构化思考

研制各学科单元教学设计指南,规划教学单元,针对学习活动、作业、评价、资源等教学全过程的关键要素,提出基本规格要求,引导学校教研活动从单一的"教学进度安排"走向课程视域下的"单元教学设计"。

"上海教研"构建的教研内容范畴,阐释了"基于课程标准"教学的内涵,强化了教师的课程意识,引导教师把握教学目标,使教学走向整体化和结构化,铺设了一条国家课程校本化实施的有效路径。

(四)形成"基于规准"的实证方法

"上海教研"研发以标准引领、路径明晰、证据支持、信息技术融入为特征的系列教研工具,提升教研质量。

其一,建立教研质量标准,凸显导向作用。通过建立质量标准,聚焦关键要素,明确质量要求,促使教研人员把握教研方向,凸显导向作用。

其二,优化教研活动流程,明晰教研路径。通过提供活动流程,明确活动基本环节以及主要工作,将保障活动质量的内在要求融合于活动各环节中,有助于教研人员明确自身职责,持续深化对于活动的思考,体现路径明晰。

其三,强化教研工具应用,促进多元互证。研发以标准引领、路径明晰、证据支持、信息技术融入为特征的系列教研工具,指明收集证据的各种途径,促进多元互证。

其四,重视信息技术融入,拓展教研时空。充分利用信息技术优势,依据数据反馈及时调整教研活动内容,突出教研活动重点,突破教研活动难点,促进教研人员的深度参与,拓展教研时空。

"基于规准"的实证方法充分体现了方法创新。通过"规准"和"规格"来规范指导教研活动,使判断更接近事实,指导有明确方向,自查有对照标准,流程有参考规范,促进了基于证据的教学反馈与反思改进,提升了教研品质,提高了教学质量。

三、成果的推广及应用价值

上海市、区、校三级教研,以上海教研实践范式为引领,围绕日常教研、主题教研活动、课程调研与项目研修,逐步实现了上海教研实践范式的推展应用。

下面以主题教研活动模式为例,着重阐释实践范式的实践应用:

主题教研活动是经过系统设计和精心组织的专业发展研究活动,它以促进学校教师和教研员发展为宗旨,具有主题的针对性、活动的持续性、参与的深入性、信息化支持等特征。主题教研活动模式(见图3-11),确立了活动的基本流程和环节,并对每一个环节的要素和规格进行了具体的阐释,体现了操作规范。

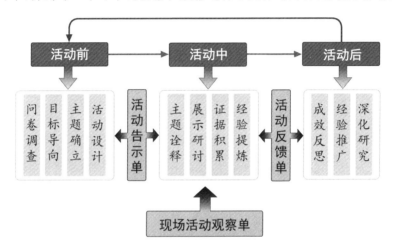

图 3-11　主题教研活动模式

如图3-11所示,实施主题教研活动,其前、中、后都有明确的要求:

活动前,重视通过前期问卷调查、分析等方式聚焦问题,结合目标导向确定主题,形成活动系列,体现课程视域。要求设计教研活动告示单,告知活动选题动因、过程安排、资源利用与效果预估,帮助教师了解活动要点,前移思考过程,使教师参与有明确方向。

活动中,提供整体性或专项性现场活动观察单,聚焦观察要点,增强观察的针对性,体现标准引领。通过设计"要点/简评"栏目,引导教师树立证据意识,积累并分析证据。进行分组研讨交流,以现场活动观察单记录为基础,开展基于证据的表达,促进思维的深度碰撞。

活动后,借助活动反馈等形式,从活动主题、目标制订、活动设计、过程呈现、实施效果等方面,由活动参与者通过纸质、网络问卷等方式进行评价。通过对评价结果的数据分析,把握参与者需求,作为后续教研活动的主题,使得教研主题序列化;总结教研活动的典型经验,并通过多渠道媒体辐射活动成果;反思教研活动不足,为后续优化主题教研活动指引方向。

上海教研实践范式揭示了"团队智慧,经验分享"的教研机理,呈现引领性、操作性和公认性等三个特质。

关于**引领性**。上海教研以问题导向和目标导向为引领,重视对课堂教学的研究,同时强化对课程、评价的研究,增进了教师在立德树人思想指导下对课程理念、课程目标、课程内容与实施要求的理解和把握,强化了教师的课程意识,拓宽了课程视域,体现出上海教研实践范式的引领性。

关于**操作性**。上海教研注重开发工具,应用信息技术,突出了证据的收集、积累、分析与应用,强化了调研参与者的证据意识。如开发活动告示单帮助观课教师提前了解教学要点,活动观察单聚焦观课要点,活动反馈单总结和反思活动效果为后续教研提供数据支持,体现出上海教研实践范式的操作性。

关于**公认性**。上海教研强调引导广大教师积极主动参与、大力改善教研活动过程中的互动交流环节、重视档案积累、凸显实证教研等,逐步固化形成了各级各类教研活动普遍学习和应用的教研模式,并建立了相关的保障机制,体现出上海教研实践范式的公认性。

"上海教研"立足本土,面向全国,走向世界。展望未来,我们将在以下方面继续努力:一是让信息化成为上海教研实践范式新的要素,大力推进信息技术融入实践范式,使"上海教研"更精准、更高效,促进"上海教研"在传承中持续创新与发展。二是让文化内涵成为"上海教研"的生态追求,进一步倡导学术自由,强调专业自觉,提倡服务奉献,注重个人修养,实现"教研支持教师专业成长,教师促进教研品质提升"的愿景与目标!

【摘自《上海教研实践范式》一文,刊载在《上海课程教学研究》2018 年第 9 期】

第四章　教研工作管理

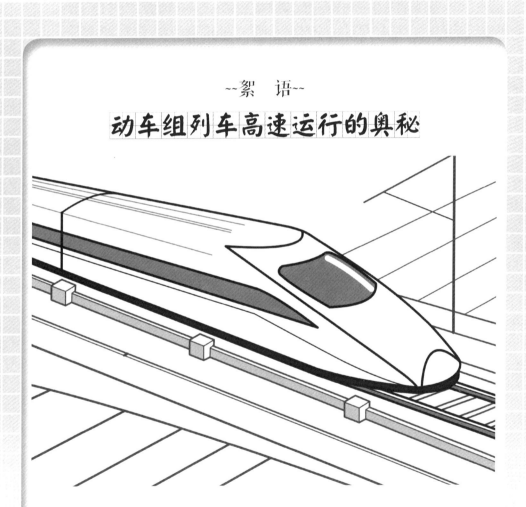

~~絮　语~~

动车组列车高速运行的奥秘

火车沿着平顺的轨道向前飞驰。现在的动车组列车（简称动车组）与过去的普通列车（俗称绿皮火车）是不同年代的两类火车，它们的主要区别：一是绿皮火车的运行轨道连接处有空隙，动车组的运行轨道是将20多米长的铁轨焊接起来，以消除连接口，使连接处无空隙（实际上在几百米甚至上千米的地方仍然留有约 11 毫米的空隙）；二是绿皮火车中的车厢没有动力，而动车组中几乎每节车厢都有电动机。由于动车组所有车轮一同运转，所以动车组的运行足够平稳和变速灵活，而且运行速度大大加快，这是绿皮火车无法企及的。

不妨将教研看作是一列"动车组"，那么教研员就是"动车组"的"车头"。这时，可将教师视为"车厢"，他们都有动力，这个动力就是教师的潜能。教研这列"动车组"沿着一定的"轨道"持续运行，它的运行"轨道"由教研内容的结构与教师发展的需求合成。教研活动的运行"轨道"也要"无缝"衔接，这样才能有力支持教研活动开展，使教研活动的质量和效益得到提高。这种衔接技术主要体现在教研内容的选择与组织以及教师需求的调查与研究之中，需要我们充分关注和深入思考。

动车组的运行启示我们，教研应提倡因人而研。提高教研有效性的关键，就是要注意教研背景的分析，注意激发教师参与教研活动的积极性；就是要强调主题明确，路径明晰，结果明朗。

动车组的运行也启示我们，教研有道，教研工作应遵循一定的规律，在一定的轨道上运行。为提高教研工作的实效性，就要按规律办事，大力发挥教师和教研员的主观能动性；为保障教研工作顺利开展和落到实处，就要健全规章制度、明确职责要求，加强管理工作、重视评价激励。

在遵循教研工作规律的前提下，教研机制的创新显得尤为迫切，它是推进教研转型的一个关键。比如，建立促进教研员专业发展的机制，就是一项极其重要的工作。通过设置"教研员专业成长记录袋"，记录教研员专业发展进程、规范业务工作档案管理、搭建分享经验成果平台，可使教研室的业务管理朝着"过程与结果并重""量化与质性兼顾"的方向不断发展。

第一节 教研岗位职责

在上海基础教育领域,上海市教委教研室肩负着"课改中枢、教育先锋"的使命和责任。要充分认识课程改革的长期性和艰巨性,关注课程改革持续成功地运行,不断完善长效机制;要高度重视教研室行使职能的水平和质量,切实加强教研室的基础性建设。

无论是市教研员还是区教研员,其岗位职责,就是具体行使教研室所担负的"研究、指导、服务"职能。教研室业务活动的重点是课程建设、课程实施、课程评价和资源建设;主要类别包括整体性综合研究、专题性项目(课题)研究、学科日常教学研究和学术团体工作等。全体教研员要围绕课程改革这个中心,根据教研室的整体工作要求和安排积极开展业务活动,坚持整体性、计划性、研究性、实证性、规范性和成效性的原则,全面履行岗位职责。

一、学习和研究

教研员要通过加强学习,提高师德修养和专业素养,不断增强履行岗位职责的意识和本领。刻苦学习理论和钻研业务,坚持在学习中研究、在研究中学习,这是教研员的岗位职责所在;向实践学习、向基层学习,这是教研员立足岗位、自觉学习的必然要求。在加强自身学习的基础上,教研员要全力以赴担负起教育教学研究的职责。

遵循全面贯彻国家教育方针的要求,根据推进教育改革与发展的需要,组织开展关于教育教学理论、课程设置、教学内容、教学方法、教学手段和教学评价等方面的研究。在基础教育课程改革中,担当课程方案、学科课程标准及相关文本的研制和宣讲工作。

根据教育行政部门的部署,组织和参与课程教材改革的有关试验;关心和参与各学科的教材建设,及时反映教材使用的情况,并对教材中存在的问题提出改进意见。根据课程实施情况和教学改革要求,在实际的教育教学情境中与教师共同进行课程、教学和评价的研究；根据课程改革进程和本地区教育教学实际，实施课程管理。

在调查研究的基础上，提出关于本地区执行课程方案、学科课程标准和使用教材的意见，指导学校全面落实课程计划和教学基本要求；研究并报告本地区的教育教学质量状况以及需要采取的改进措施，为教育行政部门决策提供依据。

组织和参与教学质量的检查和评估活动，在授权范围内，制订教学质量考核标准；按有关规定，组织考试命题、阅卷以及质量分析工作；开展关于教学质量检查评估手段和方法的研究，探索考试制度和方法的改革。

二、指导和服务

在课程与教学领域，教研室肩负的责任重大。促进课程与教学的有效实施是教研室工作之重，悉心指导和真诚服务是教研员的"立身之本"。

关注课堂，重视课程实施过程，帮助广大教师端正教育思想，准确理解、把握学科课程标准和教材；指导教师遵循教育规律，改进教学方法，落实教学基本环节，努力提高课堂教学的质量和效益。

及时把握国内外学科课程教学改革与发展的动态，发现和总结区域、学校、教研（备课）组以及教师的经验与成果，研究学科课程、教材、教学中的问题，积累学科教育教学案例，为课程标准与教材的持续完善提供基础研究和专业服务。同时，多层次地组织教学经验交流、教学研究成果展示和推广等活动；开展有关课程资源的开发利用、现代教育技术的实践应用等方面的研究，并选编相关资料，提供给教师参考和使用。

有计划地组织课程与教学调研、专项教学视导等活动，发现和总结经验，研究和解决问题；有针对性地开展专题研究，抓好典型案例，加强分类指导。关心和推动学校教研组的建设以及校本课程的实施，为校本研修活动的开展提供指导和服务。

采用多种方式，为教师的专业发展搭建平台、创设条件；组织专题培训、骨干教师研修、学术研讨、带教青年教师等活动，同时根据需要有计划地安排课程、教材、教学、教研、课题的评选活动，以加快青年教师的成长，促进骨干教师和学科带头人的专业发展。

运用信息技术完善教研工作模式，积极组织开展网络教研活动；通过学科教研网站，与教师加强沟通和交流，为学校和教师提供丰富的教学资源和互动的研讨平台。

按照有关规定做好学科类竞赛的组织和实施工作。这方面的工作包括经市中学生竞赛管理委员会批准同意成立相应的组织委员会，严格执行市中学生竞赛管理委员会的指导意见和有关规则；承担学科类竞赛的管理责任，以及落实竞赛资料的收集、整理、汇总、存档等事项。

加强与教育学会以及其他学会的联系，沟通信息，相互协作，发挥群众性学术团体的作用，以推动群众性教育教学研究活动的开展。

【关于编制教研工作计划探讨可参考"链接"中4-1(第204页)】

第二节 常规工作管理

学科教研工作应有规范性的基本要求，常规工作管理就是对有关要求的贯彻执行情况进行督促检查、保障落实。以上海市教委教研室学科教研常规工作管理为例，主要有如下要求。

一、学科教研工作计划

1. 春季学期开始前，各学科教研员根据市教研室的整体工作要求和学科发展的具体情况，制订个人年度教研工作计划，内容包括全年工作的整体设想、实施要点和上半年的具体工作安排；秋季学期开始前，确定下半年的具体工作安排，作为年度教研工作计划的补充。工作计划应力求具体、明确、可操作。

2. 教研员的学科教研工作计划，必须在每学期开学前一周交市教研室分管领导，由分管领导审定；每学期第二周之前，向区教研室和本学科教研员通报。每学期期中，由各研究部主任负责组织一次关于学科教研工作计划执行情况的检查和交流活动。在教研工作计划的实施过程中，可根据实际情况适当调整计划，但必须事先向分管领导说明。

二、基础性常规工作

1. 学科教研员要深入区、学校、教研(备课)组、课堂，及时了解各层面学科教学动态，总结经验，发现问题，研究解决策略，积累典型案例，撰写调研报告。

每位教研员每学期听课和评课数不少于 30 节;要结合备课、听课和评课活动,指导教师优化教学过程,解决教学问题,提高教学效率;要做好活动的资料和案例积累,撰写活动的专项报告或学科报告。

2. 学科教研员要以教学调研为基础,针对倾向性的问题组织教研活动。要求每学期至少安排两次由各区教研员或中心组成员参加的、以教材教法分析或公开课教学等形式为载体的研讨活动。教研活动要有导向性主题,有周密的组织安排,并做好研讨活动记录与资料积累。

3. 市教研室每学期安排一次"课程与教学调研(或教学视导)"活动,每年安排部分学科进行"中青年教师教学评选"活动。这些活动必须纳入学科教研工作计划。全体教研员应全程参与"课程与教学调研(或教学视导)"活动,并完成一篇"课程与教学调研(或教学视导)报告",进行一次反馈交流活动;根据统一安排组织和实施"中青年教师教学评选"活动后,相关学科教研员要完成一篇"中青年教师教学评选活动总结报告"等。

4. 学科教研员要帮助区、学校、教研(备课)组、教师探索教研、教学规律,总结教研、教学得失,并以交流、研讨、教学展示等有效方式传播经验。要求每年安排一次全市性的以学科教师为参与主体的学科教学展示活动,展示活动的设计要做到主题明确、重点突出,重视典型示范性和广泛参与性。每次活动都要积累相关资料,完成总结报告。

5. 学科教研员要依据课程计划、课程标准、教材及相关教学管理文件,采用课堂观察、资料分析、作业检查、测验分析等手段,以现场指导、文件规范、专项报告、检查评估等形式,对区、学校、教研(备课)组、教师的教学过程和教学质量进行管理与评价,形成教学质量分析报告。相关教研员还要对中考、高考、学业水平考试从"与课程标准一致性"角度进行研究分析,形成研究报告。

6. 学科教研员要根据工作需要,建设学科教研团队,包括学科中心组团队、学科专项研究团队等。要了解本学科教师队伍的基本状况,逐步建立学科教师数据库;要与区和学校一起,采用教学实践、课题研究、专项培训等形式,抓好青年教师的培养工作;要通过课程教材建设、课程资源建设、教学示范、教学指导、教学评选、教学调研、教学评价、课题研究、学科基地建设等工作,逐步培养学科骨干教师队伍。

7. 认真完成市教研室年度工作计划中对整体性工作提出的其他有关任务;认真完成上海市教育委员会通过市教研室向教研员布置的工作任务。

三、专题研究工作

1. 学科教研员要根据市教研室项目研究工作的需要，或者根据学科课程与教学改革的需要，承担或参与相关项目、课题的研究与实践。各位教研员每年至少直接负责一个教育科研项目。所确定的教育科研项目要有完整的研究计划，按规定要求填写项目或课题申报书，并召开项目或课题论证会，项目或课题的相关材料送市教研室分管领导备查；然后按计划开展研究，积累研究资料，完成结题报告。如果研究的时间超过一年，则要提出分期研究的计划，而且每年要递交年度报告。

2. 市教研室每年安排一次有关教育科研成果或学术专题的报告会。在报告会上，各学科教研员要积极主动地展示、交流、传播项目或课题研究与实践的成果。

3. 鼓励教研员在完成统一布置的工作任务的同时，自主选择具有开拓性的课题或学术性的专题，开展教学实验和研究，撰写研究论文或学术著作。

四、学术团体工作

1. 各学科教研员应与全国和上海市教育学会下属的相关专业委员会及其他有关学会保持密切联系，沟通信息，加强协作，推动群众性教育教学研究活动的开展，促进课程与教学改革工作有效展开。

2. 各学科教研员应主动参与学会工作，认真完成学会布置的相关任务；在学会专业委员会承担相关职务的教研员，应发挥积极作用，认真完成所承担的工作任务。教研员如需到外省市参加学会专业委员会的相关活动，须提出申请。一般情况下，一年内可外出一次，时间不超过一周。

五、学科教研总结工作

1. 年度工作总结

每年寒假前，学科教研员必须对上一年的教研工作进行一次全面总结，形成书面材料。年度工作总结要对照市教研室工作计划和个人工作计划，回顾工作的执行和完成情况，分析存在的问题，提出改进的设想。年度工作总结及其相应材料，存入个人业务档案。

2. 学科教研工作报告

学科教研员每年要完成一份本年度学科教研工作报告。学科教研工作报告的内容,包括教研工作的基本思路、主要教研工作、实施过程中的经验与反思、教研工作的主要成果、重点研究课题的推进或推广策略、需要进一步思考或研究的问题等。这份报告在春季学期开学初送交分管领导,经审核后编入市教研室年度工作报告汇编中,并存入个人业务档案。

3. 学科教研工作汇报交流

市教研室在每年暑期安排各学科组织一次区教研员集训活动,在集训活动中,市教研员可参照已有的年度学科教研工作报告,向本学科区教研员汇报学科教研工作,并开展讨论和交流。

六、自我研修和学习考察

1. 教研员要根据岗位职责、工作任务和专业发展需要,制订自我研修规划。自我研修的方式以岗位实践为主,学习活动时间一般在业余。市教研室行政通过情报资料中心并联系有关图书馆,尽可能为教研员自主研修提供学习材料。

2. 根据个人实际情况,教研员可相对集中地安排时间,进行自主学习、课题研究和撰写文章;根据实际需要,也可向市教研室行政提出脱产或半脱产学习、进修的申请。

3. 一般情况下,每位教研员在三年内可安排一次外出学习考察活动。学习考察活动结束,教研员须递交考察报告,并在适当场合汇报、交流。

七、内部考核和奖励措施

1. 对教研员的业务活动情况,由市教研室学术委员会(或由教研室行政部门专门组织人员)进行考核。考核的内容包括教研工作计划及其执行情况、各项研究报告及其评价、专题研究成果及其评价、学术专著及其评价;同时,听取区教研室和学校的评议意见。

2. 通过对教研员业务工作情况的考核,市教研室对于工作表现突出或研究成果优异的教研员,给予表彰和奖励。同时,推荐优秀的教研论文、课题成果参加本市或全国的专项评选活动,并且支持优秀的学术专著出版发行。

【关于学科教研工作模式的创新可参考"链接"中 4-2(第212页)】

第三节　专业成长记录

围绕上海"二期课改"的中心任务,全面提升全体教研员的素质、建设素质优良的教研员队伍,是推动课程建设、课程实施以及评价工作深入发展的关键,也是市、区教研室落实"研究、指导、服务"职能的保障。

一、教研员专业成长

教研员的专业成长,与其履行岗位职责的活动紧密相连。教研员专业成长的过程,是一个坚持学习、勤奋工作、不断进取、逐步提升的过程。教研员要自觉进行岗位实践,认真做好反思总结,不断丰富教研工作的经验和成果;要重视成长过程,增强目标意识,树立进取精神,不断追求卓越和实现自我超越。

对教研员专业素养的要求,主要涉及以下方面:通晓学科专业知识和课程教学理论;研究和指导课堂教学;设计作业、编制试卷和评价学业;组织、策划教研活动和指导校本教研;培养骨干教师和促进师资队伍建设;沟通协调和表达交流;实践和推进现代信息技术应用;等等。

二、专业成长记录袋

为记录教研员专业成长的过程,引导和鼓励教研员立足岗位实践、自觉加强研修,在"二期课改"中深入开展教学研究,在教研工作中更好地体现素质教育要求;同时为促进教研员增强使命感和责任感,不断提升专业发展水平和岗位实践能力,很有必要建立"教研员专业成长记录袋"(以下简称"记录袋",上海市教委教研室在 2010 年开始实施),下面以上海市教委教研室设置"记录袋"为例进行简要说明。

1. "记录袋"的功能

"记录袋"最直接的功能,就是记录教研员进行岗位实践的信息。这方面的信息主要包括教研员在职责岗位上"做了些什么""怎样做的""取得了哪些经验和成效""存在哪些不足或问题"等。"记录袋"中的这些信息材料,反映了教研员在岗位实践中所从事的重要活动及其表现,展现出教研员专业成长的轨迹和历程。

"记录袋"的设置还可以促进实践经验的积累与运用。教研员是学科教育教学的实践者,也是教育教学工作的指导者,在实践中积累了很多好经验。教研员积累的这些经验,还要通过理性思考和归纳总结,进一步提炼和升华。"记录袋"旨在整理、积累经验,并为继续加强经验的运用和研究创设条件,以使经验的内涵更丰富、传播更广泛,从而发挥更大的效益。

"记录袋"中每一段教研实践信息的记录,是一个个片段,把这些片段连接起来就会展现出一种变化,从中可以发现教研工作的演化过程和发展方向,促使教研工作适应新的形势。运用"记录袋"来分析教研工作的变化和发展,对于探讨教研转型方向和提高教研工作水平有着积极意义。通过对"记录袋"中汇集的实践经验以及有关案例和数据进行整理、反思,可为教研员拓宽视野、改进工作策略和方法提供支持,帮助教研员准确把握动向、实现教研转型。

总之,教研员可以通过"记录袋"累积的材料,检视自己在岗位实践中开展学习、研究以及业务活动所取得的成就和进步。"记录袋"有助于教研员正确认识自我、评价自我,看到成绩、激励自信,看到差距、努力上进;有利于教研员实施教研转型、积极改善教研工作,不断提高专业发展水平。

2. "记录袋"的材料

"记录袋"是从促进教研员专业发展的角度去构思和设计的,着重于收集教研员的专业素养表现和成果。因此,收入"记录袋"的材料内容,应能直接反映充实教研员专业素养或引导教研员专业发展的需要。一般来说,"记录袋"的材料可分为"学习与研究类""指导与服务类""工作与成果类",各类材料中又包含若干项目。

(1) 学习与研究类材料

在学习与研究类材料中,主要项目有下列五项:学习笔记,学科课题(或项目)研究报告,学术报告,论文与著作,代表个人成长足迹的材料。

学习笔记是教研员本人在读书或听专题报告后有关心得、评述、启示的记录,每年至少一篇。书评或心得的格式、字数等自定。教研员要积极参加市教研室组织的各项政治、业务学习,听一些辅导报告;要认真研读几本书,倡导涉猎面广一些。此外,教研员还要重视汲取理论研究的新成果,准确把握课程改革的发展趋势和学科建设的走向,要将从书本上或报告中获得的启示、学到的知识运用于实践,努力改进教研工作,推动课程与教学改革。

教研员应积极组织和开展学科课题(或项目)研究,并及时提出关于该项研究的书面报告。研究报告要反映研究的背景、内容、方法、过程、成果。报告的主要形式有开题报告、中期评估报告、结题报告(研究报告)等。

教研员要面对基层学校教师、区教研员等作学术报告,每年至少一次。学术报告要针对课程教学与学科教研的现状,立足实践。学术报告后,要将这次报告的文本存档。

教研员要在开展教育教学研究取得积极成果的基础上,做好整理成果、撰写论文的工作,每年至少完成一篇论文;或者著书立说。提供进入"记录袋"的本年度研究成果材料,是最近两年内公开发表(出版)的教学研究成果或论文,数量1～3篇;或正式出版的著作。

代表个人成长足迹的材料,主要是指个人进修情况报告、工作奖励证书或参加评选活动的获奖证书等。具体材料包括本年度参加培训或研修活动等的证明材料、证书复印件,在市级及市级以上有关评选活动中的获奖证书或荣誉证书的复印件等。

(2) 指导与服务类材料

在指导与服务类材料中,主要项目有下列四项:课程与教学调研(或教学视导)报告,听课记录及评课案例,中青年教师教学评选总结报告,学科外出考察报告。

教研员应认真参加市教研室每年组织安排的课程与教学调研活动(或教学视导),每次活动后按时完成一篇调研报告。课程与教学调研(或教学视导)报告主要是阐述调研的目的、内容、方法、过程,阐述调研的基本结论;总要求是客观、真实、研究、指导,做到基本情况与突出重点相结合、客观描述与现象分析相结合、定性分析与定量分析相结合、问题提出与原因分析及解决思路相结合。提供报告的主要形式有学科调研报告、学校(点上)调研报告、学段调研报告等。

教研员要经常深入基层学校听课和评课,并做好听课记录,重视积累评课案例。

每个年度要完成一份听课汇总表及报告,报告中至少有一个听课及评课的课例(附上关于本课教学的教案)。评课要从"基于课程标准的教学与评价"出发,内容至少要做到"三个一",即明确一个优点、提出一条建议、提供本课教学的一个流程。

中青年教师教学评选总结报告在市教研室组织安排的"中青年教师教学评选活动"结束后完成,这项评选活动对于某一门学科而言通常在四年内安排一次。学科组织实施"中青年教师教学评选活动",必须有明确的活动主题。总结报告的内容框架包括"活动概述""主要成绩""存在问题""思考与建议"等四个方面。

教研员参加本学科的有关外出考察活动,是一种学习和进修。考察结束后,要及时进行总结,写出考察报告,一般每三年一篇。考察报告要客观、准确,报告的内容框架包括"考察概述""主要经验""收获与启示"等三个方面。

(3) 工作与成果类材料

在工作与成果类材料中,主要项目有下列八项:年度工作计划,寒假与暑假区教研员工作会议发言提纲,学科教研工作报告,学科教师队伍建设工作报告,学科教学质量抽样分析报告,初高中学业水平考、高考分析报告,学科教研活动报告,学科竞赛项目档案。

年度工作计划(含补充计划)是教研员根据学科的发展规划及本人的岗位职责,针对教研室的工作要点(计划),阐述本学科(个人)在本年度的主要工作及其实施主体、时间、要求等。年度工作计划的主要形式有年度学科教研(个人)工作计划、专项工作计划等。年度学科教研(个人)工作计划通常在每年年初提出,其内容框架包括"课程教材建设工作""整体性工作""学科性教研工作""课题研究(或项目研究)工作""其他协助性工作"等五个方面;在下半年再制订一个补充计划。年度专项工作计划,主要根据专项工作的需要,从工作目的、工作内容、工作要求、工作安排等方面考虑制订。

每年的寒假和暑假,市教研员要分别安排一次区教研员工作会议。工作会议要突出学术性、主题(专题)性,兼顾工作布置;总的要求是学术自由、教研规范,做到研究与工作相结合、重点与难点相结合、教研室整体要求与学科实际相结合、经验与问题相结合。此外,还要强调体现"做实"学科教研的要求,突出"从教学走向课程""从经验走向实证"。为此,各学科教研员要为寒假与暑假的区教研员工作会议准备一个发言提纲,要将在工作会议上的发言内容制作成PPT,所制作的PPT就是这个项目的存档材料。

教研员在每年年初要向教研室提交一份关于上一年度的学科教研工作报告。学科教研工作报告不是简单的工作总结,更不是流水账式的工作记录,而要围绕全局,透过现象看本质,对一年来开展工作的情况进行提炼。学科教研工作报告要有观点、有论述、有理性分析,通过实际案例和有关数据论证教研工作的成效。学科教研工作报告的内容重点,一是描述一些重要工作的开展过程;二是总结开展工作的经验与体会;三是阐述所做工作对学科教育发展的价值。工作报告的内容框架包括"指导思想与工作思路""主要成绩与基本经验""存在问题与归因分析""基本对策与努力方向"等四个方面。

学科教师队伍建设工作报告主要是报告学科(或学段等)中心教研组(项目组)建设、青年教师培养与发展等方面的情况,以及本人在指导基层教师的工作中所取得的成绩与经验。此项工作报告的内容框架,包括"队伍现状与述评""主要成绩与经验""存在问题与对策"等三个方面。此工作报告一般要求学科教研员每两年向市教研室提供一篇。

依据学科课程标准和素质教育要求对学科教学质量进行检测、分析和评估,是学科教研员的一项常规工作。通常,对于学科教学质量的抽样分析,是以项目形式实施的;项目完成后,要做好工作总结并向市教研室提交学科教学质量抽样分析报告。这项报告的内容框架,包括"组织情况""测试分析""质量评估""改进建议"等四个方面。

初中和高中阶段的学业水平考试(简称"初高中学业水平考")、高等学校统一招生文化考试(简称"高考")都是全市性统一考试。对于统一考试的试卷分析与评价,主要针对本学科试卷的命题质量,还有考试后引起的社会反响等。相关学科统一考试的分析报告,在该项考试结束后一个月内完成,由相关的学科教研员负责。撰写分析报告的总要求是从试题与学科课程标准一致性的视角,对试卷进行分析;报告的主要内容,包括"试卷分析""总体评价"等部分。可先组织人员调查和收集本学科考试的信息,了解社会、学校、教师的反映;再邀请专家和教师成立考试评价组,对本学科试卷的命题质量和导向意义进行分析、讨论。在此基础上,相关学科各教研员对考试评价组讨论情况、社会反响和考试结果等进行综合分析,形成对于统一考试中本学科试卷的总体评价意见，分别完成关于初中、高中学业水平考以及高考情况的分析报告。

学科教研活动报告这个项目的材料，包括"学科教学展示活动总结报告""教研活动案例""教研活动策划"等。可从实际出发，选取三者之一为本项目的必要材料。其中，学科教学展示活动总结报告的内容框架，可参照中青年教师教学评选总结报告；教研活动案例的内容，是选自一年来曾经实施的一次教研活动实例或故事；教研活动策划是指曾在本年度中设计、策划、实施的一次市级教研活动的方案。在教研活动策划材料中，要阐明策划该次教研活动的思路和过程，要说明理论依据及有效性预期；活动的设计要充分体现对当前课改实践中有关重点、难点、热点问题的思考与解决策略，并具有创新意义和实践价值。

学科竞赛项目档案是关于学科类竞赛活动的总结材料，针对由上海市教委教研室主办或主管、上海市中学生参加、经上海市中学生竞赛管理委员会颁发竞赛许可证的学科类竞赛活动项目。每项竞赛活动结束后，相关的学科教研员要做好竞赛工作总结，报送上海市中学生竞赛管理委员会备案。在学科竞赛项目档案中，要有经费预算、经费决算、竞赛工作计划、竞赛工作总结、获奖名单等资料。其中，获奖名单不仅需提供电子版，还需另附该项竞赛评委会负责人亲笔签名的书面名单。

三、"记录袋"的整理

"记录袋"内材料的项目很多，有关的项目内容和要求，可以说涵盖了学科教研员在岗位实践各个方面从事的重要活动。"记录袋"内的各项材料，是教研员履行岗位职责的真实记录，因此教研员本人就是记录材料的主体。由于不同部门的教研员承担的工作任务并不完全相同，因此不同教研员的"记录袋"内三类材料的项目要求是有差别的。教研员必须根据自己立足本职开展学习、研究和工作的实际情况，按照教研室的有关规定，主动、及时地做好记录，将实践信息积累起来；然后可分"三类"、按项目进行材料整理，形成具有个性化的"记录袋"。

教研员要明确教研室提出的"记录袋"材料的项目和要求，并且按有关项目的规定，及时进行信息记录、材料汇集和整理等。有关记录、汇集、整理等工作，一般在网络上实施。从便于使用的角度来看，整理"记录袋"内的材料时，可从评价的需要、交流的需要和发展的需要等几个方面来考虑。

1. 提供一种评价工具

从评价的需要来考虑,可利用"记录袋"为开展评价活动提供考查材料(或证据材料)。一般地,教研室可在每年的年初,公布本年度来自"记录袋"提供评价的材料项目及要求。提供考评的材料项目通常有指定项目和选定项目之分,所定的具体项目每年可以适当调整。例如,2012年规定纳入"记录袋"内提供考评的指定材料项目共8项、选定材料项目共2项,项目总数为10项;另外,若有教研员的"记录袋"内在指定材料项目中有缺项,可用选定材料项目代替,或自己再选定项目代替,以确保项目总数10项不减。

运用"记录袋"进行具体评价操作时,事先要明确评价标准,并对有关标准赋值,通常采用百分制记分;评价结果的描述,可用"等级制"。评价的实施,包括自评和他评。教研员先进行自评,找出自己的优势与不足,明确自己付出的努力与取得的进步;然后进行互评,看到别人的长处,找出自己的差距。自评与互评,可以促进教研员积极进行自我反思,激励教研员追求更高的目标。

在开展自评与互评的基础上,教研室再组织进行综合评价。首先,组织专门的评价小组对"记录袋"内提供的各项考评材料内容进行审核,对自评与互评的结果进行确认;然后在提供考评的材料中,按照"三类"的规定分别选取若干项目进行学术鉴定,形成总结性评价,明确评价的导向性和终结性。例如,2012年从"记录袋"内提供考评的"三类"材料中,分别选取一个项目(简称"'三个一'项目"),在网络上形成"'三个一'项目平台",邀请专家进行学术评价。

当"记录袋"为评价提供考评材料、成为一种评价工具时,就其评价目的而言,利用"记录袋"实施的评价是发展性评价;就其评价方式而言,利用"记录袋"实施的评价是以质性评价为主的评价。

2. 搭建一个分享平台

在网络上形成的"记录袋",既有记录、积累实践信息的作用,也有展示、分享、引领教研员专业成长的作用。通过"记录袋"的整理,一方面是全面展示教研员的专业素养,另一方面也是为其他教研员分享经验成果搭建平台。例如,经过整理的"'三个一'项目平台",当教研室请专家进行学术鉴定时,这是一种评价;若提请教研员按部门在网络上观看"三个一"项目中各项材料的内容、进行合理的分析与解释,则进入这个平台就是一种分享。

教研员通过亲手制作自己的"记录袋",亲历记录、汇集、整理、评价等过程,这是一种自我欣赏、自我激励;而利用"记录袋"进行互评,不仅是教研员之间的一种相互欣赏、相互交流,更是自己对实践行为的自觉调整。总而言之,建立"记录袋"有利于促进教研员全面且有个性地发展。

3. 凝聚一种超越动力

利用"记录袋"进行评价、分享等,这时可以说评价、分享都是"记录袋"的"终端"。从一个终端着眼对"记录袋"进行整理,通常有不同的侧重,比如基于"记录袋"发挥评价作用时,需要进一步找出自己的优势与不足;基于"记录袋"发挥分享作用时,就要特别关注和发现别人的长处,找到自己与别人的差距。

"记录袋"的终端也可以说是新的"起点",是弥补昔日所留下的遗憾之机。以"记录袋"为新的起点,这时对"记录袋"中记录的实践信息进行分析和整理,应该更多地关注和发现自己在课程、教学、教研实践中存在的遗憾之处,并且把遗憾作为一种自我超越的动力,同时相信自己一定能弥补昔日的遗憾,获得更大的成就。

对自己的优势进行分析、并能看到自己的长处,有利于厘清工作思路,增强进取心和自信心;同时对自己的不足进行分析、并与别人的长处进行比较,有利于找差距和补"短板"。我们要发扬奋发有为的精神,努力扬长补短,通过补短弥补不足,改进教研工作,实现自我超越。

要"用心"进行"记录袋"的整理,利用"记录袋"为开展评价提供证据、为彼此分享提供资源、为自我超越提供动力。

四、"记录袋"的完善

经过几年的实践,"记录袋"在记录实践信息、积累实践经验、展开评价活动、改进教研工作等方面发挥了极大的作用,激励了教研员的专业成长。但是,在"记录袋"的整理和使用中,也有一些需要进一步思考的问题。例如,教研员群体中是存在个性差异的,虽然"记录袋"的构思、设计和实施中曾考虑到个性的差异,但还显得不够;建立"记录袋"是一项新的任务,整理材料需要耗费一定的时间,因而整理工作往往难以做得完美。

1. 拓展"记录袋"的导向功能

"记录袋"不仅具有记录、积累、评价、分享等作用，而且还有导向功能。例如，建立个性化的"记录袋"问题，一方面同材料中所取指定项目与选定项目的比例有关，另一方面同"记录袋"中材料内容的选取与结构的形成有关。我们要关注"记录袋"的个性化问题，更要凸显"记录袋"的导向功能。为此，有关考评材料的内容选取和结构形成，要充分考虑与实际工作相结合，即要把"记录袋"中提供考评的材料内容及材料结构，与这个教研员的实际工作联系在一起，拓展"记录袋"的导向功能。

教研员的工作就是履行岗位职责，而工作的规范在某种程度上是基于良好习惯的养成。把提供考评的材料内容、材料结构与实际工作紧密联系起来，就是要通过"记录袋"的实施，使教研员养成良好的工作习惯，这也是"记录袋"对教研工作的重要导向。

2. 扩展"记录袋"的辐射功能

利用"记录袋"进行资源分享和共享，体现了"记录袋"的辐射功能。教研员应做到"五个学会"：学会观察、学会倾听、学会思考、学会研究、学会表达。其中，表达的形式有书面的，也有口头的。要提高"记录袋"中材料的内容表达水平，用"记录袋"说话，为培育教研员队伍的素质、推进下一阶段的工作提供依据。要让教研工作某个项目做得好的教研员，对该项工作充分进行交流、分析与解释；要鼓励教研员多说有利于促进专业成长、改进教研工作的话。为拓展"记录袋"的辐射功能，还需要指明："记录袋"中提供进行交流、分享的项目内容，应含有教研员撰写的理论与实践相结合的作品。

"记录袋"能反映教研员的专业成长，有利于教研员反思成长过程，使教研员明确自己前进的目标。要不断提高对"记录袋"功能的认识，重视设计对不同教研员有区别的"记录袋"，提出不同的项目内容及要求，增加"记录袋"项目内容的选择性，从而进一步满足不同教研员的发展需要，激励教研员的个性发展和进取精神，发挥"记录袋"对教研员队伍建设的促进作用。

【关于教研员专业发展评选活动的组织可参考"链接"中 4 - 3（第 220 页）】

4－1 编制教研工作计划探讨

在教研工作中,计划是做"事前的安排",具有导航教研活动的作用,促进教研工作的质量和水平不断提高。因此,对教研工作计划的含义、作用和结构框架进行一些探讨,对结构框架中指导思想、工作思路和主要工作等的呈现要求进行说明,有利于教研工作计划的编制。

教研工作计划的编制

教研室担负着"研究、指导、服务"的职能,业务工作的重点是课程建设、课程实施、课程评价、课程管理等。教研室把教研工作计划作为常规工作管理的抓手,坚持整体性、计划性、研究性、实证性、规范性和成效性的原则,要求教研员根据教研室的整体工作要求和安排,精心编制各学科(或学段)教研工作计划,以导航教研活动的开展,全面履行岗位职责,促进学科(或学段)教研工作的落实。

一、教研工作计划概述

教研工作计划是对教研工作的具体内容和过程事先进行的安排,既要有预设性,又要有可操作性。

(一) 教研工作计划的管理作用

学科(或学段)教研工作计划(包括补充计划,下同)面向本学科(或学段)教研员和教师,对本学科(或学段)在一个年度开展课程、教学、评价等研究具有前瞻作用。从教研管理的角度看,教研工作计划又具有以下作用。

1. 组织与管理教研活动

教研员通过教研工作计划,组织和协调身处不同地区、不同岗位的相关教师,围绕工作计划中确立的指导思想与工作思路,有步骤地开展系列教研活动,扎实、全面地实现各项工作的目标。

2. 实施与评价教研活动

具体实施教研活动时,工作计划指明了活动的方向。工作计划为教研活动提供实在的支持,若无事先的具体安排,教研活动就是无目的的盲动,容易造成秩序混乱,事倍功半。

教研室可运用教研工作计划,对教研活动的过程及成效进行评价,对教师在教研活动中的表现进行评议,从而促进教研活动品质的提升。

3. 促推与调控教研活动

教研员执行教研工作计划时,可围绕工作目标,具体制订并运用有关教研活动的流程,促使各项活动在时间、空间和数量上互相衔接、互相协调;同时通过流程调控活动方向、纠正行动偏差,促使工作目标真正导向有效实施。

(二) 教研工作计划的类型

在教研室常规工作管理中,一般在每年春季学期开学前编制教研工作计划,在秋季学期开学前编制教研工作补充计划,要求教研员必须切实制订教研工作计划,并认真付诸实施。

1. 教研工作计划

对教研员而言,教研工作计划,通常以年度为时间单位(也可指定为半年度或一学期),以学科(或学段)的教研工作为任务范围,确定年度(或指定的时段)要达到的工作目标,并选择达到目标的途径和方法。

年度教研工作计划的内容应简明、清晰,要求能立足现实需要,体现学科(或学段)发展方向和务实追求;既能全面思考,又能突出重点。具体的工作安排,不仅要周全谋划,而且要切实可行。

2. 教研工作补充计划

在年度教研工作计划中,主要是提出全年的教研工作设想、实施要点,以及上半年工作的具体安排;而对下半年有关工作的实施计划,通常比较简略。经过上半年的教研工作实践以后,或针对教研工作中可能出现的新的重大情况,有必要对原定计划作出一些调整和充实。同时还要根据下半年教研工作的指导思想和实际情况,拓宽工作思路,明确教研工作的已有进展和发展需求,明确下半年教研工作的具体安排。因此,需制订教研工作补充计划。

二、教研工作计划编制

编制教研工作计划,是教研室常规工作管理中的一项基本要求,对教研员而言是一项规定性任务。

(一) 教研工作计划的结构框架

编制教研工作计划,关注的重点是教研的指导思想、工作思路以及主要工作。其中,指导思想确定了教研工作的原则和方向,工作思路引导着教研工作的构想和流程,而主要工作的设定则反映了当前教研工作的主线和突破点。

1. 指导思想

教研工作的指导思想,主要是阐明教研工作的依循,为教研工作提供行动指南。要指明当前教研工作的背景,明确开展教研工作的指导理论或理念。在此基础上,还要提出教研工作的原则和总要求,形成对教研工作的明确定向。

2. 工作思路

在认清教研工作方向的基础上,确定教研工作思路,通过对实现教研工作总要求的过程分析,提出年度教研工作的整体设计、实施过程和重点步骤。工作思路着重于阐明通向教研工作的方向和达到总要求的路径,它为具体组织、安排教研工作提供了基本框架。

3. 主要工作

工作计划中所列的主要工作是在指导思想和工作思路指引下,为实现教研工作总要求、抓住工作思路中的重点步骤而确定的。编制这一部分的内容时,要全面关注实现的需要,按照工作思路的预设,确定主要工作以及实施各项工作的具体步骤和流程;要呈现过程性,强调可操作性。

在教研工作计划中,主要工作通常可分为整体性综合研究工作、专题性项目研究工作、学科性日常教研工作等方面;也可分为课程建设工作、专题研究项目、教学实践活动等方面。每个方面的工作,均是由若干工作项目组成的。

(二) 工作项目的表述

教研工作计划中的主要工作是整个计划的核心内容部分,主要工作中各类所含有关工作项目的表述力求精准和规范。

1. 工作项目表述的基本要素

工作项目的表述,涉及工作目标、任务、方法、分工和进度等基本要素。

（1）**工作目标**

工作目标（或要求）主要阐明本项工作要解决的问题以及达到的目标，包括指明有关具体要求、成果标志等。要着重回答"为什么做"。

（2）**工作任务**

工作任务（或重点）主要阐明本项工作具体实施的事项，包括明确完成任务的主体、先后顺序、重点与一般等。要着重回答"做什么"。

（3）**工作方法**

工作方法（或举措）主要阐明实施本项工作的措施与策略，包括指明本项工作与年度教研的行动方向及内容安排的关联。要着重回答"怎么做"。

（4）**工作分工**

工作分工（或分配）主要指明本项工作的实施主体，包括具体工作的分工与分配等。要着重回答"谁来做"。

（5）**工作进度**

工作进度（或时限）主要指明本项工作的日程安排及完成期限，包括具体指出要做到什么程度等。要着重回答"何时做完"。

2. 工作项目表述要素的相互关联

在主要工作中工作项目表述的各要素相互联系，将工作整体呈现出来；各项工作聚合一起，共同服务于总要求。

（1）**指导思想**明确了年度教研工作的定向，阐明了教研工作总要求，结合工作思路，确定主要工作。在此基础上，提出教研工作目标，目标是具体可量化的，因而可分解成若干工作。

一项工作就是工作计划中的一个"关注点"，一般可从数量、质量等方面来反映。于是，一项重点工作可相应地确定一个主要工作的项目，其工作目标就是执行该项工作任务所期望达成的质量要求。工作目标不会自动实现，要通过执行和落实任务才能达成目标，可见目标与任务是对立统一的。对于工作目标具有标志性意义的期望成果，可另设"预期成果"栏目予以呈现。

（2）**工作方法**（或举措）指明了在教研工作中拟采取的措施和手段，以及运用的教研策略、可调用的资源与创造的条件等，这是实施和完成工作项目的重要支持。要正确处理客观条件与统筹安排之间的关系。对于教研工作开展时可能遇到的困难与障碍，或可能产生的偏差与缺点等，要有初步判断并有解决预案。

（3）**工作分工**（或分配）就是确定工作项目实施的主体，应在关注全局的前提下妥善安排。有了工作分工以及关于工作目标和进度的设定，就对完成工作项目的主体、时间、先后顺序以及要做到什么程度等形成了系统规划，可保障各项工作有序、有效地推进。

（4）在每个工作项目中，通常都有"工作流程"的构想，以明晰工作的整体路径与方法，阐明"怎么做""谁来做""何时做完"等基本问题，即"工作流程"应包含工作方法、工作分工、工作进程等内容。

编制教研工作计划时，在"主要工作"中，每个项目有关工作方法、工作分工、工作进程这三个要素的内容表述，可呈现为关于"工作流程"的设计。

三、教研工作计划示例

编制教研工作计划是一项重要的工作，为提高教研工作计划的编制质量及指导性，有必要进一步强调工作计划内容的完整性和呈现的规范性。

（一）教研工作计划基本体例

在整体认识教研工作计划的结构框架的基础上，不妨对工作计划的呈现提出具体的体例要求。必须明确，教研工作计划的体例具有统一性，在一般情况下都应遵照使用；同时还要注意，形式是为内容服务的，因此也允许出现合理的变动。

教研工作计划的基本体例如下：

一、指导思想

二、工作思路

三、主要工作

［每个项目下的呈现内容］

1. 工作目标（或要求）

2. 工作任务（或重点）

3. 工作流程

4. 预期成果

附表：工作安排表（包括：类别、时间、内容、主体、说明）

（二）教研工作计划举例

关于教研工作计划各部分内容的呈现，有一些原则性的统一规定，但也应有各个学科（或学段）的特点。在此对工作计划中各部分的表述，摘录一些实例供参考。

1.“指导思想”部分的举例

例1　××市教研室××学科教研工作计划中“指导思想”部分

××学科2018年的教研工作坚持贯彻执行××市教研室年度教研工作指导思想,以《中共中央关于全面深化改革若干重大问题的决定》及《××教育综合改革方案》等重要文件为指引,充分关注国内外教育研究与发展的最新动态,汲取近年来××教育教学改革的经验。

确立“立德树人”“以人为本”“基于标准”的教研主旋律,重视学生××学科核心素养的形成和发展,重视学生成长的规律,继续转变教研工作模式,推进教研转型。

2.“工作思路”部分的举例

工作思路的表述,可采用整体性表述或列分点表述的方式,举例说明如下:

(1)整体性表述

例2　××市教研室××学科教研工作计划中“工作思路”部分

××学科教研工作将从分析基础教育改革的时代新要求和研读教育部新编的《普通高中××学科课程标准(2017年版)》入手,围绕课程与教学改革,聚焦“实证教研”和“主题教研”开展工作,深入研究问题,积极探寻路径,提炼并传播经验,解决“理念好、落地难”的现状,为××学科课程建设、教学研究提供专业支撑。

(2)列分点表述

例3　××市教研室××学科教研工作计划中“工作思路”部分

(1)××学科教研工作将围绕发展学生××学科核心素养展开,重视学生成长的规律。重点抓基于核心素养落实的××学科单元教学设计的实践研究。

(2)整合各方资源,促进骨干教师专业化发展,教研工作向农村倾斜。借助××学会,办好第×期××青年教师研修班和第×期××骨干教师研习社,任务驱动,实战培训,形成优秀教师的梯队。

3.“主要工作”部分的举例

例4　××市教研室××学科教研工作计划中“主要工作”部分

三、主要工作

按整体性综合研究工作、专题性项目研究工作、学科性日常教研工作等方面分述。

（一）整体性综合研究工作

1. 中小学课程与教学调研工作

（1）工作目标

通过开展基于"规准"的课程与教学调研，了解××区课程实施情况，总结经验，进行"一般化"和理论升华，形成"普适性"的规范；发现具有倾向性的问题，提出改进建议，协同解决。

（2）工作任务

设计"观察与记录"工具，运用工具收集证据、分析证据，形成解释或结论。在系列听课、参加教研、访谈、问卷等活动中，注重互动环节与互证方法的有机结合，分析和研究区域教研、学校教研组校本教研的特征及问题。

（3）工作流程

① 完成对××区××学科课程与教学的调研工作(5月)；

② 完成对××区××学科课程与教学的调研工作(11月)。

（4）预期成果

××学科课程与教学调研报告。

2.（略）

（二）专题性项目研究工作(略)

例5 ××市教研室××学科教研工作计划中"主要工作"部分

三、主要工作

按课程建设工作、专题研究项目、教学实践活动等方面分述。

（一）课程建设工作

1.《××学科教学设计指南》的研制工作

（1）工作目标

为持续关注课堂教学改革，对学科内容结构化进行指点，对学科教学进行指引；围绕基于标准、结合教材、聚焦素养、强化规格等要点开展单元教学设计研究与实践，丰富学生的学习经历，促使教师加深对课程的理解。

（2）工作重点

通过××学科核心素养背景下单元教学设计的研究与实践，促进教师形成单元教学设计的思路。

① ××学科核心素养与单元教学设计；

② ××学科单元教学设计的基本环节；

③ ××学科单元教学设计与课堂教学设计；

④ ××学科单元教学设计与教研活动。

（3）工作流程

① 完成《××学科单元教学设计指南》编写（3月）；

② 听取意见、整体修改、全稿送审（4—6月）；

③ 出版《××学科单元教学设计指南》；制订文本解读和培训计划（7—8月）；

④ 开展主题教研活动（9—12月）。

（4）预期成果

出版《××学科单元教学设计指南》一书及解读培训。

四、教研工作计划与总结的关系

撰写教研工作计划和工作总结，都是教研员的常规性工作，但两者的要求有所不同，教研工作计划是做"事前的安排"，工作总结是做"事后的回顾"。

（一）教研工作计划与总结的区别

简而言之，教研工作计划主要由指导思想、工作思路以及主要工作等部分组成；对主要工作中的工作项目目标（或要求）、进程、方法、步骤等，都有明确而具体的阐述。

教研工作总结主要是对工作计划完成的情况进行回顾和反思，从中归纳经验、检查不足，进而明确存在的问题、相应的对策以及进一步努力的方向，以便于下一阶段教研工作的顺利推进、完善和提高。

（二）教研工作计划与总结的关联

可以说，教研工作计划是用于工作总结的重要参照，教研工作总结是对工作计划执行情况的自评结论。

需要强调，在教研工作总结中，要依据工作计划的预设来评判工作项目的落实情况及取得的成果，如计划内的工作项目全部完成，或哪些工作项目尚未完成，或安排有哪些计划外的工作项目等。

编制教研工作计划，是开展教研工作的必要准备和重要保障；认真实施、全面落实教研工作计划，并参照教研工作计划做好教研工作总结，这是教研员工作的基本要求和职责所在。要加强教研工作的规范，发挥教研工作计划的作用,导航教研活动,不断提高教研工作的质量和水平。

【摘自《教研工作计划的编制》一文,刊载在《上海课程教学研究》2019年第5期】

4－2 创新学科教研工作模式探讨

在教研转型中,创新教研机制、转变教研工作模式尤为迫切,上海市基础教育学科课程与教学研究基地(简称为"学科基地")的组建是转变教研工作模式的一种尝试。下面针对"学科基地"建设,着重探讨教研工作模式从构想到实践、探索,再至展望的过程。

上海市基础教育学科课程与教学研究基地的实践与探索

组建上海市基础教育学科课程与教学研究基地(简称为"学科基地"),是近年来上海市教委教研室创新教研工作模式的一种尝试。在上海市基础教育课程改革深入发展、课程实施全面推进的新形势下,上海市教委教研室于2010年7月制订了"学科基地"建设方案(讨论稿)。同年11月,组建了第一批"学科基地",其中涉及中学历史、中学生命科学、中学信息科技、中小学劳动技术、中小学音乐、小学体育与健身、小学科学与技术等七门学科。

根据上海市教委教研室关于"学科基地"建设的整体部署,第一批"学科基地"是上海市"学科基地"建设的先行者,其他各学科组建"学科基地"的工作将随后陆续展开。"学科基地"的建设,将是一项长期的任务。

一、"学科基地"建设的构想

上海市教委教研室制订的"学科基地"建设方案,对"学科基地"的建设提出了整体构想。

1. "学科基地"建设的指导思想

在上海市进行"学科基地"建设的指导思想是:充分认识课程改革的长期性和艰巨性,关注课程改革的持续推进,不断完善长效机制;充分认识市教研室肩负着"课改中枢、教育先锋"的使命和责任,关注市教研室卓有成效地履行职责,切实加强基础性建设;充分认识设立"学科基地"的意义,从深化课程改革、全面实施素质教育着眼规划"学科基地"的工作,以科学发展观为指导推进"学科基地"的内涵建设。

上海市教委教研室通过与区(县)教研室合作共建"学科基地",更多地得到区(县)对市教研室工作的支持,进一步密切市教研室与基层学校的联系,创设教研员与教师互帮互学、共同发展的平台,提高教研员、教师的课程领导力;深化课程改革实践和学科教学研究,做好经验总结和科研攻关工作,提高课程实施水平和教学有效性;发挥"学科基地"的示范、引领作用,以点带面、服务全局,整体推进课程改革和素质教育。

2. "学科基地"的组织领导

"学科基地"的建立,是持续推动基础教育课程改革发展的长远之策。"学科基地"将成为上海市教委教研室及学科教研员定点开展教研、教学、调研、指导、培训、服务等活动的重要场所。

"学科基地"一般按学科组建,也可采用某一学习领域的相关学科联合或多个学习领域有关学科联合的形式组建。

"学科基地"设在某个区(县)的基层学校内,以该校的学科教研组(或多学科联合的综合教研组)为基本组织形式。"学科基地"所在学校是基地的依托,所在学校的领导班子中有专人负责;学科教研组是"学科基地"工作的主要阵地,教研组成员是"学科基地"开展活动的重点依靠对象。

3. "学科基地"的工作职责

"学科基地"的工作,是所在学校的整体工作组成部分,应认真贯彻和落实学校工作的整体要求。同时,它也是本市基础教育课程改革的整体工作组成部分,应体现促进课程建设、提升课程实施水平的要求,体现对于推进课程改革的引领作用和带动作用。

为做好"学科基地"的工作,基地全体成员要自觉学习教育教学理论和学科课程理论,提高基本素养;要强化课程意识和科研意识,激发进取精神;要树立大局观念和集体观念,齐心协力进行探索实践。

"学科基地"的工作职责,主要涉及以下六个方面。

(1) 学科课程研究

对学科的课程建设现实情况进行调查和分析,从课程实践的角度清晰认识课程设计的成功和不足;结合国内外本学科课程改革的新动向,对修改和完善学科课程提出设想,并进行初步的教学试验。

对学科的现行教材(主要指教科书)进行分析和研究,结合教材使用的实际情况,对教材编写的科学性、可行性、实效性提出评价意见。

(2) 学科教学研究

针对学科教学基本环节的有效落实以及教学实践中存在的问题,组织开展课题研究,形成研究成果;针对调整教学内容或尝试新教学方法的需要,组织开展教学实验,并形成教学实验报告;对学科教学基本过程进行实践研究和理性分析,深刻认识和掌握教学活动的基本规律,归纳和总结切合实际、普遍有效的教学基本策略。在此基础上,提出学科教学的基本规范,再回到教学实践中进行检验;通过修正和完善,形成关于学科教学基本规范的研究报告。

(3) 学习评价研究

全面关注学生的发展,积极开展对于学生学业成就的多元评价和综合评价的研究,每学期安排相关的课题研究项目。针对学生的认知发展水平、情感态度变化、行为习惯养成等多元评价要求,加强过程评价,发挥评价的激励功能;建立改进、完善评价方式和方法的研究课题,创新评价方式和方法,每年至少取得一项成果;构建测量性与表现性结合、过程性与终结性结合、共性要求与个性特长结合、定量与定性结合的学习评价系统,选取课题进行探索和实践。对评价系统建设的研究,三年内在某些方面有突破性进展。

(4) 教学资源开发

编写校本化实施学科课程的辅助教材,如"基本内容"调整部分的试用教材、拓展内容的校本教材、研究性学习的专题材料;改善基本训练的参考材料;录制典型的、有借鉴意义的教学课例,如突破课本中教学难点的实践课、反映学生学习方式转变的展示课、体现有效教学策略的研究课、展现课题研究成果的观摩课等,每学期一门学科至少完成2节录像课;汇编研究成果,有关内容包括教学设计案例、教学实验报告、教学资源精选、教材评价意见、学科课程建设成果、课题研究成果、教师专业发展成果等,每年编印一本研究成果集。

(5) 经验成果传播

通过网络,推动"学科基地"教师与其他学校教师广泛开展学科教学的经验交流,向外界适时发布有关课题的研究成果。每学年至少组织一次面向全市相关学科教师的现场教学观摩活动;每学年举办一次有关课题研究成果的发布会。

(6) 教师专业发展

搭建教师专业发展平台,为教师提供参加业务学习和进修活动、展示专业成长和教学风采的机会;以人为本、任务驱动,采取多种形式组织开展校本研修;提供条件,帮助教师总结教学经验和成果,鼓励教师追求卓越。

支持上海市教委教研室教研员队伍建设,为市教研员进行岗位实践和开展研究活动提供方便。

二、"学科基地"建设的实践初探

2010 年 11 月,第一批"学科基地"宣告成立。这批"学科基地"如表 4-1 所示。

表 4-1 第一批"学科基地"

学段/学科	所在区(县)	所在学校
小学体育与健身	浦东新区	育童小学
小学科学与技术	杨浦区	上海理工大学附属小学
中学生命科学	松江区	松江一中
中学信息科技	普陀区	甘泉外国语中学
中学历史	浦东新区	高行中学
中小学劳动技术	长宁区	开元学校
中小学音乐	宝山区	宝山区第一中心小学

第一批"学科基地"的工作,对于全面推进"学科基地"建设具有探索意义。两年多来,这七个"学科基地"按照上海市教委教研室制订的关于"学科基地"建设方案的要求,积极开展活动,认真进行"学科基地"建设的实践探索,取得了有益的经验和成果。

1. 按照程序选定基地学校,市、区、校三方合力共建

第一批"学科基地"依托的学校,是通过学校自愿申报、所在区郑重推荐、市教研室组织评议后确定的。由市教研室、所在区教育局和基地学校等三方签订共建协议后,"学科基地"正式宣告成立。

第一批"学科基地"的组建,遵循了规定的程序;根据协议的要求,形成了

市、区(县)和学校三个层面共建的机制。基地所在的学校,有良好的校风和团结奋进的教师团队;学校的相关学科教研组有称职的组长,并形成了以骨干教师为核心的群体;学校的领导对创建"学科基地"高度重视,所在区的教研室积极投入,区教育行政部门大力支持。

上海市教委教研室和"学科基地"所在区的教研室,共同参与"学科基地"的建设,建立了"学科基地"工作小组,对"学科基地"的业务工作进行指导和服务。

例如,"中小学劳动技术学科基地",依托的学校是长宁区开元学校。开元学校的领导从落实最基础的工作着手,通过调整和引进劳动技术学科教师,确保师资到位;通过加大投入,确保教学设施到位。这个"学科基地"建立了工作小组,由市劳动技术学科教研员、开元学校校长、开元学校劳动技术骨干教师和部分长宁区劳动技术骨干教师组成。长宁区教研室作为所在区的教研室,积极参与这个"学科基地"的建设,他们与市教研室一起,直接对"学科基地"的业务工作进行指导和服务。此外,市教研室按照计划每年为"中小学劳动技术学科基地"下拨一定的研究经费;长宁区教育局为改善"学科基地"的设施,每年也投入一定的资金。

又如"中学历史学科基地",依托的学校是浦东新区高行中学。这个"学科基地"与所在学校融合在一起,他们关注课程实施,常规教研活动扎实开展;他们利用网络提高教研活动效率,相互交流氛围相当浓厚;他们整合各方资源开展基地工作,促使"学科基地"成员的视野更加开阔。

2. 依据规划落实工作任务,基地建设与学科建设相互促进

第一批成立的各个"学科基地",根据上海市教委教研室的总体要求并结合基地学校的原有基础和未来发展,制订了本"学科基地"的建设规划。他们所提出的主要工作任务,一是开展学科课程、教材、教学、评价的实践研究;二是探索学科有效教研模式,积累活动资料,总结成功经验;三是实现学科教研员和教师的互帮互学、共同成长。

在整体规划的基础上,各"学科基地"进一步结合本学科特点和所在学校整体工作的要求,具体制订了"学科基地"年度工作计划。他们从上述主要任务中确定了具体的实施项目、完成时限、成果形式,并且认真贯彻执行。如:三年内完成一份关于本学科课程与教材的评价报告;一个学年内形成学科教学基本规范的研究报告或案例报告;积累基于教学过程的真实性评价的案例;每学期

至少完成 2 节研究课的录像(其中教研员有 1 节);每学年组织一次面向全市学科教师的现场教学观摩活动;等等。

各"学科基地"为保障基地工作顺利开展和有效落实,还建立了严明的制度,如教研活动制度、工作检查与汇报制度、工作考核与评奖制度等。通过健全规章制度,促使指导和管理工作到位、任务和职责落实到人。以"教研活动制度"为例,"学科基地"在提出加强本学科的日常教学研讨、强化实践环节的同时,要求每学期至少安排两次具有课题研究背景的公开课教学研讨活动;每学年组织一次课题研究成果展示活动,其中包括安排有示范意义的教学展示课。另外,各"学科基地"分别建立了"例会制度",一般每月举行一次"学科基地"工作讨论会,对工作进展情况进行检查和分析,同时研究问题和总结经验。

3. 抓住重点组织专题研究,凝心聚力展开攻坚

第一批"学科基地"高度重视学科的基础性建设工作,着力抓组织建设、抓团队建设、抓工作规范、抓课题研究。同时,他们对有关学科发展的一些重点工作,组织专题,展开攻坚研究。

例如,"信息科技学科基地"的专题研究,着重于教材评价研究,这项工作取得了重大的进展;同时,他们强调实证研究,如教学的实证、教研的实证。

又如"中学历史学科基地",重点对课堂教学研究和教材评价研究开展攻坚。他们对课堂教学的研究,有教师上公开课,以及对公开课的研讨;还有专家的报告,从理论到实践,针对课堂教学中的关键环节和问题进行研究。关于教材评价的研究,主要是从教师和学生的评价中寻找有价值的"问题",再转变为研究的课题。

4. 倾注真情深耕试验园地,以点带面引导全局

"学科基地"的建设要依靠所在学校的学科教研组,同时也需要本学科全体教师的关心和参与,更离不开市、区教研员的引领和示范。上海市教委教研室的相关学科教研员,是作为"学科基地"的成员直接参加有关工作和活动的,他们自觉履行教研员职责,同时进行岗位实践,对"学科基地"的建设有重要作用。

结合"学科基地"阶段性的工作任务和要求,"学科基地"的每个成员都承担了其中的任务项目。他们根据自己的任教情况和专业优势,提出参与"学科基地"工作的任务项目,再由"学科基地"负责人协调安排;各项工作任务的组织实施,总是依据确定的行动计划、按照要求展开。在"学科基地"工作中,每个成员

怀着高度的使命感和责任感,勇挑重担、甘愿奉献,努力发挥主动性、能动性和创造性,较好地完成了承担的任务。

市、区教研员积极参与"学科基地"的建设,重视以身作则,发挥了引领、示范作用。他们带头学、带头试、带头总结,他们亲自"下水"上课、率先交流心得、热情登台开设讲座,为推进基地建设和学科发展作出了宝贵的贡献。

三、"学科基地"建设的展望

当下,上海基础教育课程改革已进入深化完善、提高质量的阶段。进一步增强学校的课程领导力、教师的课程执行力和教研员的课程指导力,是实现本阶段工作目标的关键。"学科基地"建设的工作非常重要,如何进一步引领"学科基地"的走向、深度发挥"学科基地"的功能、全面推进"学科基地"的建设,关系到基础教育课程改革的成功运行和学科的长远发展。为此,提出以下几点想法。

1. 做"实"教研

"学科基地"是上海市教委教研室推进学科建设的重要抓手,"教研活动"是"学科基地"提升品质的重要活动之一。从 2009 年以来的历次 PISA 测试来看,上海之所以取得骄人的成绩,是与我们一贯重视"教研"工作分不开的。"学科基地"不但要通过有效教研,在全市进一步发挥对本学科教育的引领作用,而且要做"实"教研,不断充实学科教育的内涵,提升学科课程整体建设和实施的水平。

做"实"教研,是"学科基地"工作的基本要求,学科教研应以正确的理论为指导,坚持抓、切实抓,并且抓紧抓好。因此,要在下列方面进一步端正认识。

其一,**实践是基础**。从"坐"而论道到"做"而有道,教研要体现务实、强调落实。"学科基地"在组织开展教研工作方面,要从平日习以为常的繁复琐碎、就事论事的教研活动中寻找突破点,体现教研的真正价值。"图钉原理"启发我们要选择恰当的突破点,以四两拨千斤,通过行动研究大胆探索、勇于实践,让"道"从"实践"中来。

其二,**态度是关键**。从趋之若鹜到趋于冷静,教研要体现多元、包容、理性。所谓"执行力",就是保质保量地完成工作任务的能力。要提高执行力,态度是关键。"学科基地"要以开放的心态,克服个人经验的封闭定式,以平等的态度消解自我话语的权威,增强接纳能力和包容能力;要强调相互尊重理解、相互学习促进,充分尊重教师丰富的"实践感受"和"创造能力",逐步凝聚智慧、不断深化认识。

其三,**方法是根本**。从事件引发思考到从思考引入事件,教研要体现"有思引事"、注重过程。教研活动是一个"过程",教研活动要出"三果",即经过努力有结果、改进教学有效果、评议检验有成果。出"三果"期间,要注意理顺与调整。这就要求教研活动不是"粗放型"的,必须认真策划和精心准备。比如,活动前要做好分析判断和充分准备;活动后要对实际效果进行评量,通过反馈来检验目标达成度,再进一步研究今后的改进措施。这样的教研活动有一个不断积累和转换的过程,参与教研活动就有机会经受一个较长周期的磨砺和锤炼。

2. 做"强"学科

如果说做"实"教研是对"学科基地"工作的基本要求,那么,做"强"学科就是在此基础上的更高追求。基础教育培养目标的整体实现,是各学科教育目标共同落实的成果;学生基本素养的全面提高,是各学科充分发挥自身教育优势所取得的成效。做"强"学科,就是要绘就一幅生机盎然的学科发展图景、打造一支高素质的学科教师队伍、营建一个良好的学科教育环境,促进本学科的教学质量不断提高、育人价值充分展现,形成本学科教育的强势和特色。

"学科基地"建设与做"强"学科是共同发展、相辅相成的,学科"强"也必然促使"学科基地"的影响力增强。我们要聚精会神做"强"学科,充分发挥"学科基地"的影响力,以此带动一个个区域层面、学校层面的"学科基地"的诞生,推动上海的学科教研工作在更专业的发展轨道上前进,引领全市的学科课程建设工作走向更高、更强。

"学科基地"影响力的发挥,可以写成"三步曲"。首先是"形成",即形成一支高素质的专业团队,而形成团队的关键在于有共同的愿景;其次是"展现",即把愿景转换成技术,并展现形成技术的路径;再次是"分析",就是将技术转换成产品,但在转换过程中要有艺术性,而且要通过实践来检验。

3. 示范引领

"学科基地"是新生事物。目前的"学科基地",只涉及几门学科,而且一门学科只有一个市级基地,相对全市而言,这仅是几个"点"。抓"点",是一种工作方法,也是一种思维方式。"点"上的教研工作,要找准切入口,要寻求突破,并与"面"上教研进行互动,相互学习,从而达到"以点带面、引领全局"的成效。"点上突破、面上拓宽","点上示范、面上推广","点上开花、面上结果",这也许就是抓"点"的意义所在。星星之火,可以燎原。促使"学科基地"的建立从几门学科到各门学科、从市级层面到区域和学校层面,促使"学科基地"建设的水平不断提高、成果日益显著,这是"学科基地"发展的必然。

应该看到,"学科基地"与一般的学科教研组的最大不同,就在于"学科基地"是学科建设的领头羊,基地成员是敢于带头吃螃蟹的探索者。因此,"学科基地"要有"等不得"的紧迫感、"慢不得"的危机感、"坐不住"的责任感。要抓住本学科教育的特点,尤其是学科在素质教育中的优势,求真务实,深化教研;要针对本学科发展的难点,尤其是倾向性的问题,凝心聚力,攻坚克难;要先人一步,快人一拍,倾心尽力推动学科加快发展,在学科课程建设中迈出更大的步伐。

此外,还要进一步看到,"学科基地"建设不但为学科发展创立了一个新平台,而且提供了更多的机遇,因此"学科基地"建设的"立意"要进一步提高。各"学科基地"要着力加强基础性研究和前瞻性研究,要不断转变工作方式和创新教研模式,要在学科建设、队伍建设方面更好地担负起"学科基地"的重任,为全市的基础教育学科建设做好导航工作。

【摘自《做"实"教研,做"强"学科——上海市基础教育学科课程与教学研究基地的实践探索》一文,刊载在《上海教育科研》2013 年第 8 期】

4-3 教研员专业发展评选活动举例

在上海市基础教育教研工作中,为促进教师专业发展,搭建了很多平台。教学评选是其中之一,主要目的是通过教学评选,积极导向学科教学、发现和树立榜样。同样,为引导和鼓励上海市广大教研员立足岗位实践,深入进行教学研究,建立了促进教研员专业发展的机制,如教研员专业发展评选活动,这项评选活动由"笔试"和"答辩"两个环节组成。下面提供教研员专业发展评选活动的方案及第三届评选活动的过程材料,从中可见评选的流程、方法和措施等。

上海市基础教育教研员专业发展评选活动方案

（讨论稿）

一、指导思想

举办"上海市基础教育教研员专业发展评选活动"的指导思想是：引导和鼓励本市广大教研员立足岗位实践、自觉加强研修，围绕基础教育课程改革深入进行教学研究，在教研工作中更好地体现素质教育要求；促进教研员增强使命感和责任感，不断提升师德和专业发展水平。

要通过评选，树立先进，激励上进；要对那些坚持不懈追求专业发展、积极推进素质教育、大力开展教学研究、精心组织教研活动、锐意改革课堂教学、悉心培养青年教师，而且取得显著成效、为提高本地区教育质量作出重要贡献的教研员，进行表彰和奖励。

二、活动规程

本项活动在上海市教育委员会领导下进行，由上海市教委教研室和上海市中小学幼儿教师奖励基金会共同负责组织和实施。各区（县）教研室根据活动组织工作的要求，负责本区参评教研员的初评和推荐。

本项活动在2010年举办首届，以后每隔一年举办一届。每届评选活动，由上海市教委教研室和上海市中小学幼儿教师奖励基金会共同组建"组织委员会"，并授权组织委员会提出评选活动的实施方案。在评选活动当年的上半年，各区（县）教研室向教研员宣讲活动的意义和要求，然后组织报名和初评；在评议的基础上，按市组织委员会下达的参评教研员名额，确定本区（县）推荐参评的教研员。当年下半年，市评选活动组织委员会具体安排实施评选，完成评奖和颁奖工作。

上海市教委教研室负责组织本项活动的"评选委员会"，报上海市教育委员会批准后确认。评选委员会由学科教育、教学和教研的专家共同组成；评委必须具有高级专业职称、品行高尚、身体健康，在本市乃至全国有一定的学术声望。评委一届一聘，可连聘连任。

三、参加对象

本市基础教育系统(包括普通中小学教育和学前教育)的在编在职教研员,其从事教研工作的年限不少于 3 年,可报名参加本区(县)组织的本项活动的初评;经区(县)教研室推荐和区(县)教育行政部门批准参加本项活动的教研员,进入市评选行列。

四、评选项目

评选项目的设计,旨在为基础教育教研员提供展示专业发展水平的机会。评选项目的内容,主要涉及下列方面:通晓学科专业知识和课程教学理论的表现;研究课堂教学和指导课堂教学的表现;设计作业、编制试卷和评价学业的表现;组织、策划教研活动和指导校本教研的表现;培养骨干教师和促进师资队伍建设的表现;沟通协调和表达交流的表现;实践和推进现代信息技术应用的表现。

具体的评选项目,分设"资料考评类项目"和"现场考评类项目"两类。每届评选活动,由组织委员会根据实际情况分别从这两类项目中选取一项或几项组织实施。参评的教研员按照有关要求提供材料。

1. 资料考评类项目

(1) 课堂教学设计

参评的教研员自主任选一个单元(或某一课程、某一科目)的教学内容,提供一份教学设计,并说明设计的理念、思路与方法,以及基本依据等。

(2) 教研活动案例

参评的教研员自选曾经实施的一次教研活动,写一个教研案例或故事参评。教研案例或故事,要求阐明这次教研活动的设计思路和基本过程,以及对于活动的反思和评价,并提出改进意见。

(3) 教研工作报告

参评的教研员提供一份上一年度的教研工作报告(4000 字左右),阐述本人根据课程改革的精神和本学科改革的方向,在本区域内(针对自己所分管的年段或年级)所确定的教研工作理念、目标、思路和内容,在教研工作中所进行的具有特色和创新性的实践探索、具有针对性或引导性的重要课题,以及所积累的资源、主要成果和经验。

（4）队伍建设工作报告

参评的教研员以报告的形式,提供有关学科(学段等)中心教研组(项目组)建设、青年教师培养与发展等方面的情况,以及在指导基层教师工作中所取得的成绩与经验。

（5）个人进修情况报告

参评的教研员提供本人近几年参加的各类培训、研修活动的情况和成绩。

（6）研究成果资料

参评的教研员提供公开发表(出版)的教学研究成果或学术性论著1~3篇(部)。

2. 现场考评类项目

（1）课堂教学点评

由市评选委员会按学科分别提供相关年段的一节课堂教学实录(或片段),参评的教研员在观看教学实录后,在1小时内对所观看的录像课进行分析和点评,形成书面材料参加评选。另外,再安排约15分钟的时间进行口头评议。

（2）教研活动策划

由市评选委员会按学科分别提出一个教研活动主题,参评的教研员针对活动主题,在1小时内设计一个活动方案,提出活动的思路和过程,说明理论依据和有效性预期。

（3）学业检测研讨

由市评选委员会按学科分别提出关于某一阶段性测试的命题要求(或者提供一份现成试卷),参评的教研员在2小时内编制一份试卷(或者对现成试卷进行评析),形成书面材料参加评选。

（4）现场答辩

安排约15分钟的时间,由市评选委员会评委针对参评教研员的教学指导工作、学科建设工作、个人专业素养等方面的情况和有关材料,现场进行提问,参评教研员随即口头作简要介绍并进行答辩。

五、奖励办法

本项活动设优秀奖、单项奖和鼓励奖。其中单项奖分别针对资料考评类项目中的(1)(2)(3)(4)项和现场考评类项目中的(1)(2)(3)项等。每届评选活动,由市评选委员会依据具体情况集体研究后选取其中几项,相应设立该项目单项奖。

在评奖过程中,市评选委员会根据所选定的各评选项目的考评实际,并参考区(县)教研室的推荐意见,对参评教研员的专业发展情况作出综合评价;再通过集体讨论,评定分别获得优秀奖、单项奖和鼓励奖的教研员。

评选活动组织委员会负责对各奖项的获得者颁发获奖证书,有关材料记入个人业务档案;对优秀奖与单项奖的获得者,给予一定的物质奖励或奖金。

六、时间安排

每届评选活动,在当年度 9 月 30 日前,各区(县)完成向市教委教研室推荐参评教研员的报名工作,并送交报名表和材料袋。

各位参评教研员的材料袋,规定内装指定材料和选定材料。指定材料包括资料考评类项目中的个人进修情况报告和研究成果资料两项,以及近年来参加培训或研修活动等的证书复印件、在市级及市级以上有关评选活动中的获奖证书或荣誉证书的复印件等。选定材料的项目由每届评选活动组织委员会在事先通告,这些项目从资料考评类项目中的课堂教学设计、教研活动案例、教研工作报告、队伍建设工作报告等四项中选定。材料袋外面,要标明内装材料的目录。

市评选工作于当年度的 10 月下旬至 11 月底期间进行;同年 12 月底公布评选结果,并实施奖励。

上海市教委教研室

2010 年 5 月 8 日

【摘自 2010 年上海市教委教研室业务工作档案】

第三届上海市基础教育教研员专业发展评选活动

Ⅰ.举办评选活动的通知

各区(县)教研室:

为了进一步加强上海市基础教育教研员的队伍建设,努力培养一支研究型、专家型、服务型的教研员队伍，更好地发挥教研员在深化"二期课改"中的专业引领作用，从而提高上海市基础教育的教学质量，经研究，决定于今年开展"第三届上海市基础教育教研员专业发展评选活动"。本次活动的主题是：点评教学设计，指导有效实施。

评选活动具体事宜，详见"2015 年上海市基础教育教研员'点评教学设计，指导有效实施'评选活动方案"。

上海市教委教研室

2015 年 3 月

Ⅱ. 评选活动设计的材料

材料 1：

2015 年上海市基础教育教研员

"点评教学设计，指导有效实施"评选活动方案

一、指导思想

通过评选活动，引导和鼓励广大教研员自觉加强研修，立足岗位实践，深入课堂教学研究，提升专业发展水平，从而提高服务基层教师、指导课堂教学的能力。

二、活动规程

本项活动在上海市教育委员会领导下进行，由上海市教委教研室和上海市中小学幼儿教师奖励基金会共同负责组织和实施。上海市教委教研室组建"评选活动工作组"负责具体评选活动的组织工作。

上半年，各区(县)教研室向教研员宣传活动的意义和要求，组织初评，确定本区(县)推荐参评的教研员，具体名额如下表(名额分配表从略)。

下半年，"评选活动工作组"具体安排实施评选，完成评奖和颁奖。

三、参加对象

本市基础教育系统(包括普通中小学教育和学前教育)的在编在职教研员，其从事教研工作的年限不少于 3 年(含 3 年)。

四、评选内容

评选活动主题为"点评教学设计,指导有效实施"。评选活动由书面任务和口头答辩两个部分组成。书面任务是:现场对一份课堂教学设计稿进行点评,提出实施意见;口头答辩内容是:针对"点评教学设计,指导有效实施"这一主题,回答专家提问。

五、评选方式

1. 书面任务:参评教研员对一份课堂教学设计(根据附件1【报名表】中教研学段提供)进行点评,并提出有效实施的意见。可携带相应教材,时间为60分钟。(见附件2【书面任务】)

2. 口头答辩:参评教研员对评选专家组的提问进行答辩,时间为10分钟。

六、奖励办法

按评选活动方案中关于奖励办法的规定,设立若干奖项并分设等第。

对获得各奖项的教研员颁发获奖证书,并给予一定的物质奖励,同时记入其业务档案。

七、时间安排

9月30日前:各区(县)教研室向上海市教委教研室递交推荐参评教研员的报名表(见附件1【报名表】)。

10月下旬—11月底:组织专家组评选。

12月底:公布评选结果,颁发荣誉证书和相关奖励。

上海市教委教研室
2015年3月

附件1:【报名表】(略)

附件2:【书面任务】

姓名	学科	年级	教学设计的主题

情景:有一学校老师要进行公开教学,写了一份课堂教学设计(见附页),通过电子邮件发到了你的邮箱,希望得到你的点评与指导。

任务:请你以书面形式回复,以便这位老师能够完善教学方案,有效实施教学。

回复:(写出邮件)

材料2:

【评分表】

编号_____ 学科_____

环节		评分要点(点评视角)	分值1~5 程度由低到高	举例/说明
书面任务	把握大局	基于课标要求		
		抓住重点难点		
		把控整体结构		
	推敲细节	关注"问题"的设计		
		关注"学"的设计		
		关注环节之间的过渡与衔接		
	改进意见	实施意见指向目标的达成		
		实施意见具体可行易操作		
	文本	文句流畅,条分缕析		
	其他			
口头答辩	内容	答问切题,观点正确		
	表达	语言清晰,逻辑性强		

Ⅲ. 评选活动的总结(略)

【摘自2015年上海市教委教研室业务工作档案】

参考文献

1. 陆伯鸿.探究教学法的实践与探索[J].科学教育,1997(3):9—10.

2. 上海中小学课程教材改革委员会办公室.面向 21 世纪上海市中学物理学科教育改革行动纲领(2000—2010 年)[M].上海:上海教育出版社,1999.

3. 上海市教育委员会教学研究室.物理教学目标与课堂教学设计(八—九年级)[M].上海:上海教育出版社,2001.

4. 陆伯鸿.物理教学中实施"研究性学习"的理论探讨与实践研究[J].物理教学,2003(5):5—8.

5. 上海市教育委员会.上海市普通中小学课程方案(试行稿)[M].上海:上海教育出版社,2004.

6. 上海市教育委员会.上海市中学物理课程标准(试行稿)[M].上海:上海教育出版社,2004.

7. 上海市教育委员会教学研究室.中学物理教学中研究性学习[M].上海:上海教育出版社,2005.

8. 陆伯鸿.上海市中学物理课程标准(试行稿)的主要特点[J].物理教学,2005(1):6—8.

9. 陆伯鸿.改进物理学习训练——一种新教育观察,新教学领域的探索[J].物理教学,2005(11):9—12.

10. 上海市中小学(幼儿园)课程改革委员会.上海市中学物理课程标准(试行稿)解读[M].上海:上海教育出版社,2006.

11. 陆伯鸿.上海二期课改中的物理课堂教学设计[J].物理教学,2007(1):14—15.

12. 陆伯鸿.师生互动,提高课堂教学有效性[J].上海教学研究,2010(11):2—6.

13. 陆伯鸿.案例教研活动:投入,互动,共享[J].上海教学研究,2011(6):

2—5.

14. 徐淀芳.课堂规范与教学改革[J].上海教育科研,2011(3):1—1.

15. 冯容士,陆伯鸿,李鼎,陈开云,张越,李朝辉.改革物理实验教学——上海DIS研发之路[J].现代教学,2011(5):11—13.

16. 陆伯鸿.从一个物理教研案例谈起:实践,总结,积累,跨越[J].物理教学,2012(3):43—46.

17. 陆伯鸿,韩艳梅.一种基于项目推进方式的教育行动研究——上海市提升学校课程领导力的实践[J].上海教育科研,2012(5):29—32.

18. 陆伯鸿.教研员专业成长记录袋:实践,记录,改进[J].上海教学研究,2013(3):3—11.

19. 徐淀芳.严格的证据,教学研究进步的核心[J].教育发展研究,2013(3):1—4.

20. 陆伯鸿.做"实"教研,做"强"学科——上海市基础教育学科课程与教学研究基地的实践探索[J].上海教育科研,2013(8):47—50.

21. 陆伯鸿.如何提升观课与评课功效——基于一堂物理课的思考剖析[J].上海教育科研,2014(5):64—67.

22. 上海市教育委员会教学研究室.上海市中小学(幼儿园)课程与教学调研工具研制报告[M].上海:上海教育出版社,2015.

23. 陆伯鸿.课堂教学设计:基于课程标准,注重目标导向[J].上海教育,2015(2)AB:8—15.

24. 陆伯鸿.主题教研活动的策划:诠释主题、明晰路径、预估成效[J].上海课程教学研究,2015(1):26—32.

25. 陆伯鸿.课程与教学调研:基于实证的诊断与改进——上海市基础教育课程与教学调研工作的转型[J].上海课程教学研究,2016(5):3—10.

26. 徐淀芳.探索基于证据和合作共同体的教研机制[J].人民教育,2016(08):48—51.

27. 陆伯鸿.学科单元教学设计的研究和应用[J].上海课程教学研究,2018(4):8—15.

28. 陆伯鸿.上海教研的项目运作模型[J].上海课程教学研究,2018(12):11—17.

29. 陆伯鸿.教研工作计划的编制[J].上海课程教学研究,2019(5):3—7.

30. 陆伯鸿.深度教研的研究与实践[J].上海课程教学研究,2019(12)：67—75.

31. 陆伯鸿.教研活动质量评估运作模型[J].上海课程教学研究,2020(5)：3—9,21.

32. 陆伯鸿.深度教研运作模型及实践应用[J].中学物理,2021(7):2—8.

33. 陆伯鸿.深度教研:系统设计与实践推进[J].上海课程教学研究,2022(3)：3—11.

34. 陆伯鸿.指向核心素养培育的课堂与教学设计模型探讨[J].上海课程教学研究,2023(9):21—28.

后　记

上海市教委教研室是从事本市基础教育的课程、教材、教学、评价等研究以及教学业务管理的专业机构,具有研究、指导、服务的职能。

"研究"是教研工作中的根本性任务,"指导"是教研工作的外显价值,"服务"是教研工作的内在要求。在行使教研室职能的过程中,我们坚持"注重研究,用研究成果指导教育教学实践",高度关注"服务"的表现;坚持以"研究扎实""指导到位"来提升"服务质量",用高质量的真诚服务来显示教研工作系统的研究水平和指导能力。

在上海基础教育教研系统担负教研工作的教研员,其职责是以教研活动为中介,在教育教学的理论与实践之间架桥,为教师实施课程与教学任务提供指导和服务。教研员应具有宽阔的学术视野、厚实的学科素养,应拥有丰富的课程资源,还要有高尚的人格魅力。如果将教研员的工作比作向教师奉上一杯咖啡,那么就要让教师品尝到咖啡的醇香,而且回味深长。有的放矢地组织实施教研活动、全心全意地为教师服务,是教研员应尽的职责。

我原是一名中学物理教师,于 1998 年调入上海市教委教研室担任物理教研员;2009 年后担任上海市教委教研室副主任,分管教研工作。近二十年来,我作为教研室一员,亲身参与教研活动,直接负责有关教研业务。我在课程改革征途上奋发进取,在教研探索实践中磨砺历练,路漫漫其修远兮、上下求索不辞难,真是感触良多、受益匪浅,愿与大家一起品味、共同分享。此初衷激励着我,决意尽我所能编写一本有关教研工作探讨的书。

对于这本书的内容构想,是在上海市教委教研室按照上海市教育委员会的部署扎实推进"二期课改"的背景下、在全体教研员和广大教师齐心协力有效实施课程与教学的基础上,我以自身的亲力亲为和所感所悟为基本素材来源,对十多年教研工作所取得的进展和成果进行反思性整理。书中内容主要涉及基础教育教研的组织、实施和管理,力求从一个侧面反映围绕提高上海教研工作水平而进行的持久探索和实践。

编写本书的原则是"求真务实"。对于书中有关内容的选取,一是着力体现研究、指导、服务这一教研工作主线,并清晰显示教研管理这项要务;二是突出教研工作立足实践、面向未来的特点,以及重视实证和实用的要求。对于有关内容的编排,首先着重阐述教研工作的实施要点及转型发展,同时对日常教研进行系统研究;其次讲述教研活动的组织实施,以此为载体对指导、服务工作进行研讨;最后讨论教研管理,提出教研管理的基本规范和具体操作。总而言之,本书内容是从转型中的上海教研的丰富材料中选取、用不加修饰的直白语言表述、以举例说明或操作示范的方式作出必要解释,以增强亲和性、提高可读性。

编写本书的目的,主要是为教研员开展教研工作提供帮助。书名取为"上海教研素描",所谓"上海教研"是指上海基础教育领域内正在转型的教研工作,"素描"是指内容表述手法。本书注重教研工作探讨,不仅表明对材料的选用尊重上海近年来进行教研工作探索与实践的过程,同时强调所编内容对推进教研工作应有较大的实用性和参照性,并看重其"借鉴"意义和"手册"作用。

本书编写工作完成以后,我有如释重负之感,又为"智珠"难握抱憾。希望书中呈现的内容,真能将"尊重过程"和"注重实用"的心意倾情表达。若能让肩负重任的教研员和满怀热情的读者从中获得助益,那就是对我的最大鼓励。

感谢上海市教委教研室主任徐淀芳为本书作序,并对编写工作大力支持和热情指导;感谢教研室诸位同仁长年累月的勤奋工作,又为本书提供宝贵的资料。感谢《上海教育丛书》为本书出版提供了良好条件,感谢《上海教育丛书》编委会主编尹后庆、顾问夏秀蓉,以及编委宋旭辉、仇言瑾,他们为本书付梓倾注了许多心血。还要感谢上海教育出版社编辑李祥在编辑出版方面的具体指导。

由于我自身认识的局限及能力有限,书中可能有某些内容存在谬误或表述不当之处,敬请读者谅解并给予批评指正。在读者的关心、帮助下使本书不断完善,是我的殷切期盼。

陆伯鸿

2017 年 2 月 9 日

上海教育丛书

反映先进教育思想和实践经验　传播教育教学智慧

体现上海教育改革发展的成果　引领教育教学改革

1994 年

上海普通教育史 (1949—1989)　　　　　　　　　　　　　　17.20 元

　　吕型伟　主编

为了未来——我的教育观　　　　　　　　　　　　　　　　17.00 元

　　吕型伟　著

1995 年

耕耘散记　　　　　　　　　　　　　　　　　　　　　　　10.00 元

　　方仁工　著

语文教学新探——"双分"教学的理论与实践　　　　　　　　9.00 元

　　陆继椿　著

听力残疾儿童的语言教学　　　　　　　　　　　　　　　　12.00 元

　　银春铭　编著

班主任日记　　　　　　　　　　　　　　　　　　　　　　7.90 元

　　黄静华　著

1996 年

和校长教师谈教学　　　　　　　　　　　　　　　　　　　9.00 元

　　陆善涛　著

语文教学与智力发展　　　　　　　　　　　　　　　　　　7.50 元

　　周寿仁　著

幼儿心理素质教育　　　　　　　　　　　　　　　　　　　9.50 元

　　高志方　著

小学生心理辅导札记　　　　　　　　　　　　　　　　　　10.00 元

　　毛蓓蕾　著

1997 年

我和愉快教育　　　　　　　　　　　　　　　　　　　10.00 元

倪谷音　著

以物讲理和见物思理——谈谈中学物理的教与学　　　12.60 元

唐一鸣　著

语文教学谈艺录　　　　　　　　　　　　　　　　　　10.80 元

于　漪　著

青春期教育的实施　　　　　　　　　　　　　　　　　11.80 元

姚佩宽　著

幼教改革新探——"幼儿园综合性主题教育"探微　　　9.80 元

倪冰如　赵　赫　著

学校家长工作　　　　　　　　　　　　　　　　　　　9.30 元

高　峰　著

沿着未知的道路漫游——上海的 OM 活动　　　　　　9.00 元

陈伟新　陈玲菊　著

中学化学教与学的优化　　　　　　　　　　　　　　　10.50 元

何吉飞　著

少先队的自动化　　　　　　　　　　　　　　　　　　14.70 元

段　镇　沈功玲　著

我教化学课　　　　　　　　　　　　　　　　　　　　13.30 元

黄有诚　著

1998 年

走进幼儿绘画世界　　　　　　　　　　　　　　　　　9.50 元

李慰宜　著

文言文的教与学　　　　　　　　　　　　　　　　　　12.50 元

卢　元　著

家庭教育心理　　　　　　　　　　　　　　　　　　　11.00 元

吴锦骠　郭德峰　著

开发潜能　发展个性　　　　　　　　　　　　　　　　10.80 元

恽昭世　著

注重方法　自我发展——谈谈物理尖子学生的培养　　　　13.50 元

张大同　曹德群　著

情系操场　　　　12.70 元

李华丰　著

物理实验创造技法和实验研究　　　　11.50 元

冯容士　陈燮荣　著

探索中学英语教学成功之路　　　　8.80 元

陈少敏　著

思想品德课教学原则与方法　　　　9.30 元

顾志鸣　张振芝　著

培养数学思维能力的探索　　　　17.90 元

陈振宣　著

爱的奉献——工读耕耘手记　　　　8.85 元

周长根　著

集体的组织与培养——少先队工作回忆笔记　　　　9.60 元

刘元璋　著

献给孩子们的歌　　　　8.00 元

严金萱　著

中学历史课堂教学方法研究　　　　14.00 元

朱光明　著

1999 年

幼儿园"生存"课程的研究　　　　12.70 元

姜勇　徐刚　著

育人之路二十载——大同中学教改纪实　　　　9.30 元

王世虎　陈德生　张浩良　徐志雄　著

心与心的交流——走进小学语文教学的艺术殿堂　　　　8.50 元

张平南　著

中学数学思想方法的教学　　　　13.00 元

戴丽萍　著

跳跃的音符——唱游教学　　　　10.50 元

陈蓓蕾　著

和青年教师谈语文教学 11.00 元

钱梦龙 著

让思想政治课充满活力 8.30 元

浦以安 著

中、外幼儿教育的比较与实践 10.40 元

钱 文 封莉容 主编

数学教师札记 12.50 元

胡松林 著

青浦实验启示录 11.00 元

顾泠沅 郑润洲 李秀铃 编

学会参与 走向未来 14.00 元

张雪龙 著

感悟生命——谈中学生物的教与学 7.10 元

王璨玛 著

2000 年

农村教育综合改革与燎原计划 12.70 元

俞恭庆 著

小学科技活动课探索 9.50 元

刘炳生 著

面向市场 主动适应——上海市竖河职校办学之路 9.30 元

黄应义 著

绿色教育——中学环境教育的实践与认识 12.40 元

周大来 著

2002 年

为了未来——我的教育观(续集) 26.00 元

吕型伟 著

校舍建设 50 载 25.00 元

刘期泽 著

2003 年

小班化教育 16.00 元

毛 放 著

幼儿园"生存"课程的实践　　　　　　　　　　　　14.00 元

　　吴荷芬　主编

岁月如歌——上海世界外国语小学的成长故事　　　　20.00 元

　　王小平　钱佩红　著

从第二课堂走来——尚文中学教改纪实　　　　　　13.00 元

　　毛懿飞　管彦丰　吴端辉　著

2004 年

课堂,走向儿童——上海市实验小学开放教育再探　　16.00 元

　　杨　荣　等著

2005 年

残障儿童心理生理教育干预案例研究　　　　　　　14.00 元

　　何金娣　贺　莉　编著

继承传统　直面挑战——上海市省吾中学德育工作纪实　15.00 元

　　陆雪琴　陈佩云　陈炳福　胡侣元　编著

2006 年

理想与现实——我的教育实践　　　　　　　　　　12.00 元

　　李汉云　著

情理相融创和谐——我当校长 20 年　　　　　　　15.00 元

　　李首民　著

2007 年

把德育过程还给学生——黄浦区德育工作纪实　　　16.00 元

　　曹跟林　李　峻　毛裕介　著

学校课程领导与教师群体发展——上海市长宁区初级职业技术

　学校的研究与实践　　　　　　　　　　　　　17.00 元

　　夏　峰　沈　立　编著

女校·女生　　　　　　　　　　　　　　　　　25.00 元

　　徐永初　主编

探究学习与教师行为改善　　　　　　　　　　　29.50 元

　　吴子健　编著

当好大队辅导员　　　　　　　　　　　　　　　21.00 元

　　洪雨露　著

2008 年

有效教研——基础教育教研工作导论　　　　　　　　49.00 元

　　赵才欣　著

现代学校解读与建构　　　　　　　　　　　　　　42.00 元

　　赵连根　等著

2009 年

语文名篇诵读　　　　　　　　　　　　　　　　　46.00 元

　　唐婷婷　著

用现在竞争将来——上海市南湖职业学校围绕市场办学的实践　　40.00 元

　　张云生　等著

搏动的讲台——我教思想政治课　　　　　　　　　35.00 元

　　秦　璞　著

资优生教育——乐育菁英的追求　　　　　　　　　52.00 元

　　唐盛昌　著

2010 年

未成年学生不良行为的发现与教育调适　　　　　　30.00 元

　　杨永明　等著

园长的故事——幼儿园领导与管理案例　　　　　　48.00 元

　　何幼华　郭宗莉　黄　铮　编著

视障教育——上海盲校百年印证　　　　　　　　　57.00 元

　　徐洪妹　编著

愉快学习　有效课堂——愉快教育学科学习设计的实践　　47.00 元

　　徐承博　等著

让每个学生在创造实践中成长　　　　　　　　　　44.00 元

　　芮仁杰　丁　姗　著

走进游戏　走近幼儿　　　　　　　　　　　　　　49.00 元

　　徐则民　洪晓琴　编著

我的语文修炼　　　　　　　　　　　　　　　　　35.00 元

　　王雅琴　著

2011 年

有效教学——金山区课堂教学实践写实 38.00 元

    徐　虹　等著

教学生活得像个"人"——我的大语文教学 52.00 元

    黄玉峰　著

寻找适合每个学生发展的教育之路——徐汇教育优质均衡发展

    改革纪实 33.00 元

    王懋功　等著

志高者能远行 50.00 元

    鲍贤俊　著

满足儿童需要　成就幸福童年 35.00 元

    郭宗莉　著

学校体育之心语 37.00 元

    徐阿根　著

2012 年

陈鹤琴与上海教育 49.00 元

    上海市陈鹤琴教育思想研究会　著

腾飞于沃土 39.00 元

    任淑秋　刘夏亮　朱　瑛　编著

语文教学谈艺录(修订本) 36.00 元

    于　漪　著

科技星星在这里闪烁 36.00 元

    卢晓明　著

舞蹈追梦 57.00 元

    胡蕴琪　著

治一校若烹小鲜 49.00 元

    卞松泉　著

后"茶馆式"教学 43.00 元

    张人利　著

2013 年

2014 年

2015 年

2016 年

师道 匠心——特级教师给学生、家长和教师的 60 堂公开课　　72.00 元
上海市特级教师联谊会　上海教育杂志社　编著

上海课程改革 25 年(1988—2013)　　49.00 元
孙元清　徐淀芳　张福生　赵才欣　著

空间引发的学习变革——上海市市西中学"思维广场"解码　　38.00 元
董君武　方秀红　等著

中学化学教学设计　　54.00 元
叶佩玉　著

2017 年

让孩子表现自己　让教师发现孩子——以幼儿自主学习为
核心的低结构活动探索　　52.00 元
郑惠萍　编著

宝宝心语　　39.80 元
茅红美　主编

让每个学生创意翱翔——头脑奥林匹克活动 30 年　　49.00 元
陈伟新　叶品元　等著

教育剧场——女中的创新课程　　36.00 元
徐永初　主编

上海教研素描——转型中的基础教育教研工作探讨　　34.00 元
陆伯鸿　著

图书在版编目（CIP）数据

上海教研素描：转型中的基础教育教研工作探讨 / 陆伯鸿
著. — 3版. — 上海：上海教育出版社，2025.2. —（上海教育丛
书）. — ISBN 978-7-5720-3358-2

Ⅰ. G632.0

中国国家版本馆CIP数据核字第2025N25L12号

责任编辑　李　祥
封面设计　陆　弦

上海教育丛书

上海教研素描——转型中的基础教育教研工作探讨（第3版）
陆伯鸿　著

出版发行　上海教育出版社有限公司
官　　网　www.seph.com.cn
地　　址　上海市闵行区号景路159弄C座
邮　　编　201101
印　　刷　常熟市华顺印刷有限公司
开　　本　700×1000　1/16　印张 16　插页 3
字　　数　253 千字
版　　次　2025年3月第1版
印　　次　2025年3月第1次印刷
书　　号　ISBN 978-7-5720-3358-2/G·2992
定　　价　79.00 元

如发现质量问题，读者可向本社调换　电话：021-64373213